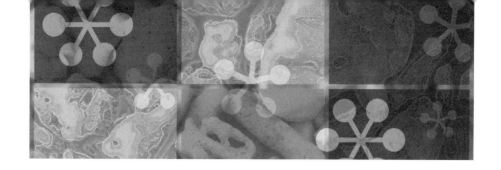

さらに進化した画像処理ライブラリの定番

OpenCV 4
基本プログラミング

北山洋幸●著

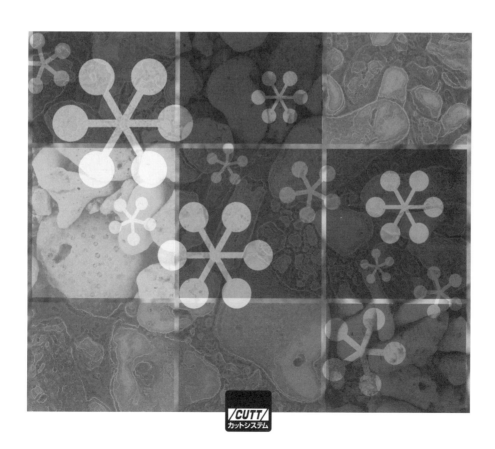

■サンプルファイルのダウンロードについて

　本書掲載のサンプルファイルは、一部を除いてインターネット上のダウンロードサービスからダウンロードすることができます。詳しい手順については、本書の巻末にある袋とじの内容をご覧ください。

　なお、ダウンロードサービスのご利用にはユーザー登録と袋とじ内に記されている番号が必要です。そのため、本書を中古書店から購入されたり、他者から貸与、譲渡された場合にはサービスをご利用いただけないことがあります。あらかじめご承知おきください。

本書で取り上げられているシステム名／製品名は、一般に開発各社の登録商標／商品名です。本書では、™ および ® マークは明記していません。本書に掲載されている団体／商品に対して、その商標権を侵害する意図は一切ありません。本書で紹介している URL や各サイトの内容は変更される場合があります。

はじめに

　世界には多くのオープンソースが存在します。その機能は市販のソフトウェアを凌駕するものも少なくありません。OpenCV[1] もその例にもれず、優秀な画像処理用のオープンソースであり、膨大な関数から形成される画像処理ライブラリ集です。画像処理を行うソフトウェアの開発は容易ではありません。ところが、OpenCV を用いると、少しのコードを記述するだけで、画像処理用のソフトウェアを開発できます。本書は、画像処理プログラミングに縁のなかった人や、画像処理プログラミングに二の足を踏んでいた人へ、画像処理プログラム開発の道案内を行います。OpenCV は、マルチプラットフォームであること、および複数の言語をサポートしていることも大きな特徴です。そして画像だけでなく動画をサポートする強力な機能も備えています。

　OpenCV は、一般的な 2 次元の画像処理、ヒストグラム処理、ポリゴン処理、テンプレートマッチング、オプティカルフロー、および顔認識など多様なアプリケーションを開発できる関数群を用意しています。これらの関数リファレンス、ならびに大量のサンプルプログラムは、OpenCV のサイトに紹介されています。また、同サイトには、サンプルコードとともに、それに対するドキュメントまで提供されています。しかし、オープンソースにはつきものですが、最新の情報は、すべて英文で書かれ、サンプルが最新の OpenCV の推奨とは異なる場合も少なくない点に注意が必要です。

　OpenCV 4 では、バージョン 3 で行われた大きなモジュール変更などは多くありませんが、G-API モジュールや機能追加、そして dnn モジュールなど deep learning に関する機能に実験的なものも組み込まれました。ただし、これらの追加モジュールについては、機能的な熟成が進んでいるとみられません。そこで、これらの機能を取り上げるには時期尚早と考え、本書の話題から外しました。

　本書は、C++ インタフェースで OpenCV を使用します。OpenCV 2 で C++ インタフェースが用意され、OpenCV 3 で C インタフェースがメンテナンス対象外となり、そして十分な移行期間を設けたためか、OpenCV 4 で従来の C インタフェースは完全に削除されました。いまでも C インタフェースを使い続ける人は少なくありませんが、このような背景から、今後 OpenCV を学習する人は C++ インタフェースを前提に学習するのが賢明でしょう。本書は、

---

[1]　Open Source Computer Vision Library

プログラミングスタイルだけでなく、パフォーマンス向上を狙った解説や応用についても多くのページを割きます。本書を参考に、最新の画像処理プログラミングの世界へ踏み出してください。

対象読者

- ● 画像処理プログラミングに挑戦したい人
- ● レガシーな C インタフェースから C++ インタフェースへ移行したい人
- ● 性能の高い画像処理プログラミングに挑戦したい人
- ● 動画処理を行いたい人
- ● OpenCV を利用した応用プログラムを開発したい人

謝辞

　出版にあたり、お世話になった株式会社カットシステムの石塚勝敏氏に深く感謝いたします。

2019 年冬 東大和南公園の北にあるコーヒーショップにて　　北山洋幸

■ 参考文献、参考サイト、参考資料

1. OpenCV ドキュメントなどのサイト、http://docs.opencv.org/
2. OpenCV 4.0.0-dev/3.4.4-dev documentation サイト、https://docs.opencv.org/master/
3. Mat の基本処理解説サイト、http://opencv.jp/cookbook/opencv_mat.html
4. OpenCV リファレンス・サンプルや解説サイト、http://opencv.jp/
5. 『さらに進化した画像処理ライブラリの定番 OpenCV 3 基本プログラミング』、北山洋幸、株式会社カットシステム
6. 『OpenCL2 入門―メニーコア CPU & GPGPU 時代の並列処理、北山洋幸、株式会社カットシステム
7. 『OpenCV で始める簡単動画プログラミング 第 3 版』、北山洋幸、株式会社カットシステム

■ 本書の使用にあたって

開発環境、および、実行環境の説明を行います。

プラットフォーム

OpenCV はマルチプラットフォームをサポートしています。今回は、Windows を開発・実行環境に採用します。

Windows バージョン

特に Windows バージョンへの依存はありません。開発・実行は Windows 10 Home（64 ビット）を使用しました。

ユーザーアカウント

最近の Windows ではユーザーやアカウントの管理が強化されています。例えば、「標準ユーザー」ではプログラムのインストールやアンインストールは制限されます。コンパイラや OpenCV のインストールやセットアップで警告が出ることがありますので、なるべく「管理者」で実行してください。もちろん、管理者アカウントを使用する場合、危険なこともできますので、十分注意してください。

Visual C++ のバージョンとエディション

すべてを確認したのは、無償の Visual Studio Community 2017 です。Visual Studio Community 2015 やそれ以前の Visual Studio でも問題はないでしょうが、確認は行っていません。特に Visual Studio へのバージョン依存はないと思われますが、使用した OpenCV のバージョンには Visual Studio 2017 と Visual Studio 2015 用の 64 ビットバイナリしか用意されていません。CMake で OpenCV のビルドなどを避けたかったら、Visual Studio Community 2017 の使用を推奨します。

OpenCV のバージョン

OpenCV 4.0.0 を使用します。他のバージョンも多少確認し、問題は起きないことを確認しました。ただし、最終の確認を行ったのは OpenCV 4.0.0 です。OpenCV 4.0.0 には、Visual Studio 2015/2017 の x64 のバイナリしか含まれていませんでした。これ以外の開発環境や 32 ビットで使用したい場合、CMake の解説や OpenCV のビルドを参考にして自身の環境にあったバイナリを生成してください。自身でバイナリを生成する方法は付録 E に記述してあります。

x64 か x86 か

本書では x64 を中心にチェックしました。これは CMake などの手間を省くためです。もちろん、自身でバイナリを生成すれば x86 でも問題ありません。自身でバイナリを生成する方法は付録 E に記述してあります。

例外処理

OpenCV の関数に間違った引数を指定すると、プログラムが異常終了することがあります。本書はごく単純な例外処理を組み込みました。より安全なプログラムとしたいなら自身で異常処理に対応した機構を組み込んでください。異常処理への対応を簡略化したのは、プログラムをシンプルにしたかったためです。

Mat と UMat

OpenCV 3.0 以降では、Mat の代わりに UMat を使用する方が高速に処理できる場合があります。本書では Mat を使用することが多いですが、性能に興味のある人は Mat を UMat へ書き換えてみるのもよいでしょう。

URL

書籍中に記述されている URL は原稿執筆時点のものです。URL の変更やウェブサイトの構造は頻繁に変更されますので、記述した URL が存在するとはかぎりません。もし、ページなどが見つからない場合は、トップページへ移動して探すか、インターネットでキーワードを検索してください。

記述した URL に必ず紹介した内容が記載されていることを保証するものではありません。

■ 用語

用語の使用に関して説明を行います。

カタカナ語の長音表記

「メモリー」や「フォルダー」など、最近は語尾の「ー」を付けるのが一般的になっていますが、本書では統一していません。従来の表現と、最近の表現が混在しています。なるべく統一を心がけましたが、参考資料なども混在して使用しているため、統一が困難でした。

クラスとオブジェクト

本来はインスタンス化しているためオブジェクトと表現した方がよい場所でも、クラスと表現する場合があります。これは文脈から読み取ってください。

InputArray と OutputArray

OpenCV 3.0 以降の関数プロトタイプ宣言は、画像（行列）を InputArray と OutputArray で記述している場合があります。そこで、これにならい Mat& などと記述した方が適切な場合も、InputArray と OutputArray を使用します。詳細については、節を設けて説明しましたので、そちらを参照してください。

画像と行列

C++ で OpenCV の画像を保持する場合、Mat オブジェクトなどを使用します。これらは基本的に行列を管理します。このため、画像を行列と表現する場合と、その逆の場合もあります。ただし、これらは同じものを指します。

「/」と「¥」

ソースコードを記述する際に、「/」と「¥」のどちらでも構わない場合、「/」を採用しています。なお、本文中でも「¥」が適している場合でも、ソースコードが「/」を使用している場合、「/」で表現しています。

アパーチャサイズとカーネルサイズ

両方とも同じものを指しますが、オリジナルドキュメントが混在して使用しています。なるべくオリジナルドキュメント通りとしたため、用語は統一されていません。

カーネル

フィルタなどのカーネルサイズと OpenCL のカーネルコードの両方で使用しています。混同しないように文脈から判断してください。

ソースリストとソースコード

基本的に同じものを指しますが、ソースリストと表現する場合ソース全体を、ソースコードと表現する場合、ソースの一部を指す場合が多いです。

オブジェクト

インスタンスと表現した方が良い場合でも、オブジェクトと表現している場合があります。両方を、厳密に使い分けていませんので、文脈から判断してください。あるいは、物体を指す場合もあります。

映像とフレーム

カメラから取得した画像を映像と表現する場合とフレームと表現する場合が混在しますが、同じものを指します。これらは文脈から判断してください。

関数とメソッド

本来ならコンストラクタやメソッドと表現した方が良さそうな場合でも、C インタフェースを使用していた時の名残か、関数という表現がオリジナルドキュメントで採用されています。本書も、それに倣って関数という表現を多用します。

viii

動画、画像、フレーム

　これらは混在して使用しています。動画は画像の集合です。ある瞬間では、動画も画像です。このため、動画を画像と表現した方が適切な場合があります。また、動画はフレームに分割できますので、フレームと表現する場合もあります。画像とフレームは、ほぼ同様の意味ですが、文章の流れからフレームと表現した方が良い場合、フレームを採用します。

関数とプロシージャ

　本来なら統一した方が良いのですが混在して使用しています。主に、関数は OpenCV へ、プロシージャは自身で開発したものへ使用しました。特に使い分けに意味はありません。

■ ライセンス

　OpenCV も、一般的なオープンソースに漏れず、下記に示すライセンスが示されています。以降の内容に同意できない場合、OpenCV をダウンロード、コピー、インストール、および使用しないでください。

　ただ、通常のオープンソースのライセンス同様、難しい使用条件は付帯されていません。通常、本ライセンスが OpenCV 使用の制限になることは考えられません。ただ、必ず全文に自身で目を通し、内容を確認して使用してください。OpenCV のライセンスについては、パッケージ内の opencv¥license.txt に記述されています。

　以下、ライセンス原文です。改行などから読みにくいですが、原文をそのまま掲載しています。

By downloading, copying, installing or using the software you agree to this license.
If you do not agree to this license, do not download, install,
copy or use the software.

　　　　　　　　License Agreement
　　　　For Open Source Computer Vision Library
　　　　　　　(3-clause BSD License)

Copyright (C) 2000-2018, Intel Corporation, all rights reserved.
Copyright (C) 2009-2011, Willow Garage Inc., all rights reserved.
Copyright (C) 2009-2016, NVIDIA Corporation, all rights reserved.
Copyright (C) 2010-2013, Advanced Micro Devices, Inc., all rights reserved.

Copyright (C) 2015-2016, OpenCV Foundation, all rights reserved.
Copyright (C) 2015-2016, Itseez Inc., all rights reserved.
Third party copyrights are property of their respective owners.

Redistribution and use in source and binary forms, with or without modification, are permitted provided that the following conditions are met:

  * Redistributions of source code must retain the above copyright notice, this list of conditions and the following disclaimer.

  * Redistributions in binary form must reproduce the above copyright notice, this list of conditions and the following disclaimer in the documentation and/or other materials provided with the distribution.

  * Neither the names of the copyright holders nor the names of the contributors may be used to endorse or promote products derived from this software without specific prior written permission.

This software is provided by the copyright holders and contributors "as is" and any express or implied warranties, including, but not limited to, the implied warranties of merchantability and fitness for a particular purpose are disclaimed. In no event shall copyright holders or contributors be liable for any direct, indirect, incidental, special, exemplary, or consequential damages (including, but not limited to, procurement of substitute goods or services; loss of use, data, or profits; or business interruption) however caused and on any theory of liability, whether in contract, strict liability, or tort (including negligence or otherwise) arising in any way out of the use of this software, even if advised of the possibility of such damage.

目 次

はじめに iii

第1章 概 要 1

1.1 OpenCV とは 1
1.2 OpenCV 4 の特徴と変更点 2
1.3 OpenCV 3 の特徴と変更点 5

第2章 はじめての OpenCV プログラム 9

2.1 はじめてのプログラム 9
2.2 プロジェクトの 64 ビット対応 21

第3章 マトリックスクラスについて 27

3.1 マトリックスクラス 27
3.2 Mat 29
3.3 UMat 30
3.4 Mat と UMat のデータ交換 33
3.5 InputArray と OutputArray 35

第4章 アフィン変換 45

4.1 フリップ 45
4.2 リサイズ 50
4.3 回転 55
4.4 連続回転 61
4.5 透視投影 64

第5章 グラフィックス 71

5.1 円を描く 71
5.2 画像の上に線を描く 74

5.3	画像の上に四角形を描く	77
5.4	画像の上に楕円や円弧を描く	79
5.5	画像の上に文字を描く	81

第6章 色の処理 83

6.1	グレイスケール	83
6.2	輝度平滑化	85
6.3	閾値処理（スレッショルド処理)	87

第7章 フィルタ処理 97

7.1	画像反転	97
7.2	ブラー処理	99
7.3	ガウシアン処理	101
7.4	ラプラシアン処理	104
7.5	Sobel 処理	106
7.6	Canny 処理	108
7.7	画像の膨張	112
7.8	画像の収縮	114

第8章 画像合成 117

8.1	2つの画像を加算	117
8.2	2つの画像の差分	129
8.3	2つの画像を論理和	131

第9章 動画処理 133

9.1	動画表示	133
9.2	動画表示・ファイル対応	136
9.3	グレイスケール表示	139
9.4	輝度平滑化	140
9.5	Canny 表示	141
9.6	動画キャプチャー	145
9.7	動画に画像処理を行い保存	149

目次

第10章 オブジェクト検出・除去 159

10.1 コーナー検出 159

10.2 オブジェクト除去（1） 162

10.3 オブジェクト除去（2） 165

10.4 オブジェクト検出 168

10.5 動画のオブジェクト検出 172

10.6 特徴点検出 177

10.7 パノラマ 183

第11章 Mat と UMat の性能 189

11.1 加算 189

11.2 減算 200

11.3 乗算 202

第12章 OpenCL 205

12.1 加算 205

12.2 減算 217

12.3 乗算 218

12.4 対数 219

12.5 e のべき乗 221

第13章 独自カーネルコード 223

13.1 画像を左右反転 223

13.2 カーネルプログラムを分離 237

13.3 フィルタ処理 242

13.4 回転 250

第14章 画像比較 259

14.1 2 つの画像を比較 259

14.2 複数の画像から探す 263

14.3 重みテーブルを用いる 266

14.4 ヒストグラムで比較 273

xiii

14.5　ヒストグラムを用いて複数の画像から探す 278

第15章　画像検索 285

15.1　C++ 285
15.2　ビットマップクラス 286
15.3　プログラム本体 307
15.4　absdiff 316
15.5　matchTemplate 323
15.6　compareHist 328
15.7　画像検索高速化 331

第16章　応用 345

16.1　自動トリミング 345
16.2　マウスを使おう 357
16.3　透視投影 378
16.4　オブジェクトのサイズを変更 407
16.5　コンソールを使う 433
16.6　リサイズ 448
16.7　コンソールとマウス 457
16.8　パノラマ 484
16.9　オブジェクト交換 494

付　録 511

A　Visual Studio のインストール 511
B　OpenCV のインストール 518
C　環境の設定 521
D　CMake のインストール 527
E　OpenCV のビルド 532

索　引 542

第 1 章
概　要

OpenCV の概要、ならびに OpenCV 4.0 で変更された部分などについて解説します。

1.1　OpenCV とは

OpenCV[※1] は、膨大な関数を用意した画像処理ライブラリ集です。一般的な 2 次元の画像処理、ヒストグラム処理、ポリゴン処理、テンプレートマッチング、オプティカルフロー、および顔認識など多様なアプリケーションを開発できる関数群を用意しています。OpenCV を利用すると、数行のコードを記述するだけで簡単な画像処理プログラムを開発できます。このような環境は単に OpenCV だけがもたらしてくれたわけではなく、ハードウェアやオペレーティングシステムの進歩と相まって提供されています。

OpenCV は当初、C/C++ 言語用に用意されていました。しかし、今ではいろいろな言語から利用できる環境が用意されています。OpenCV で利用可能な機能を示します。

- フィルタ処理
- 行列演算処理
- オブジェクト追跡処理
- 領域分割処理

※1　Open Source Computer Vision Library

- カメラキャリブレーション処理
- 特徴点抽出処理
- 物体認識処理
- 機械学習処理
- パノラマ合成処理
- コンピュテーショナルフォトグラフィ処理
- GUI（ウィンドウ表示、トラックバーなど）
- カメラキャプチャ、動画ファイル処理

　OpenCV は、2006 年に 1.0 がリリースされて以来順次バージョンアップが繰り返され、本書執筆時点ではバージョン 4.0 がリリースされています。2009 年にメジャーバージョンアップが行われ、バージョン 2.0 がリリースされました。しばらく 2.4.x 系のリリースが続き、C インタフェースと、C++ インタフェース、そして各言語用のバインディングなども用意されました。バージョン 2.x では C++ インタフェースが推奨されていましたが、バージョン 1.x で用意された C インタフェースを使い続ける人も少なくありませんでした。バージョン 3.0 では、C インタフェースは残っていますが、メンテナンス対象外となりました。再び 2018 年の 11 月にメジャーバージョンアップが行われ、バージョン 4.0 がリリースされました。このバージョンから C インタフェースは削除され、今後開発するプログラムは、C++ インタフェースで記述することとなります。しかし、C インタフェース使用者のためかバージョン 3.4.4 も同時にリリースされています。特別な理由がない限りバージョン 4.x を使用し C インタフェースを使用するのは避けるのが賢明でしょう。

1.2 OpenCV 4 の特徴と変更点

　前回の 3.0 へのメジャーバージョンアップから約 3.5 年ぶりに、4.0 へのメジャーバージョンアップが行われました。OpenCV がバージョン 4 へ変更されることによって大きな影響を受けるのは、C++ インタフェースへ移行せず C インタフェースを使い続けた人です。バージョン 4 からは、バージョン 1 の多くの C API が削除されました。以降に、バージョン 4 で変更された主要な点を箇条書きで示します。

- C++ 11 ライブラリや C++ 11 準拠のコンパイラを必要とします。CMake を使用する際は、バージョンは 3.5.1 以上でなければなりません。
- OpenCV バージョン 1.x から用意されていた、多くの C API は削除されています。
- core モジュール（XML、YAML、または JSON への / からの構造化データの格納と読み込み）は C++ で完全に再実装されています。また、C API は削除されました。
- 新しい G-API モジュールが追加されています。
- dnn モジュールは、OpenVINO™ toolkit R4 の Deep Learning Deployment Toolkit で更新されています。詳細は OpenCV の DLDT サポート方法を参照してください。
- dnn モジュールには実験的な Vulkan バックエンドが含まれ、ONNX 形式のネットワークをサポートします。
- Kinect Fusion アルゴリズムは、CPU と GPU（OpenCL）用に実装され、最適化されています。
- QR コード検出器とデコーダが objdetect モジュールに追加されました。
- 非常に効率的かつ高品質な DIS 高密度オプティカルフローアルゴリズムが opencv_contrib からビデオモジュールに移行しました。

さらに詳細な変更点を知りたい人は、

- 4.0-alpha（https://opencv.org/opencv-4-0-0-alpha.html）
- 4.0-beta（https://opencv.org/opencv-4-0-0-beta.html）
- 4.0-rc（https://opencv.org/opencv-4-0-0-rc.html）

の変更点を参照してください

■ マルチプラットフォーム対応 ■

OpenCV バージョン 4 では、以降に示す OS がサポートされます。

デスクトップ環境
　　Windows、Linux、Android、MacOS、FreeBSD、OpenBSD
モバイル環境
　　Android、Maemo、iOS

一般的なデスクトップ OS をサポートしていますので、パソコンで動作させることはもちろん、モバイル端末用の OS もサポートしていますので、モバイル端末のアプリケーションソフトウェアで利用することも可能です。Linux へも対応しているため、各社の Linux 対応の embedded 機器へも応用が可能でしょう。

■ サポート言語 ■

OpenCV バージョン 4 では、以下の言語がサポートされています。

　　C++、Python、Java

■C について

C インタフェース（C API）は、バージョン 4 で削除されました。

バージョン 3 で C インタフェース（C API）は、3.0 以降メンテナンス対象外でしたが、バージョン 4 では C++ で記述する必要があります。

■ サポート画像フォーマット ■

OpenCV は、以下の画像フォーマットをサポートしています。詳細は公式ドキュメントを参照してください。

表1.1●OpenCVがサポートする画像フォーマット

フォーマット	拡張子
Windows bitmap	.bmp、.dib
JPEG	.jpeg、.jpg、.jpe
JPEG 2000	.jp2
PNG	.png
Sun rasters	.sr、.ras
TIFF	.tiff、.tif
OpenEXR Image	.exr
WebP	.webp
Portable image	.pbm、.pgm、.ppm

サポート画像フォーマットを示しましたが、今後のバージョンアップによって変更されることも多いと予想されるため、参考にとどめてください。サポート画像フォーマットの詳細については実際に使用するバージョンのドキュメントやソースコードを参照してください。オープンソースなどではドキュメントと実際のコードに矛盾があることも少なくありませんので、そのあたりは十分注意が必要です。ソースコードのアップデートにドキュメントが追随できないのは良くあることです。

1.3 OpenCV 3 の特徴と変更点

本節は、既にバージョン 3 を使用中の人、あるいは OpenCV を初めて使用する人（バージョン 4.0 から）は読み飛ばして構いません。ここでは、バージョン 2 から 3 で行われた変更点を紹介します。これらの変更は、バージョン 4 にも引き継がれたものが少なくありません。

OpenCV バージョン 2.4 あたりから OpenCV バージョン 3 を飛ばし、一気に OpenCV バージョン 4 へ移行する人は、OpenCV バージョン 3 で行われた拡張や変更を一読しておくと良いでしょう。バージョン 3 は、バージョン 2 と同様な使い方は可能ですが、モジュール構成などが大きく変わりました。本節では、OpenCV バージョン 3 の特徴について簡単に解説します。説明の都合上、3.0 以降の拡張に限らない項目も含まれます。

■ モジュール変更 ■

ここではモジュール構成の変更点についてまとめます。

■ モジュール追加

shape や hal モジュールが追加されました。hal モジュールを使用すると、性能向上を期待できます。このモジュールは今後の拡張が期待されますので、モジュール構成も変更される可能性が高いです。

■ モジュール削除

一部のモジュールが削除、あるいは移動しています。基本的に ocl モジュールは削除の方向

のようですが（cv::UMat へ統合）、UMat の機能を切り替えるのに ocl モジュールが必要なため、削除されるわけではなさそうです。

■ モジュール細分化

OpenCV 3.x では OpenCV 2.4.x のモジュールの一部が、機能ごとに分割されます。そのため、OpenCV 2.4.x のコードを 3.x でも流用する場合は注意が必要です。特に gpu 関係が廃止され、細分化されます。

なお、highgui と gpu の細分化が大きいため、以降に表で示します。

表1.1●highguiとgpuの細分化の詳細

バージョン 2.4.x まで	バージョン 3.x 以降	説明
highgui	highgui	GUI 関係
	imgcodecs	コーデック
	videoio	動画ファイルの入出力、カメラキャプチャ
gpu	cudaarithm	細かく細分化されます。モジュール名から機能を想像してください。詳細は OpenCV の資料を参照してください。
	cudabgsegm	
	cudacodec	
	cudafeatures2d	
	cudafilters	
	cudaimgproc	
	cudalegacy	
	cudaobjdetect	
	cudaoptflow	
	cudastereo	
	cudawarping	
	cudev	

■高速化■

ここでは高速化に関する変更点についてまとめます。

■T-API

OpenCV 3.0から、CPUとGPUの実装をカプセル化するための仕組みであるTransparent API（T-API）が導入されました。OpenCVユーザーは、Matの代わりに、T-APIで提供されるUMatと呼ばれるデータ構造を用いて実装することで、CPU/GPUのどちらでも動作するプログラムを同一コードで記述できます。T-APIを使用すると、プログラムの動作環境でOpenCLが利用できる場合、自動的にOpenCLを用いることで高速化を図れます。以降に、UMatを用いた場合の内部処理の概要を示します。

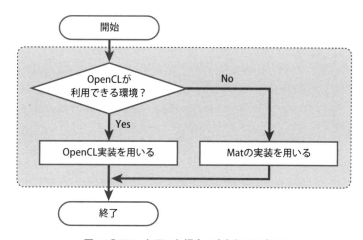

図1.1●UMatを用いた場合の内部処理の概要

UMatクラスは、OpenCLが使える環境かどうかをチェックします。OpenCLが使える環境であればOpenCL実装を用い、そうでなければCPUで処理します。Matを用いると、最初からCPUで処理します。UMatを使用すると、上図の処理はOpenCV内部に隠ぺいされるため、OpenCVを利用するプログラマがCPU/GPUを意識する必要はありません。なお、oclモジュールを使用し、UMatの動作を明示的に制御することも可能です。

■IPPICV

Intel IPPのサブセットであるIPPICVによって高速化されます。IPPICVは商用・非商用

問わず無料で利用できます。利用する際には、ライセンス文書を参照してください。本書は
IPPICV については解説しません。

■ HAL（Hardware Acceleration Layer）

　ハードウェア機能（SSE2、AVX、NEON）を用いた最適化の実装を hal モジュールとして提
供しています。OpenCV 3.0 時点では一部の機能しか実装されていませんでした。OpenCV 3.1
で実装が拡充されました。なお、hal モジュールは 3.0 と 3.1 で異なっています。

第2章 はじめての OpenCV プログラム

OpenCVを使用するのに適した、単純なプログラムを紹介します。これによってOpenCVの入門を習得してください。

2.1 はじめてのプログラム

単に画像を表示するプログラムを開発します。開発するプログラムの機能を、図で簡単に説明します。ファイルから読み込んだ画像を、表示するだけの単純なプログラムです。

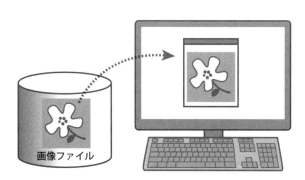

図2.1●プログラムの概要

2 はじめてのOpenCVプログラム

■ C++ コンソールプロジェクト作成 ■

　Visual C++ のコンソールプロジェクトの作成について簡単に説明します。ここでは Visual Studio 2017 Community で開発する例を示します。

① Visual Studio を起動し、［ファイル］→［新規開発］→［新しいプロジェクト］を選びます。

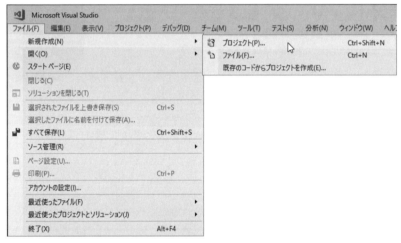

図2.2●新規作成

② さまざまな言語を使用することができますので、Visual C++ を選んでください。ここでは「インストール済み」の「その他」を選びます。右側の欄の「空のプロジェクト」を選択します。プロジェクトの保存場所を変更したい場合、［参照］を押すと「プロジェクトの場所」ダイアログが現れますので、プロジェクトを保存するフォルダ（ディレクトリ）を選択します。

2.1 はじめてのプログラム

図2.3●「新しいプロジェクト」ダイアログ

③すると、プロジェクトが作成されます。このプロジェクトは、ファイルなどを含まない空のプロジェクトです。

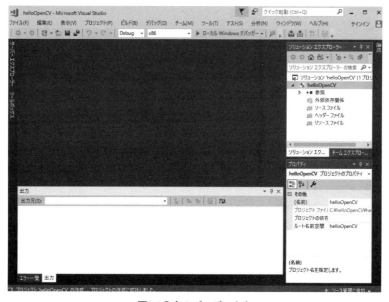

図2.4●空のプロジェクト

11

④ ソリューションエクスプローラのソースフォルダ上で、マウスの右ボタンを押し、[追加]
→[新しい項目...]を選びます。

図2.5●新しい項目の追加

⑤「C++ ファイル」を追加します。ファイル名は変更できますが、ここではデフォルトで付けられた名前を使用します。

図2.6●「新しい項目の追加」ダイアログ

⑥ ソースファイルを追加した後の、ソリューションエクスプローラを示します。

図2.7●ソリューションエクスプローラ

⑦ 追加したソースファイルにソースコード入力します。以降に、入力したコードを示します。

リスト2.1●ソースリスト（01begin/01helloOpenCV/src/Source.cpp）

```cpp
#include <opencv2/opencv.hpp>              // OpenCVヘッダ
#pragma comment(lib,"opencv_world400.lib") // OpenCVライブラリ

int main(int argc, char* argv[])
{
    if (argc < 2)
    {
        std::cerr << "no parameter." << std::endl;
        return -1;
    }

    cv::Mat src = cv::imread(argv[1]);

    cv::imshow("src", src);

    cv::waitKey(0);

    return 0;
}
```

　本プログラムは、コマンドラインに与えられた画像ファイルをウィンドウに表示するだけの単純なプログラムです。OpenCV は強力な画像処理ライブラリですが、ユーザーイン

タフェースに関する機能は最低限しかサポートしていません。本プログラムは、標準でOpenCVが備えるユーザーインタフェース機能で、画像をウィンドウ表示します。Visual StudioやOpenCVのインストール、そして環境の設定については、該当する章を参照してください。その解説に従ってVisual C++のインクルードファイルとライブラリのパスが設定されていれば、OpenCVに関係するインクルードファイルやライブラリを、標準のヘッダやライブラリのようにファイル名を記述するだけで指定できます。ライブラリはプロジェクトのプロパティでも設定できますが、忘れないように#pragmaで指定します。

プログラムの先頭で、引数の数が適切かチェックし、正常ならcv::imread関数で入力画像ファイルをcv::Matに読み込みます。次に、cv::imshow関数で画像表示します。cv::waitKey関数でキー入力を監視し、何か入力があるまで表示を続けます。画像を表示しているウィンドウに対し、何かキー入力が行われるとプログラムは終了します。

⑧ ソースコードの入力は完了しましたが、いくつかのオプションを設定する必要があります。OpenCVをインストールした場合、バージョン3あたりから32ビットのバイナリやライブラリは含まれなくなっています。CMakeを使用すれば、各種バージョンのOpenCVをビルドできますが、ここでは標準で用意されているバイナリを使用することとします。そこで、まずプロジェクトを64ビットへ変更します。

図2.8●64ビット（x64）へ変更

⑨ 次に、プロパティページを表示させ、インクルードファイルとライブラリファイルの存在場所を設定します。プロジェクトを選択した状態で［プロジェクト］→［プロパティ］メニューを選択するか、ソリューションエクスプローラでプロジェクトを選択し、マウスの右ボタンを押します。すると、メニューが現れますので、［プロパティ］メニューを選択します。最初に構成を「すべての構成」へ変更します。そして、「C/C++」→「全般」→「追加のインクルードディレクトリ」へ「**C:¥opencv¥build¥include;**」を、「リンカー」→「追加のライブラリディレクトリ」へ「**C:¥opencv¥build¥x64¥vc15¥lib;**」を入力します。これで、OpenCVのプログラムをビルドする設定が完了です。

2.1 はじめてのプログラム

図2.9●インクルードディレクトリ設定

図2.10●ライブラリディレクトリ設定

OpenCV のディレクトリ

インクルードディレクトリやライブラリディレクトリにしているディレクトリは OpenCV のバージョンや、OpenCV をインストールしたときに変わります。これらのディレクトリは自身の環境に合わせて変更してください。

⑩ 準備が完了しましたので、プロジェクトをビルドします。ビルド前に、構成をDebugから Releaseに変更します。これを行わなければDebugバージョンの実行形式ができます。プログラムを確認するだけなら、Debugでビルドしても構いません。

図2.11●DebugからReleaseに変更

⑪ この状態でビルドを行えば、プログラムができあがります。

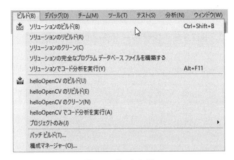

図2.12●ビルド

このとき、OpenCVが対象のバイナリやライブラリを提供していないと、リンカーで「ファイルを開くことができない」旨のエラーメッセージが表示されます。この問題を解決するには、CMakeを使用して対象環境のバイナリを生成する方法と、デフォルトで提供されている環境を使用する方法の2つがあります。はじめの方法をとる場合は、付録D「CMakeのインストール」および付録E「OpenCVのビルド」を参照してください。後の方法をとる場合は、本例で示したように「64ビット」の環境を使用してください。

x86が未サポート

ダウンロードしたOpenCVにx86のバイナリやライブラリファイルが含まれていない場合があります。そのような場合はCMakeを使用して自身で生成するか、それが面倒ならx64のみでプログラムを開発してください。

■ 実行例 ■

　以降に、開発したプログラムの実行例を示します。まず、PATH環境変数にOpenCVの実行に必要なファイルの場所を設定します。

`set PATH=%PATH%;C:¥opencv¥build¥x64¥vc15¥bin;`

　これを行わないと、実行時にOpenCVのファイルが見つからず、実行時エラーが発生します。以降に、プログラムの実行例を示します。プログラム名に続き、画像ファイル名を指定します。

`helloOpenCV lenna.jpg`

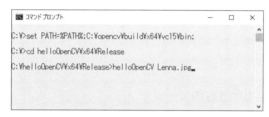

図2.13●PATH環境変数の指定と、コマンドラインに画像ファイル名を指定

　プログラムが起動すると、画像が表示されます。当然ですが、カレントフォルダに画像ファイルを用意しておいてください。別のフォルダに画像ファイルが存在する場合、フルパスで指定してください。

図2.14●実行例

プログラムを終了させたい場合、画像表示ウィンドウにフォーカスを移動し、何かキーを押してください。

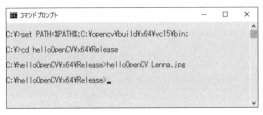

図2.15●プログラムが終了

キー入力を行うとき、ついコンソールにフォーカスをおいたまま行います。これではプログラムへキーコードが渡りませんのでプログラムは終了しません。しっかり画像を表示しているウィンドウに対しキーを送ってください。

Visual Studio のバージョン

これまでの説明は Visual Studio 2017 を対象としています。このため、フォルダ名に「￥vc15」を使用しています。もし Visual Studio 2015 を使用するなら、「￥vc15」を「￥vc14」へ変更してください。OpenCV のバージョンによって提供されるバイナリが Visual Studio のすべてをサポートしているとはかぎりません。これらは Visual Studio のバージョンによって変更されますので、自身が使用している Visual Studio 用のバイナリが提供されていない場合、CMake を使用して、自身のコンパイラバージョンに合致するオブジェクトとライブラリを生成してください。これらについては付録に詳しく解説していますので、そちらを参照してください。

■cv::Mat■

C++ インタフェースで使用される画像を管理するクラスです。cv::Mat クラスは、実際のデータへのポインタやいろいろなプロパティ（幅、高さ、ビット深度など）を保持します。ほとんどの関数において出力用の領域を確保しておく必要はありません。多くの関数は適切なサイズ、型、ビット深度の cv::Mat を確保します。cv::Mat オブジェクトは、そのデータ領域（=画像領域）が参照されなくなると自動的にメモリを解放します。cv::Mat オブジェクトは、参

2.1 はじめてのプログラム

照を管理するカウントを保持しており、0 になった場合、データを解放します。これは参照カウンタ（Reference Count）で実現されます。しかし、使用者が自身でデータ領域を割り当てた場合、その領域の管理は使用者に委ねられます。

　従来の OpenCV では、C インタフェースの IplImage 構造体が使われていますが OpenCV 3.0 以降ではメンテナンス対象外となり、OpenCV バージョン 4.0 以降では廃止されました。

cv::imread

ファイルから画像を読み込みます。

```
Mat imread(const String& filename, int flags=IMREAD_COLOR)
```

引数

filename　　　読み込むファイル名です。

flags　　　　読み込む画像のカラー種類です。

表2.1●flagsに指定する値

flags	説明
IMREAD_UNCHANGED	アルファチャンネルを含む、そのままの形式で読み込まれます。
IMREAD_GRAYSCALE	画像は常に 1 チャンネルのグレイスケール画像として読み込まれます。
IMREAD_COLOR	常に 3 チャンネルカラー画像として読み込まれます。
IMREAD_ANYDEPTH	16 ビット /32 ビットの場合、対応したビット数の画像が返されます。そうでなければ8ビットへ変換されます。
IMREAD_ANYCOLOR	すべての可能性のある色で読み込まれます。
IMREAD_LOAD_GDAL	読み込むために gdal ドライバを使用します。

説明

指定したファイルから画像を読み込みます。読み込みを失敗したり、アクセス制限、あるいはサポートしていないファイルフォーマットが指定された場合、空の Mat（Mat.data==NULL）が返されます。サポートされているファイルフォーマットは表 1.2「OpenCV がサポートする画像フォーマット」を参照してください。

　サポートしているファイルは、プラットフォームや OpenCV のバージョンによる違いもあるため、詳細は使用中のプラットフォームならびにバージョンに適合した OpenCV のリファレンスを参照してください。

2 はじめての OpenCV プログラム

> **注意**
>
> この関数は、画像の種類をファイルの拡張子からではなく、その内容から判別します。

cv::imshow

ウィンドウ内に、指定した画像を表示します。

```
void imshow(const String& winname, InputArray mat)
void imshow(const String& winname, const Mat& mat)
void imshow(const String& winname, const UMat& mat)
```

> **引数**

winname　　ウィンドウの名前です。

mat　　　　表示する画像（行列）です。

> **説明**

本関数は、指定したウィンドウ内に画像を表示します。ウィンドウは画像のオリジナルサイズで表示されます。画像が 8 ビット符号なし整数の場合は、そのまま表示します。画像が 16 ビット符号なし整数または 32 ビット整数の場合、ピクセル値は 0 〜 255 にマップされます。画像が 32 ビット浮動小数点数の場合、ピクセル値は 255 倍されます。つまり、0 〜 1 の範囲が 0 〜 255 に正規化されます。

cv::waitKey

キーが押されるまで待機します。

```
int waitKey(int delay=0)
```

> **引数**

delay　　　遅延時間（ミリ秒）です。0 は無限を意味する特別な値です。

> **説明**

本関数は、無限に（delay<=0）、あるいは「delay」ミリ秒だけキーイベントを待ちます。キーが押された場合は、そのキーコードを、キーが押されないまま指定されたタイムアウトした場合は −1 を返します。

2.2 プロジェクトの64ビット対応

　Visual Studioのバージョンによっては、プロジェクトを新規作成したときにWin32（x86、32ビット）用のプロジェクトしか作成されない場合があります。そのような場合、構成マネージャーを使用しx64（64ビット）用のプロジェクトを追加しましょう。

① プロジェクトに64ビットプラットフォームを追加します。まず、プロジェクトのドロップダウンから構成マネージャーを開きます。

図2.16●構成マネージャーを開く

　構成マネージャを開くには、［プロジェクト］メニューの［プロパティ］から開く方法や、プロジェクトエクスプローラのプロジェクト名の上で、マウスの右ボタンを押しプロパティを選択する方法など多数の方法があります。

②「構成マネージャー」ダイアログボックスが現れますので、「新規作成」を選択します。

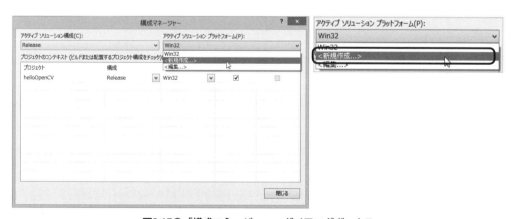

図2.17●「構成マネージャー」ダイアログボックス

③「新しいソリューション プラットフォーム」ダイアログボックスが現れます。そのダイアログの「新しいプラットフォームを入力または選択してください」のドロップダウン矢印をクリックし、「x64」ビットプラットフォームを選択します。新しいプラットフォームを作成するとき、設定のコピー元を指定できます。これは、オプションなどの指定を引き継ぐ必要があるときに使用すると便利です。もし、まったく設定を引き継ぐ必要がないときは「<空>」を指定してください。この例では、「Win32」から設定をコピーします。

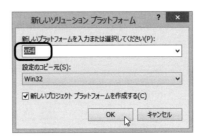

図2.18●「新しいソリューション プラットフォーム」ダイアログボックス

④「新しいソリューション プラットフォーム」ダイアログボックスで［OK］をクリックすると、「構成マネージャー」ダイアログボックスの「アクティブ ソリューション プラットフォーム」に新しいプラットフォームが表示されます。［閉じる］をクリックして「構成マネージャー」ダイアログボックスを閉じます。

図2.19●「構成マネージャー」ダイアログボックスを閉じる

⑤ プロジェクトに x64 が追加されました。これで、64 ビット対応のプログラムをビルドできます。

図2.20●x64が追加された

x86 と Win32

Visual Studio などのメニューに Win32 と x86 が混在して使用されています。また、Visual Studio のバージョンが新しいと Win32 が x86 と表示が変更されている場合があります。これらは同じものを指し、両方とも 32 ビットを表しますが、過去の経緯から Win32 が使われる場合も少なくありません。表現が異なるため戸惑うときがありますが、両方とも 32 ビットを表します。

⑥ x64 と Win32（x86）では、インクルードファイルの指定は両方とも同じですが、ライブラリは異なります。このため、プロジェクトのプロパティを開き、「リンカー」の「追加のライブラリディレクトリ」を覗き、x64 と Win32（x86）では異なるライブラリを指定してください。例えば、Visual Studio 2017 の x64 では「C:¥opencv¥build¥x64¥vc15¥lib;」を、Win32（x86）では「C:¥opencv¥build¥x86¥vc15¥lib;」を指定します。

⑦ 実行時の PATH 設定も x64 と Win32（x86）では異なります。Win32（x86）でビルドした場合は

  `set PATH= C:¥opencv¥build¥x86¥vc15¥bin;%PATH%`

を、x64 でビルドした場合は

  `set PATH= C:¥opencv¥build¥x64¥vc15¥bin;%PATH%`

を指定します。恒常的に PATH 環境変数を指定する場合、付録 C「環境の設定」を参照してください。

⑧ ビルドした EXE ファイルが本当に 64 ビットモードで動作しているか、「タスク マネージャー」で確認してみます。次図の左側が 32 ビットで動作しているときの様子で、右側が 64 ビットモードで動作しているときの様子です。

図2.21●タスク マネージャーで確認

⑨ x64 のプラットフォームを作成するときに Win32（x86）を引き継ぐと、プロジェクトのプロパティが WIN32 のプリプロセッサを引き継いでいます。特に問題は起きませんが、この WIN32 を x64 の構成から外します。「構成」を「すべての構成」にするのを忘れがちなので、忘れないようにしてください。

図2.22●WIN32をx64の構成から外す（変更前と変更後）

既に 64 ビットが主流であることと、最近の OpenCV は 32 ビット用のバイナリを提供しなくなっているため、本書では 64 ビット（x64）でアプリケーションを開発します。

以降に、x86（Win32、32 ビット）と x64（64 ビット）のヘッダファイル、ライブラリ、

実行時のパスについてまとめます。

表2.2●x32の場合

項目	フォルダ位置（*xx* は Visual Studio のバージョンで異なる）	ファイル名（*xx* は OpenCV のバージョンで異なる）	Release/Debug
インクルードパス	*C:¥opencv*¥build¥include¥opencv2	それぞれ	
ライブラリ	*C:¥opencv*¥build¥**x86**¥vc*xx*¥lib	opencv_world*xx*.lib	Release
		opencv_world*xx*d.lib.lib	Debug
実行時パス	*C:¥opencv*¥build¥**x86**¥vc*xx*¥bin		

表2.3●x64の場合

項目	フォルダ位置（*xx* は Visual Studio のバージョンで異なる）	ファイル名（*xx* は OpenCV のバージョンで異なる）	Release/Debug
インクルードパス	x86 と同じ	それぞれ	
ライブラリ	*C:¥opencv*¥build¥**x64**¥vc*xx*¥lib	opencv_world*xx*.lib	Release
		opencv_world*xx*d.lib	Debug
実行時パス	*C:¥opencv*¥build¥**x64**¥vc*xx*¥bin		

- *C:¥opencv* は OpenCV をインストールしたフォルダ位置です。使用者の環境に合わせてください。
- CMake を使用して独自にバイナリやライブラリを生成した人は、フォルダ名を適宜変更してください。

第 3 章

マトリックスクラスについて

　OpenCV 3.0 以降で、Mat の上位版である UMat が導入されました。本章では、Mat と UMat について解説します。

3.1 マトリックスクラス

　OpenCV で主に使用する画像データ保持クラスには、以下のものがあります。

表3.1 ● OpenCV 2.xの主な画像データ保持クラス

クラス	用途
cv::Mat	CPU 用
gpu::GpuMat	CUDA 用
ocl::oclMat	OpenCL 用
cv::UMat	CPU/OpenCL 用

　これ以外にも cuda 専用のものがありますが、説明が煩雑になりますので、ここでは主に使用される画像データ保持クラスについて解説します。
　OpenCV 3.0 以降では、画像データ保持クラスが整理され CPU と OpenCL、言い換えると CPU と GPU を自動で切り替えられる UMat クラスが導入されました。従来は cv::Mat や ocl::oclMat を使い分け、CPU で処理するか、GPU で処理するかを、プログラマがプログラミ

ング中に意識して記述します。

OpenCV 3.0 以降では、UMat を使用することで、CPU と GPU を意識せずに最適な性能を同一のソースコードで享受できます。プログラマは、処理が CPU/GPU のどちらで処理されるか意識する必要はありません。つまり、UMat で記述しておくと、システムの最適な方法が自動で使用されます。

表3.2●OpenCV 3以降の主な画像データ保持クラス

画像データ保持クラス	用途
cv::Mat	CPU で処理させたい場合
cv::UMat	CPU か GPU のどちらか最適なデバイスを使用したい場合

便利な UMat ですが、ものごとには裏表があり、UMat を採用したからといって、最適な方法が採用されるとは限りません。また、Mat に存在する機能が UMat に存在しない場合や、UMat を使用すると Mat を使用した場合より性能が低下する場合があります。これらについては後述します。ただ、一般的には UMat を使用する方が良いでしょう。そして現在ある欠点は、OpenCV のバージョンアップによって解消される可能性も高いです。

UMat と GPU

UMat を使用すると、GPU を使用できる環境では GPU で処理されます。これは正確には、UMat を使用すると、OpenCL を使用できる環境では OpenCL が使われるというべきでしょう。つまり、UMat の使用が GPU の使用とイコールではありません。OpenCL が必ずしも GPU で処理されるとは限らないため、UMat を使用しても CPU で処理される場合もあります。ただし、一般的には GPU が実装されたコンピュータ上であれば、GPU で処理されると考えて構いません。

3.2 | Mat

　Mat を使用した簡単なプログラムを紹介します。ファイルから読み込んだ画像と、グレイスケールへ変換した画像を表示する単純なプログラムです。以降に、ソースリストを示します。

リスト3.1●ソースリスト（02beginMatrix/Sources/Mat.cpp）

```cpp
#include <opencv2/opencv.hpp>                    // OpenCVヘッダ
#pragma comment(lib,"opencv_world400.lib")

using namespace cv;
using namespace std;

int main(int argc, char* argv[])
{
    Mat src, dst;

    if (argc < 2)
    {
        cerr << "no parameter." << endl;
        return -1;
    }

    src = imread(argv[1]);

    cvtColor(src, dst, COLOR_RGB2GRAY);

    imshow("src", src);
    imshow("dst", dst);

    waitKey(0);

    return 0;
}
```

　プログラムを先頭から説明します。これまでは namespace を使用しなかったため、関数の前に「cv::」を付けていました。これ以降は、cv と std の namespace 追加し、関数などに指

定する「cv::」と「std::」を省略します。ヘッダやライブラリの指定はこれまでと同様です。

　最初に、コマンドラインに引数があるかチェックします。このプログラムへは処理対象の画像ファイル名を引数で与えなければなりません。引数がない場合はエラーを表示し、プログラムは終了します。

　ファイル名が指定されていたら、処理対象画像を Highgui の imread 関数で、Mat オブジェクト src へ読み込みます。そして、cvtColor 関数を使用し、画像をグレイスケールへ変換します。最後に、入力と変換後の画像を表示します。画像を表示しているウィンドウに対して何かキー入力が行われると、プログラムは終了します。

3.3 | UMat

　前節の Mat を使用したプログラムを、UMat を使用して書き換えます。以降にソースリストを示します。

リスト3.2●ソースリスト（02beginMatrix/Sources/UMat.cpp）

```
#include <opencv2/opencv.hpp>                    // OpenCVヘッダ
#pragma comment(lib,"opencv_world400.lib")

using namespace cv;
using namespace std;

int main(int argc, char* argv[])
{
    UMat src, dst;

    if (argc < 2)
    {
        cerr << "no parameter." << endl;
        return -1;
    }

    imread(argv[1]).copyTo(src);
```

```
    cvtColor(src, dst, COLOR_RGB2GRAY);

    imshow("src", src);
    imshow("dst", dst);

    waitKey(0);

    return 0;
}
```

　先のプログラムと異なるのは 2 行のみです。最初のステートメントは、Mat を使用していたのを UMat へ変更しただけです。次に変更した行は、imread 関数が UMat へ対応していなかったため、imread の copyTo メソッドで画像データを UMat オブジェクトにコピーするだけです。これだけで本プログラムは自動的に、OpenCL 環境下では GPU で処理され、OpenCL の環境が使えない場合は CPU で処理されます。

UMat は万能ではない

UMat の説明を読むと Mat を包含しているように読めますが、現状ではそうではありません。いくつかの Mat に存在するメソッドが UMat には存在しません。さらに、UMat を利用すると、かえって性能が低下する場合があります。これは従来の GPGPU を利用するときに起きる現象と同一の条件下で起きるようです。便利な UMat ですが万能ではありませんので、状況によって使い分ける必要があります。これらについては折に触れて記述します。

cv::cvtColor

画像の色空間を変換します。

```
void cvtColor(InputArray  src, OutputArray dst, int code, int dstCn = 0)
```

引数

src	入力画像（行列）です。
dst	出力画像（行列）です。形式は src と同じサイズ、同じ型です。
code	「(src の色空間) 2 (dst の色空間)」の定数を用いて色空間の変換を指定します。詳細は OpenCV のリファレンスを参照してください。
dcn	入力画像（行列）のチャンネル数です。0 を指定すると、src および code から自動的にチャンネル数が求められます。

説明

この関数は、さまざまな色空間を変換します。本章のプログラムでは、カラー画像をグレイスケールへ変換するのに使用します。3 チャンネルの色空間（HSV、XYZ など）画像を 4 チャンネル画像に格納することで、パフォーマンスが向上します。

cv::Mat

C++ インタフェースで使用される画像管理クラスです。従来の OpenCV では、C インタフェースの IplImage 構造体が使われましたが、OpenCV 3.0 以降ではメンテナンス対象外となり、OpenCV バージョン 4.0 以降では廃止されました。cv::Mat クラスは、実際のデータへのポインタやいろいろなプロパティ（幅、高さ、ビット深度など）を保持します。

ほとんどの関数において出力用の領域を確保しておく必要はありません。多くの関数は適切なサイズ、型、ビット深度の cv::Mat を確保します。cv::Mat オブジェクトは、そのデータ領域（= 画像領域）が参照されなくなると自動的にメモリを解放します。cv::Mat オブジェクトは、参照を管理するカウントを保持しており、0 になった場合、データを解放します。これは参照カウンタ（Reference Count）で実現されます。しかし、使用者が自身でデータ領域を割り当てた場合、その領域の管理は使用者に委ねられます。

■ cv::UMat ■

　C++ インタフェースで使用される画像管理クラスです。cv::UMat は OpenCV 3.0 以降で導入された新しい画像管理クラスです。このクラスは、CPU と GPU（正確には OpenCL）を自動で切り替えます。従来は cv::Mat や ocl::oclMat をプログラマが使い分け、CPU で処理するか GPU で処理するかをプログラム中に意識して記述しなければなりませんでした。OpenCV 3.0 以降では、UMat を使用することで、CPU と GPU を意識せずに最適な性能を同一のソースコードで享受できます。プログラマは、処理が CPU/GPU のどちらで処理されるか意識する必要はなく、UMat で記述しておくと、システムが最適な方法を自動で採用します。

3.4 | Mat と UMat のデータ交換

　Mat と UMat で画像を変換することがあります。簡単に画像を交換できますが、ここでいくつかの例を紹介します。以降にソースリストを示します。

リスト3.3●ソースリスト（02beginMatrix/Sources/XchgMatUMat.cpp）

```cpp
#include <opencv2/opencv.hpp>                    // OpenCVヘッダ
#pragma comment(lib,"opencv_world400.lib")

using namespace cv;
using namespace std;

int main(int argc, char* argv[])
{
    if (argc < 2)
    {
        cerr << "no parameter." << endl;
        return -1;
    }

    // Mat to UMat - 1
    {
        Mat mat = imread(argv[1]);
```

```
        UMat umat;
        mat.copyTo(umat);                        // convert Mat to UMat
    }

    // Mat to UMat - 2
    {
        UMat umat;
        imread(argv[1]).copyTo(umat);        // convert Mat to UMat
    }

    // Mat to UMat - 3
    {
        Mat mat = imread(argv[1]);
        UMat umat = mat.getUMat(ACCESS_RW);     // convert Mat to UMat
    }

    // UMat to Mat
    {
        UMat umat;
        imread(argv[1]).copyTo(umat);           // convert UMat to Mat
        Mat mat = umat.getMat(ACCESS_RW);
    }
    return 0;
}
```

UMat と Mat 間で情報を交換するには次の方法があります。

● Mat オブジェクトの getUMat メソッドで UMat へコピーする。
● UMat オブジェクトの getMat メソッドで Mat へコピーする。
● Mat/UMat の copyTo メソッドを使用する。

　一般的には copyTo メソッドを採用するでしょう。いずれもいわゆる深いコピーが行われますので、頻繁にデータ交換を行うとオーバヘッドが大きくなることが予想されます。浅いコピーで済ませたい場合は他の方法を考えた方が良いでしょう。通常は、Mat と UMat 間で頻繁にデータコピーが行われることは多くないと思われます。

3.5 | InputArray と OutputArray

OpenCV 3.0 以降の関数プロトタイプを参照すると、行列（画像）の引数に InputArray と OutputArray が使われています。ここでは、Mat や UMat を使う代わりに InputArray と OutputArray を使う例を示します。ただし、本書では InputArray と OutputArray を使う必要はないため、以降の章ではそれらは基本的に使用しません。

まず、行列にスカラの 1 を加算するプログラムを、従来の記述法と InputArray を使ったプログラム例を示します。

リスト3.4●InputArrayとOutputArrayを使用する例

```
#include <opencv2/opencv.hpp>
#pragma comment(lib,"opencv_world400.lib")

using namespace cv;
using namespace std;

static void
add1mat(const Mat& mat)
{
    Mat dst = mat + 1;
    cout << "dst=" << dst << endl << endl;
}

static void
add1array(const InputArray inputSrc_)
{
    Mat src = inputSrc_.getMat();
    Mat dst = src + 1;
    cout << "dst=" << dst << endl << endl;
}

int main(int argc, char* argv[])
{
    Mat mat = (Mat_<float>(3, 3) << 1, 2, 3, 4, 5, 6, 7, 8, 9);

    cout << "mat=" << mat << endl << endl;
```

35

```
    add1mat(mat);

    add1array(mat);

    return 0;
}
```

　Mat のオブジェクトである mat を引数にして、add1mat 関数と、add1array 関数を呼び出します。

　add1mat 関数は、従来と同様ですので、特に説明の必要はないでしょう。これをadd1array 関数のように、InputArray で引数を受けた場合、そのままでは加算できません。このため、いったん Mat で受けて演算を行います。InputArray は演算などが定義されておらず、そのままでは自身の要素にアクセスすることもできません。演算などを行うには、いったん演算可能な型で受けなければなりません。この例を見る限り、InputArray を使うメリットは何もありません。

　以降に実行結果を示します。両方とも、入力の各要素に 1 加算されています。見やすくするため、少し整形しています。

```
mat=[1, 2, 3;
     4, 5, 6;
     7, 8, 9]

dst=[2, 3, 4;
     5, 6, 7;
     8, 9, 10]

dst=[2, 3, 4;
     5, 6, 7;
     8, 9, 10]
```

　InputArray は「&」がついていませんが参照渡しです。関数を呼び出す側は InputArray とMat& は、ほぼ同じものととらえても構いません。InputArray は、OpenCV のヘッダで参照渡しになるように typedef されています。詳細については、http://docs.opencv.org/ にあるドキュメントを参照してください。ドキュメントはバージョン毎に用意されていますので、使用するバージョンのものを参照してください。

　次に、もう少し踏み込んだ例を示します。InputArray や OutputArray を使うと、入力は

Matに限られず、いろいろなものを受け付ける関数を作ることができます。例えば、以下のような型を1つの関数で受け取れます。

- Mat
- UMat
- Mat_<T>: Mat_<uchar>, Mat_<float>, …
- Matx
- vector: vector<uchar>, vector<float>, …
- vector<vector<T>>
- vector<Mat>

　異なる型の行列で動作する関数を作る場合、引数にInputArray（またはOutputArray）を使用します。関数内で、データをコピーせずに行列ヘッダを構築するために_InputArray::getMat() メソッドを使用する必要があります。以降に、MatとUMatを受け取り、カラー画像をグレイスケールに変換するプログラムを示します。

リスト3.5●カラー画像をグレイスケールに変換するプログラム例

```
#include <opencv2/opencv.hpp>
#pragma comment(lib,"opencv_world400.lib")

using namespace cv;
using namespace std;

static void
cvt(InputArray inputSrc_)
{
    Mat src = inputSrc_.getMat();
    Mat dst;

    cvtColor(src, dst, COLOR_RGB2GRAY);

    imshow("src", src);
    imshow("dst", dst);
}

int main(int argc, char* argv[])
```

```
{
    Mat src;
    UMat usrc;

    if (argc < 2)
        return -1;

    src = imread(argv[1]);
    cvt(src);

    waitKey(0);
    destroyAllWindows();

    src.copyTo(usrc);
    cvt(usrc);

    waitKey(0);

    return 0;
}
```

　cvt 関数は、Mat あるいは UMat を引数にして呼び出されます。cvt 関数は、引数 inputSrc_ の InputArray::getMat() メソッドを使用して Mat として処理します。このように、cvt 関数は複数の型を受け取れます。呼び出し側は、異なる型で cvt 関数を呼び出すことができます。本プログラムを実行すると、引数で与えられたカラー画像とともにグレイスケールに変換された画像を表示するウィンドウが2つ現れます。これは Mat で渡された画像を Mat で処理した結果です。ウィンドウに向かって何かキーを入力すると、再び同じようなウィンドウが現れます。今度は UMat で渡されたものを Mat で処理した結果です。

　この例では、必ず Mat で処理していますが、複数の型を受け取り、その型に従って別々の処理を行うことも可能です。以降に、そのようなプログラムのソースリストを示します。

リスト3.6●受け取った型によって別々の処理を行う例

```
#include <opencv2/opencv.hpp>
#pragma comment(lib,"opencv_world400.lib")

using namespace cv;
```

3.5 InputArray と OutputArray

```cpp
using namespace std;

static void
cvt(InputArray inputSrc_)
{
    int type = inputSrc_.kind() & _InputArray::KIND_MASK;

    switch (type)
    {
    case _InputArray::MAT:
        {
            Mat src = inputSrc_.getMat();
            Mat dst;
            flip(src, dst, 1);

            imshow("src", src);
            imshow("dst", dst);
        }
        break;

    case _InputArray::UMAT:
        {
            UMat usrc = inputSrc_.getUMat();
            UMat udst;

            cvtColor(usrc, udst, COLOR_RGB2GRAY);

            imshow("usrc", usrc);
            imshow("udst", udst);
        }
    break;
    }
}

int main(int argc, char* argv[])
{
    Mat src;
    UMat usrc;

    if (argc < 2)
    {
        cerr << "no parameter." << endl;
```

```
        return -1;
    }

    src = imread(argv[1]);
    cvt(src);

    waitKey(0);
    destroyAllWindows();

    src.copyTo(usrc);
    cvt(usrc);

    waitKey(0);

    return 0;
}
```

　先ほどのプログラム同様、cvt 関数は、Mat あるいは UMat を引数にして呼び出されます。cvt 関数は、引数 inputSrc_ の InputArray::kind() メソッドを使用して型を調べ、型に従った処理を行います。

　以降に実行した様子を示します。最初は、Mat を渡しますのでフリップされたウィンドウが現れます。

図3.1●最初の表示（Matを渡してフリップ）

　ウィンドウに向かって何かキーを入力すると、再び画像を表示するウィンドウが 2 つ現れます。UMat で渡されるため、カラー画像ともにグレイスケールに変換します。

図3.2●2番目の表示（UMatを渡してグレイスケール変換）

なお、このプログラムのcvt関数を以下のように書き換えることもできます。switch文を使うと、たくさんの型に対応するとき便利ですが、型が限定される場合、こちらの方がわかりやすい可能性もあります。以降に、書き換えたcvt関数のソースコード部分だけを示します。

```
    :
static void
cvt(InputArray inputSrc_)
{
    if (inputSrc_.isMat())
    {
        Mat src = inputSrc_.getMat();
        Mat dst;
        flip(src, dst, 1);

        imshow("src", src);
        imshow("dst", dst);
    }

    if (inputSrc_.isUMat())
    {
        UMat usrc = inputSrc_.getUMat();
        UMat udst;

        cvtColor(usrc, udst, COLOR_RGB2GRAY);

        imshow("usrc", usrc);
        imshow("udst", udst);
    }
}
    :
```

3 マトリックスクラスについて

　ここで示したように呼び出された関数内で処理が完結する場合問題は起きません。ところが、OutputArray で結果を受け取るコードを記述する場合、明示的に領域を確保しなければなりません。例えば、以下のようなプログラムが存在したとします。

リスト3.7●画像処理を別の関数で行う例

```cpp
#include <opencv2/opencv.hpp>
#pragma comment(lib,"opencv_world400.lib")

using namespace cv;
using namespace std;

static void
cvt(const Mat& src, Mat& dst)
{
    flip(src, dst, 1);
}

int main(int argc, char* argv[])
{
    Mat src, dst;

    if (argc < 2)
        return -1;

    src = imread(argv[1]);
    cvt(src, dst);

    imshow("src", src);
    imshow("dst", dst);

    waitKey(0);

    return 0;
}
```

　このプログラムは何の問題もなく動作します。ところが、cvt 関数の引数を InputArray と OutputArray で書き換えると動作しなくなります。

```
static void
cvt(InputArray inputSrc_, OutputArray _outputDst)
{
    Mat src = inputSrc_.getMat();
    Mat dst = _outputDst.getMat();;

    flip(src, dst, 1);
}
```

　これは、OutputArray は自身でメモリの確保を行う必要があるためです。上記の例では、呼び出し側、および呼び出された関数内でメモリの確保を行っていないので、正常に動作しません。これを正常に動作させるために書き換えたソースリストを以降に示します。

リスト3.8●画像処理を別の関数で行う例（InputArrayとOutputArrayを使用）

```
#include <opencv2/opencv.hpp>
#pragma comment(lib,"opencv_world400.lib")

using namespace cv;
using namespace std;

static void
cvt(InputArray inputSrc_, OutputArray _outputDst)
{
    Mat src = inputSrc_.getMat();
    Mat dst = _outputDst.getMat();

    flip(src, dst, 1);
}

int main(int argc, char* argv[])
{
    Mat src, dst;

    if (argc < 2)
        return -1;

    src = imread(argv[1]);
    dst.create(src.size(), src.type());
    cvt(src, dst);
```

```
    imshow("src", src);
    imshow("dst", dst);

    waitKey(0);

    return 0;
}
```

　結果を格納する dst のメモリをあらかじめ割り付けてから、関数を呼び出します。この例で
は呼び出し元がメモリを割り付けましたが、cvt 関数内でメモリを確保しても構いません。い
ずれにしても、OutputArray を引数にする場合、OutputArray で渡された引数は、あらかじ
めメモリを割り付けておかなければなりません。Mat& や UMat& を OutputArray へ書き換え
る場合、この点だけ注意が必要です。

　本書で紹介するプログラムは InputArray と OutputArray を使う必要はないため、以降の章
では、これらは基本的に使用しません。

第4章

アフィン変換

単純な座標変換プログラムを紹介します。OpenCVに慣れるために用意した簡単な例をいくつか紹介します。

4.1 フリップ

画像を垂直、水平、または両軸で反転するプログラムを開発します。プログラムの機能を簡単に図で説明します。

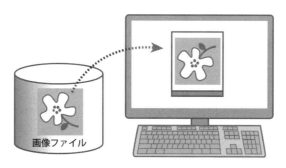

図4.1●プログラムの概要

以降に、ソースリストを示します。

4 アフィン変換

リスト4.1●ソースリスト （04afin/Sources/flip.cpp）

```cpp
#include <opencv2/opencv.hpp>

#pragma comment(lib,"opencv_world400.lib")

using namespace cv;
using namespace std;

int main(int argc, char* argv[])
{
    try
    {
        if (argc<3)
            throw "few parameter, e.g. <file name> <flip code>.";

        Mat src = imread(argv[1]);
        int flipCode = stoi(argv[2]);

        if (src.empty())
            throw "faild open file.";

        Mat dst;
        flip(src, dst, flipCode);

        imshow("src", src);
        imshow("dst", dst);

        waitKey(0);
    }
    catch (const char* str)
    {
        cerr << str << endl;
    }
    return 0;
}
```

　プログラムを先頭から説明します。最初に、コマンドラインに引数が3つ以上指定されているかチェックします。このプログラムはフリップ対象の画像ファイル名と、フリップのモード

を引数で受け取ります。もし、引数が少ない場合、使用法を throw して例外を発生させます。例外が発生すると catch ステートメントで捕らえられ、コンソールにメッセージとして表示されます。フリップモードは、stoi 関数で flipCode へ格納します。

次に、処理対象画像を Highgui の imread 関数で Mat オブジェクト src へ読み込みます。画像が正常に読み込まれたか、Mat オブジェクトの empty メソッドで調べます。画像が正常に読み込めていない場合、例外をスローします。

画像を読み込めたら、flip 関数で画像をフリップします。フリップ方向は flipCode で指定します。以降に実行例を示します。まず、引数が少ない例を示します。

```
C:\test>flip lenna.jpg
few parameter, e.g. <file name> <flip code>.
```

引数が少ないため、メッセージが表示され、プログラムは終了します。

次に、引数にファイル名とフリップモードに 0 を指定した例を示します。

```
C:\test>flip lenna.jpg 0
```

正常に処理されます。プログラムを終了させるには、src もしくは dst のウィンドウをアクティブにした状態で、何かキーを押してください。以降に実行例を示します。処理前の画像と、処理後の画像を表示する 2 つのウィンドウが現れます。

図4.2●元画像と処理結果（0を指定した例）

フリップモードに1を指定した例と、–1を指定した例も示します。

図4.3●処理結果（1を指定した例、–1を指定した例）

ヘッダに含まれる文字コードによる警告を抑止

OpenCVのバージョンによっては、OpenCVのヘッダに対し現在のコードページで表示できない文字が含まれると警告が表示される場合があります。これらはOpenCVのヘッダに原因があります。これを解消するには、

（1）ヘッダを編集する
（2）警告を抑止する
（3）警告が表示されても無視する

の方法が考えられます。以降に、(2)の方法を示します。

```
#pragma warning(disable : 4819)
#include <opencv2/opencv.hpp>
#pragma warning(default: 4819)
```

cv::flip

2次元行列（画像）を垂直、水平、または両軸で反転します。

```
void flip (InputArray  src, OutputArray dst, int flipCode)
```

引数

src　　　　入力画像（行列）です。
dst　　　　出力画像（行列）です。
flipCode　画像（行列）のフリップ方向です。

表4.1●flipCodeに指定する値

flipCode	フィリップ方向
0	y軸周りでの反転（上下反転）
> 0	x軸周りでの反転（左右反転）
< 0	両軸周りでの反転

表だけでは分かりにくいので、図で示します。

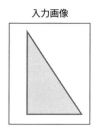 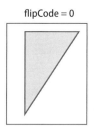 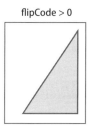 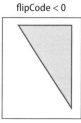

図4.4●flipCodeの値と出力の様子

説明

上下反転（flipCode = 0）を使用すると、y軸の座標を反転できるため、グラフなどを表示するときに便利な場合があります。左右反転（flipCode > 0）を使用すると、垂直軸に対する線対称性を調べることができます。反転後に差の絶対値を計算すると良いでしょう。左右の同時反転（flipCode < 0）を使用すると、中心点に対する点対称性を調べることができます。

4 アフィン変換

■ 関数プロトタイプの InputArray や OutputArray について ■

　画像（行列）には、Mat、UMat、Mat_<T>、Matx<T, m, n>、std::vector<T>、std::vector<std::vector<T> >、std::vector<Mat>、InputArray や OutputArray などを指定できます。これは主に実装レベルのクラスであり、そのインタフェースは将来のバージョンでは変更される場合があります。本書で、これ以降、関数プロトタイプ宣言の画像（行列）に InputArray や OutputArray を使用します。これらが使用された場合、以下のように解釈してください。

InputArray　　　　const UMat& または const Mat&
OutputArray　　　UMat& または Mat&

　すでに説明したように、InputArray や OutputArray と Mat や UMat は別物ですが、多数のプロトタイプ宣言を記載するのが面倒なため簡略化します。

4.2 | リサイズ

　画像の拡大縮小を行うプログラムを紹介します。以降に、ソースリストを示します。

リスト4.2●ソースリスト　（04afin/Sources/resize.cpp）

```cpp
#include "common.h"

using namespace cv;
using namespace std;

int main(int argc, char* argv[])
{
    try
    {
        Mat src, dst;

        if (argc<3)
            throw "few parameter, e.g. <filename> <scale W> [<scale H>].";
```

```
        float scaleW = stof(argv[2]);
        float scaleH = scaleW;
        if (argc == 4)
            scaleH = stof(argv[3]);

        src = imread(argv[1]);
        if (src.empty())
            throw "faild open file.";

        int width = static_cast<int>(src.cols*scaleW);
        int height = static_cast<int>(src.rows*scaleH);
        resize(src, dst, Size(width, height));

        imshow("src", src);
        imshow("dst", dst);

        waitKey(0);
    }
    catch (const char* str)
    {
        cerr << str << endl;
    }
    return 0;
}
```

本プログラムは、画像の拡大縮小を行います。まず、ヘッダのインクルードやライブラリの指定を毎回行うのが面倒なので、ヘッダにまとめました。ヘッダ common.h の内容を以降に示します。

リスト4.3●ヘッダファイルcommon.h（04afin/Sources/common.h）

```
#include <opencv2/opencv.hpp>              // OpenCVヘッダ
#include <vector>
#include <iostream>

#ifdef _DEBUG                              // Debugモードの場合
#pragma comment(lib,"opencv_world400d.lib")
#else                                      // Releaseモードの場合
#pragma comment(lib,"opencv_world400.lib")
```

```
#endif
```

　プログラム本体は、このヘッダファイルをインクルードします。本プログラムも、コマンドラインに引数が必要です。引数は処理対象の画像ファイル名と、縦横のスケール値です。引数が2つの場合、指定した第2引数は縦横の両方のスケール値として使われます。引数を3つ指定した場合、第2引数は横のスケール値、第3引数は縦のスケール値として使用されます。それぞれのスケール値はfloat型変数scaleWとscaleHへ格納されます。引数が不足している場合、例外をスローします。

　次に、imread関数で処理対象画像をMatオブジェクトsrcへ読み込みます。画像が正常に読み込まれたか、Matオブジェクトのemptyメソッドで調べます。画像が正常に読み込まれていない場合、例外をスローします。これも先のプログラムと同様です。

　次に、スケール値より縦横のピクセル数を求めます。処理画像の縦横ピクセルは、入力画像の縦横ピクセル数にスケール値を乗算して求めます。それぞれ横のピクセルサイズをwidthへ、縦のピクセルサイズをheightへ格納します。乗算はfloatで行い、その後、intへキャストするため丸めは行われず、単純に小数点以下は切り捨てられます。

　本プログラムは、resize関数で画像の拡大縮小を行います。読み込んだ画像と処理した画像をimshow関数で表示します。

　以降に実行例を示します。まず、処理対象画像と、スケール値を1つだけ指定した例を示します。

```
C:\test>resize lenna.jpg 0.5
```

　スケール値が1つだけなので、縦横とも0.5倍に拡大されます（入力画像の半分に縮小されます）。縦横が同じだけ拡大縮小されるため、アスペクト値が保たれます。

図4.5●入力画像と処理後の画像

次に、縦横に別々のスケール値を指定する例を示します。

```
C:¥test>resize lenna.jpg 0.8 1.33
```

横のスケール値が0.8、縦のスケール値が1.33のため、元の画像のアスペクト比が保たれない画像が表示されます。横が縮小され、縦が拡大された結果、縦に細長い画像が得られます。

図4.6●入力画像と処理後の画像

■ UMatへ書き換える ■

さて、この例をOpenCV 3.0以降で追加されたUMatを使って書き換えてみましょう。以降に、ソースリストの一部を示します。

リスト4.4●ソースリストの一部（04afin/Sources/resizeUMat.cpp）

```cpp
        ⋮
    UMat src, dst;

    if (argc<3)
        throw "few parameter, e.g. <filename> <scale W> [<scale H>].";

    float scaleW = stof(argv[2]);
    float scaleH = scaleW;
    if (argc == 4)
        scaleH = stof(argv[3]);
```

4 アフィン変換

```
        imread(argv[1]).copyTo(src);
    if (src.empty())
        throw "faild open file.";

    int width = static_cast<int>(src.cols*scaleW);
    int height = static_cast<int>(src.rows*scaleH);
    resize(src, dst, Size(width, height));

    imshow("src", src);
    imshow("dst", dst);

    waitKey(0);
      ⋮
```

　UMat を使用すると、OpenCL が使用できる環境では OpenCL（GPU）を、そうでない場合、CPU で処理します。どちらを使用するかはシステムが判断するため、プログラマが配慮する必要はありません。ほとんどの場合、Mat を UMat へ置き換えることが可能ですが、いくつかの制限や適用できない場合がありますので、そのような場合は Mat を使用してください。

cv::resize

画像（行列）をリサイズします。

```
void cv::resize( InputArray  src,
                 OutputArray dst,
                 Size        dsize,
                 double      fx=0,
                 double      fy=0,
                 int         interpolation = INTER_LINEAR )
```

引数

src	入力画像（行列）です。
dst	出力画像（行列）です。このサイズは、dsize（0 以外の場合）、または src.size()、fx および fy から算出される値になります。また、dst の型は src と同じになります。
dsize	出力画像（行列）のサイズです。もし、0 の場合、以下の計算式で算

	出します。
	dsize = Size(round(fx*src.cols), round(fy*src.rows))
fx	水平軸方向のスケールファクタです。0の場合、次のように計算されます。
	(double)dsize.width/src.cols
fy	垂直軸方向のスケールファクタです。0の場合、次のように計算されます。
	(double)dsize.height/src.rows
interpolation	補間手法です。

|説明|

画像（行列）を縮小・拡大します。

4.3 回転

画像を回転するプログラムを紹介します。与えた角度だけ、反時計方向に画像を回転します。

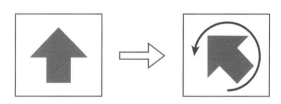

図4.7●プログラムの概要

以降に、ソースリストの一部を示します。

リスト4.5●ソースリストの一部（04afin/Sources/rotate.cpp）

```
    ⋮
    Mat src, dst;

    if (argc < 3)
```

```
        throw "few parameter, e.g. <filename> <angle>.";

    float angle = stof(argv[2]);

    src = imread(argv[1]);
    if (src.empty())
        throw "faild open file.";

    Point2f center = Point2f(static_cast<float>(src.cols / 2),
        static_cast<float>(src.rows / 2));
    Mat affineTrans = getRotationMatrix2D(center, angle, 1.0);

    warpAffine(src, dst, affineTrans, src.size(), INTER_CUBIC, BORDER_REPLICATE);

    imshow("src", src);        // show images
    imshow("dst", dst);

    imwrite("dst.jpg", dst);    // write images

    waitKey(0);
     ⋮
```

　本プログラムは、画像の回転を行います。このプログラムも、コマンドラインに引数が必要です。引数は処理対象の画像ファイル名と、回転角度です。回転角度は float 型変数 angle へ格納されます。もし、引数が少ない場合、例外をスローします。処理対象画像を imread 関数で Mat オブジェクト src へ読み込みます。画像が正常に読み込まれたか、Mat オブジェクトの empty メソッドでチェックします。

　回転そのものは warpAffine 関数で行いますが、引数に 2 × 3 の Mat 行列を渡すことによって回転処理を行います。まず、Point2f オブジェクト center を生成し、回転原点に画像の中心を指定します。次に、getRotationMatrix2D 関数に、回転の原点、回転角度、そしてスケーリング値を指定し、画像回転に使用する 2 × 3 の 2 次元回転のアフィン変換行列を計算します。affineTrans オブジェクトは、スケーリング値が 1.0、回転角度が θ、そして原点が (X_a, Y_a) の場合、以下のような値が設定されます。

$$\text{affineTrans} = \begin{vmatrix} \cos\theta & -\sin\theta & X_a \\ \sin\theta & \cos\theta & Y_a \end{vmatrix}$$

θ は反時計方向への回転角度です。warpAffine 関数で実際の回転を行います。上記の行列式から、任意の点 (X_a, Y_a) を中心に、(x, y) を θ だけ反時計方向に回転したときの新しい座標 (X, Y) は、次の式で表すことができます。これは順方向です。

$$X = (x - X_a)\cos\theta + (y - Y_a)\sin\theta + X_a$$
$$Y = -(x - X_a)\sin\theta + (y - Y_a)\cos\theta + Y_a$$

逆変換は次の式で表すことができます。画像を回転させるということは、出力画像の各ピクセル値を入力画像中のピクセルから以下の式に従ってサンプリングすることと等価です。

$$x = (X - X_a)\cos\theta - (Y - Y_a)\sin\theta + X_a$$
$$y = (X - X_a)\sin\theta + (Y - Y_a)\cos\theta + Y_a$$

実際には、warpAffine 関数にはスケーリングや補間方法も指定できるため、もっと複雑な処理を行っています。本関数の使用者は、単に getRotationMatrix2D 関数に、回転の原点、回転角度、そしてスケーリング値を指定し、得られた行列を warpAffine 関数へ与えるだけで画像を回転できます。回転するときに画素の補間には INTER_CUBIC を使用します。

読み込んだ画像と処理した画像を imshow 関数で表示します。最後に、imwrite 関数で処理結果をファイルに保存します。

以降に実行例を示します。最初の例は、回転角度が 23.3°、スケーリングは 1.0、補間は INTER_CUBIC です。次の例は、回転角度は 125.5°で、他の条件は同じです。補間に INTER_CUBIC を指定したため、回転後の画像は品質が高くなります。回転の原点は画像の中心を指定します。

図4.8●入力画像と処理後の画像（23.3°回転）

図4.9●入力画像と処理後の画像（125.5°回転）

■ **UMatへ書き換える** ■

さて、この例もUMatへ書き換えてみましょう。以降に、ソースリストの一部を示します。

リスト4.6●ソースリストの一部（04afin/Sources/rotateUMat.cpp）

```cpp
    ⋮
    UMat src, dst;

    if (argc < 3)
        throw "few parameter, e.g. <filename> <angle>.";

    float angle = stof(argv[2]);

    imread(argv[1]).copyTo(src);
    if (src.empty())
        throw "faild open file.";
    ⋮
```

　MatをUMatへ書き換え、画像ファイルの読み込みを書き換えるだけです。これだけで、OpenCLが使用できる環境では高速に処理される可能性があります。

cv::getRotationMatrix2D

2次元回転のアフィン変換行列を計算します。

```
Mat getRotationMatrix2D(Point2f center, double angle, double scale)
```

引数

center   入力画像（行列）における回転中心座標です。
angle   度単位で表される回転角度です。回転は反時計回り方向です。
scale   スケーリング係数です。

戻り値

2 × 3 の Mat オブジェクトを返します。

説明

画像（行列）を回転するための、2次元回転のアフィン変換行列を計算します。自分で、それぞれの値を計算しても構いませんが、この関数を用いると自動で計算します。

cv::warpAffine

画像（行列）のアフィン変換を行います。

```
void warpAffine( InputArray    src,
                 OutputArray   dst,
                 InputArray    M,
                 Size          dsize,
                 int           flags = INTER_LINEAR,
                 int           borderMode = BORDER_CONSTANT,
                 const Scalar& borderValue = Scalar() )
```

引数

src   入力画像（行列）です。
dst   出力画像（行列）です。サイズは dsize で型は src と同じです。
M   2 × 3 の変換行列です。
dsize   出力画像（行列）のサイズです。
flags   補間手法などを示すオプションフラグです。オプションフラグ WARP_

INVERSE_MAP を指定すると、M を逆変換（dst → src）と見なします。補間手法としては、INTER_NEAREST、INTER_LINEAR および INTER_CUBIC がサポートされます。

borderMode ピクセル外挿法です（cv::BorderTypes を参照）。BORDER_TRANSPARENT は、対応する画素がハズレ値の場合、変更されません。どのような外挿法があるかは OpenCV の仕様を参照してください。

borderValue ボーダーに使用される値です。デフォルトは 0 です。

説明

2 × 3 の変換行列を使用し、画像のアフィン変換を行います。

cv::imwrite

画像をファイルに保存します。画像フォーマットは指定したファイル名の拡張子で決定されます。

```
bool imwrite( const String&       filename,
              InputArray          img,
              const vector<int>& params=vector<int>() )
```

引数

filename 画像ファイルの名前です。

img 保存する画像（行列）です。

params フォーマット依存の引数を指定します。以降に例を示します。

表4.2●paramsに指定する値

画像フォーマット	params に指定する値
JPEG	0 から 100 までの値で画像品質を表します（IMWRITE_JPEG_QUALITY）。高い値になるほど品質が良くなります。デフォルトは 95 です。
WEBP	1 から 100 までの値で画像品質を表します（IMWRITE_WEBP_QUALITY）。高い値になるほど品質が良くなります。デフォルトは 100 です。
PNG	0 から 9 までの値で圧縮レベルを表します（IMWRITE_PNG_COMPRESSION）。高い値になるほどファイルサイズは小さく、処理時間が長くなります。デフォルトは 3 です。
PPM、PGM、PBM	バイナリフォーマットフラグを表します（IMWRITE_PXM_BINARY）。0 または 1 の値です。デフォルトは 1 です。

説明

この関数は、画像を指定したファイルに保存します。画像フォーマットは、引数 filename の拡張子によって決まります。サポートされる拡張子の一覧については imread を参照してください。この関数によって保存できる画像は、8 ビット 1 チャンネル、あるいは 8 ビット 3 チャンネル（BGR の順）の画像と 16 ビット符号なしなどを保存できますが、細かな制限があります。詳細は OpenCV のドキュメントを参照してください。保存できないフォーマットの場合、Mat::convertTo メソッドや cvtColor 関数でフォーマット変換を行ってから保存してください。

4.4 | 連続回転

　前節のプログラムを拡張し、連続的に 0°〜360.0°まで回転するプログラムを紹介します。以降に、ソースリストを示します。Mat を使用したものと UMat を使用したソースリストの両方を示します。

リスト4.7●Matを使用した連続回転のプログラム例（04afin/Sources/rotateContinue.cpp）

```cpp
#include "common.h"

using namespace cv;
using namespace std;

int main(int argc, char* argv[])
{
    try
    {
        Mat src, dst;

        if (argc<2)
            throw "no parameter, e.g. <filename>.";

        imread(argv[1]).copyTo(src);

        if (src.empty())
            throw "faild open file.";
```

61

4 アフィン変換

```cpp
        Point2f center = Point2f(static_cast<float>(src.cols / 2),
            static_cast<float>(src.rows / 2));

        imshow("src", src);
        namedWindow("dst", WINDOW_AUTOSIZE);
        for (float angle = 0.0; angle<360.0; angle += .5)
        {
            Mat affineTrans = getRotationMatrix2D(center, angle, 1.0);
            warpAffine(src, dst, affineTrans, src.size(), INTER_CUBIC);
            imshow("dst", dst);
            if (waitKey(1) >= 0) break;
        }
    }
    catch (const char* str)
    {
        cerr << str << endl;
    }
    return 0;
}
```

リスト4.8●UMatを使用した連続回転のプログラム例 （04afin/Sources/rotateContinueUMat.cpp）

```cpp
#include "common.h"

using namespace cv;
using namespace std;

int main(int argc, char* argv[])
{
    try
    {
        UMat src, dst;

        if (argc<2)
            throw "no parameter, e.g. <filename>.";

        imread(argv[1]).copyTo(src);

        if (src.empty())
            throw "faild open file.";
```

```
        Point2f center = Point2f(static_cast<float>(src.cols / 2),
            static_cast<float>(src.rows / 2));

        imshow("src", src);
        namedWindow("dst", WINDOW_AUTOSIZE);
        for (float angle = 0.0; angle<360.0; angle += .5)
        {
            Mat affineTrans = getRotationMatrix2D(center, angle, 1.0);
            warpAffine(src, dst, affineTrans, src.size(), INTER_CUBIC);
            imshow("dst", dst);
            if (waitKey(1) >= 0) break;
        }
    }
    catch (const char* str)
    {
        cerr << str << endl;
    }
    return 0;
}
```

　本プログラムは、画像を0°～360.0°まで0.5°刻みで連続的に回転します。このプログラムは、コマンドラインに画像ファイル名を与えます。

　回転前に、処理対象画像をMatオブジェクト、あるいはUMatオブジェクトsrcへ読み込みます。そして、Point2fオブジェクトcenterを生成し、回転原点に画像の中心を指定します。入力画像を表示し、回転画像を表示するウィンドウをnamedWindowで用意します。

　forループを使用し、回転角度を0°～360.0°まで0.5°刻みで連続的に増加させます。getRotationMatrix2D関数に、回転角度、回転の原点、そしてスケーリング値を指定し、画像回転に使用する2×3の2次元回転のアフィン変換行列を計算します。このgetRotationMatrix2D関数に与える角度は順次変更されますが、他の引数は固定です。warpAffine関数で画像回転をCPUあるいはGPU上で処理します。その結果のdstをimshow関数で表示します。

　以降に、実行例を示します。0°～360.0°まで回転した途中のいくつかを示します。

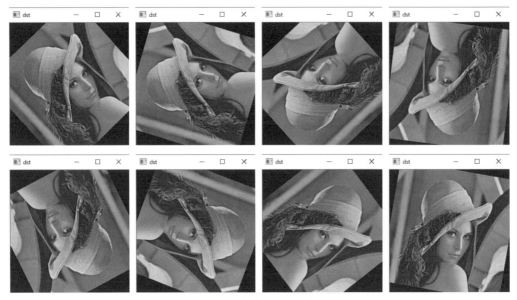

図4.10●連続回転した画像

4.5 透視投影

　透視投影を行うプログラムを紹介します。OpenCVを使用すると、容易に透視投影を処理できます。以降に、ソースリストの一部を示します。

リスト4.9●ソースリストの一部（04afin/Sources/perspective.cpp）

```
    ⋮
    UMat src, dst;
    Point2f dstPoint[4];
    int xMargin, yMargin;

    if (argc < 3)
        throw "few parameter, e.g. <filename> <pattern#>.";

    int pattern = stoi(argv[2]);
```

```
imread(argv[1]).copyTo(src);

int x0 = src.cols / 4;
int x1 = (src.cols / 4) * 3;
int y0 = src.rows / 4;
int y1 = (src.rows / 4) * 3;
Point2f srcPoint[] = {
    Point(x0, y0),
    Point(x0, y1),
    Point(x1, y1),
    Point(x1, y0)
};

switch (pattern)
{
case 0:
    xMergin = src.cols / 10;
    yMergin = src.rows / 10;
    dstPoint[0] = Point(x0 + xMergin, y0 + yMergin);
    dstPoint[1] = srcPoint[1];
    dstPoint[2] = srcPoint[2];
    dstPoint[3] = Point(x1 - xMergin, y0 + yMergin);
    break;

case 1:
    xMergin = src.cols / 8;
    yMergin = src.rows / 8;
    dstPoint[0] = srcPoint[0];
    dstPoint[1] = srcPoint[1];
    dstPoint[2] = Point(x1 - xMergin, y1 - yMergin);
    dstPoint[3] = Point(x1 - xMergin, y0 + yMergin);
    break;

case 2:
    xMergin = src.cols / 6;
    yMergin = src.rows / 6;
    dstPoint[0] = Point(x0 + xMergin, y0 + yMergin);
    dstPoint[1] = srcPoint[1];
    dstPoint[2] = Point(x1 - xMergin, y1 - yMergin);
    dstPoint[3] = srcPoint[3];
    break;
}
```

```
                Mat perspectiveMmat = getPerspectiveTransform(srcPoint, dstPoint);
                warpPerspective(src, dst, perspectiveMmat, src.size(), INTER_CUBIC);

                imshow("src", src);                                          // show images
                imshow("dst", dst);
                imwrite("dst.jpg", dst);                   // write images

                waitKey(0);
                  ⋮
```

本プログラムは3つのパターンを用意しました。自身でプログラムを開発する場合、自由な値を指定して透視投影処理を行うことができます。以降に、各パターンの概要を示します。

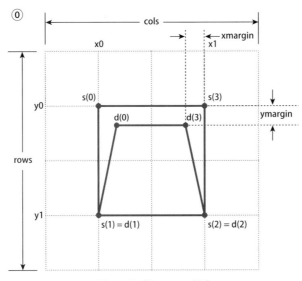

図4.11●パターン0の場合

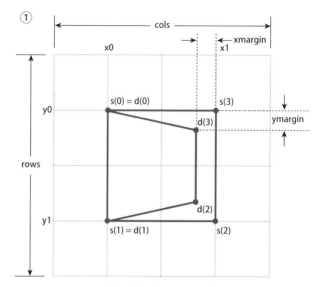

図4.12●パターン1の場合

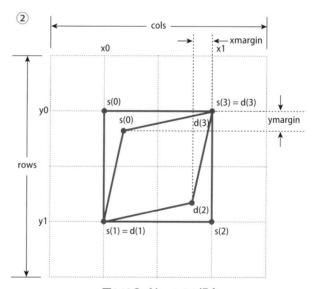

図4.13●パターン2の場合

以降に、実行例を示します。入力画像につづき、パターン0、1、2の順に処理後の画像を示します。

図4.14●入力画像と処理後の画像

cv::getPerspectiveTransform

透視変換を求めます。

```
Mat getPerspectiveTransform(const Point2f src[], const Point2f dst[])
```

引数

src　　　入力画像上の四角形の頂点の座標です。
dst　　　出力画像上の対応する四角形の頂点の座標です。

戻り値

透視変換を表す3×3の行列を返します。

説明

4つの対応座標から透視変換を求めます。

cv::warpPerspective

透視変換を求めます。

```
void warpPerspective( InputArray    src,
                      OutputArray   dst,
                      InputArray    M,
                      Size          dsize,
                      int           flags=INTER_LINEAR,
                      int           borderMode = BORDER_CONSTANT,
                      const Scalar& borderValue=Scalar() )
```

引数

src	入力画像（行列）です。
dst	出力画像（行列）です。サイズは dsize で型は src と同じです。
M	3 × 3 の変換行列です。
dsize	出力画像のサイズです。
flags	補間法を指定する INTER_LINEAR か INTER_NEAREST を指定します。また、WARP_INVERSE_MAP を追加で指定すると、M は逆変換（dst → src）となります。
borderMode	ピクセル外挿法を指定します。指定できるのは、BORDER_CONSTANT または BORDER_REPLICATE です。
borderValue	対応のとれない画素に設定する値です。デフォルトは 0 です。

説明

4 つの対応座標から、透視変換を求めます。

グラフィックスドライバ

UMat を使用すると OpenCL が使用されます。当然ですが GPU が使用されるため、グラフィックスドライバも利用されるでしょう。本書のプログラムを動作させると、あるシステムでグラフィックスドライバがクラッシュしました。そのような現象に遭遇した場合、Mat に書き換える、システムを変更する、ビデオドライバを最新ドライバに更新するなどを試してください。

第 5 章

グラフィックス

円や線を描くプログラムを紹介します。さらに、画像の上に円などを描くプログラムも紹介します。

5.1 円を描く

円を描くプログラムを紹介します。以降に、ソースリストを示します。

リスト5.1●ソースリスト （/11graphics/Sources/circles.cpp）

```cpp
#include "../../common/common.h"

using namespace cv;
using namespace std;

int main(int argc, char* argv[])
{
    try
    {
        UMat img0(400, 400, CV_8UC3, Scalar(150, 150, 150));
        circle(img0, Point(200, 200), 50, Scalar(255, 0, 0));
        imwrite("img0.jpg", img0);
```

5 グラフィックス

```
        UMat img1(400, 400, CV_8UC3, Scalar(150, 150, 150));
        circle(img1, Point(200, 200), 100, Scalar(0, 255, 0), 3);
        imwrite("img1.jpg", img1);

        UMat img2(400, 400, CV_8UC3, Scalar(150, 150, 150));
        circle(img2, Point(200, 200), 150, Scalar(0, 0, 255), -1);
        imwrite("img2.jpg", img2);

        waitKey(0);
    }
    catch (const char* str)
    {
        cerr << str << endl;
    }
    return 0;
}
```

まず、ヘッダのインクルードやライブラリの指定を毎回行うのが面倒なので、以降で共通に使用するヘッダにまとめました。ヘッダ common.h の内容を以降に示します。

リスト5.2●ヘッダファイル（common/common.h）

```
#include <opencv2/opencv.hpp>              // OpenCVヘッダ
#include <vector>
#include <iostream>

#ifdef _DEBUG                              // Debugモードの場合
#pragma comment(lib,"opencv_world400d.lib")
#else                                      // Releaseモードの場合
#pragma comment(lib,"opencv_world400.lib")
#endif
```

OpenCV のヘッダなどに加え、vector や iostream のインクルードも追加します。

本プログラムは、400 × 400 ピクセルの灰色の画像を生成し、その画像に、いくつかの種類の円を描きます。

まず、400 × 400 ピクセルの灰色の画像に、circle 関数で中心座標 (200, 200)、半径 50 ピクセルの青色の円を描きます。次に灰色の画像に、circle 関数で半径 100 ピクセル、線幅 3 ピクセルの緑の円を描きます。この画像もファイルへ書き込みます。最後の circle 関数は、半径 150 ピクセルの赤で塗り潰した円を描きます。これらの結果は作業中のフォルダに書き込まれます。

正常に処理されたときの画像を示します。指定した大きさの画像に、指定した色と太さで円が描かれています。

図5.1●処理結果

cv::circle

円を描きます。

```
void circle( InputOutputArray img,
             Point            center,
             int              radius,
             const Scalar&    color,
             int              thickness=1,
             int              lineType=LINE_8,
             int              shift=0 )
```

引数

img	円を描く対象画像（配列）です。
center	円の中心座標です。
radius	円の半径です。

5 グラフィックス

color　　　　円の色です。

thickness　　正の値の場合、円を描く線の太さです。マイナスの値を指定した場合、円
　　　　　　　は塗り潰されます。

lineType　　 円の枠線の種類です。詳細は OpenCV のドキュメントを参照してください。

shift　　　　中心点の座標と半径の値において、小数点以下の桁を表すビット数です。

説明

与えられた円の中心座標と半径を持つ円、あるいは塗りつぶされた円を描きます。

5.2 画像の上に線を描く

　先のプログラムを拡張して、画像の上に線を引くプログラムを紹介します。先の例と異なり
例外を捕捉して、メッセージを表示するようにします。以降に、ソースリストの一部を示し
ます。

リスト5.3●ソースリストの一部（/11graphics/Sources/lines.cpp）

```
    ⋮
Mat mat = imread(argv[1]);
if (mat.empty())
    throw "faild open file.";

int x0 = mat.cols / 4;
int x1 = mat.cols * 3 / 4;
int y0 = mat.rows / 4;
int y1 = mat.rows * 3 / 4;

Point p0 = Point(x0, y0);
Point p1 = Point(x1, y1);
line(mat, p0, p1, Scalar(0, 0, 255), 3, 4);

p0.y = y1;
p1.y = y0;
line(mat, p0, p1, Scalar(255, 0, 0), 3, 4);
```

```
            imshow("mat", mat);            // show images
            imwrite("mat.jpg", mat);       // write images

            waitKey(0);
              ⋮
```

　本プログラムは画像を読み込み、その画像に線を描きます。読み込む画像ファイル名は引数で指定しなければなりません。引数に与えるファイル名を間違った場合、例外を throw します。以降に、画像ファイルを間違った場合の実行例を示します。

```
C:¥test>lines foo.jpg
faild open file.
```

　画像ファイルを用意して実行してみましょう。すると、線の引かれた画像ができあがります。読み込んだ画像と線を引いた画像を並べて示します。

図5.2●入力画像と処理結果

cv::line

2点を結ぶ線分を描画する関数です。

```
void line( InputOutputArray img,
           Point           pt1,
           Point           pt2,
           const Scalar&   color,
           int             thickness=1,
           int             lineType=LINE_8,
           int             shift=0 )
```

引数

img	線を描く対象画像（配列）です。
pt1	線分の1番目の端点です。
pt2	線分の2番目の端点です。
color	線の色です。
thickness	線の太さです。
lineType	線の枠線の種類です。詳細は OpenCV のドキュメントを参照してください。
shift	座標の小数点以下の桁を表すビット数です。

説明

与えられた引数に従って線を描きます。

5.3 画像の上に四角形を描く

今度は画像の上に四角形を描きます。以降に、ソースリストの一部を示します。

リスト5.4●ソースリストの一部（/11graphics/Sources/drawRect.cpp）

```
    ⋮
    Point p0 = Point(mat.cols / 8, mat.rows / 8);
    Point p1 = Point(mat.cols*7 / 8, mat.rows*7 / 8);

    rectangle(mat, p0, p1, Scalar(0, 255, 0), 5, 8);

    Point p2 = Point(mat.cols*2 / 8, mat.rows*2 / 8);
    Point p3 = Point(mat.cols*6 / 8, mat.rows*6 / 8);
    rectangle(mat, p2, p3, Scalar(0, 255, 255), 2, 4);
    ⋮
```

本プログラムは、先のプログラムが画像に線を描いたのに対し、四角形を描きます。rectangle関数を使用し、画像へ四角形を描きます。他の部分は前節のプログラムとほとんど同じです。実行結果を示します。画像の上に、いくつかの四角形が描かれた画像ができあがります。

図5.3●処理結果

5 グラフィックス

cv::rectangle

単純な四角形、あるいは塗り潰した四角形を描きます。

```
void rectangle( InputOutputArray img,
                Point           pt1,
                Point           pt2,
                const Scalar&   color,
                int             thickness=1,
                int             lineType=LINE_8,
                int             shift=0 )
```

引数

img	矩形を描く対象画像（配列）です。
pt1	矩形の1番目の端点です。
pt2	矩形の2番目の端点です。
color	矩形の色、あるいは輝度値（グレイスケール画像）です。
thickness	矩形の枠線の太さです。FILLEDなどの負の値の場合、塗りつぶされた四角形が描かれます。
lineType	枠線の種類です。詳細はOpenCVのドキュメントを参照してください。
shift	点の座標において、小数点以下の桁を表すビット数です。

説明

与えられた2つの座標、pt1とpt2を使用し、四角形あるいは塗り潰した四角形を描きます。

5.4 画像の上に楕円や円弧を描く

今度は画像の上に楕円や円弧を引きます。以降に、ソースリストの一部を示します。

リスト5.5●ソースリストの一部（/11graphics/Sources/drawEllipse.cpp）

```
    ⋮
    Point center = Point(mat.cols / 2, mat.rows / 2);
    Size sz = Size(mat.cols / 2, mat.rows / 2);

    ellipse(mat, center, sz, 0, 0, 360, Scalar(255,0,0), 3, 4);
    sz.width -= 20;
    sz.height -= 50;
    ellipse(mat, center, sz, 15, 10, 360, Scalar(255,255,0), 2, 4);
    ⋮
```

本プログラムは、ellipse関数を使用し、画像上に楕円や円弧を描きます。他の部分は前節のプログラムとほとんど同じです。実行結果を示します。

図5.4●入力画像と処理結果

5 グラフィックス

cv::ellipse

楕円、楕円弧、塗りつぶされた楕円、あるいは塗りつぶされた扇形を描きます。

```
void ellipse( InputOutputArray img,
              Point          center,
              Size           axes,
              double         angle,
              double         startAngle,
              double         endAngle,
              const Scalar&  color,
              int            thickness=1,
              int            lineType=LINE_8,
              int            shift=0 )
```

引数

img	楕円などを描く対象画像（配列）です。
center	楕円の中心座標です。
axes	楕円の長径と短径です。
angle	度単位で表される楕円の回転角度です。
startAngle	度単位で表される円弧の開始角度です。
endAngle	度単位で表される円弧の終了角度です。
color	楕円の色です。
thickness	正の値の場合、楕円を描く線の太さです。マイナスの値を指定した場合、楕円は塗り潰されます。
lineType	楕円の枠線の種類です。詳細は OpenCV のドキュメントを参照してください。
shift	中心点の座標と軸長の値において、小数点以下の桁を表すビット数です。

説明

楕円、塗りつぶされた楕円、楕円弧、および塗りつぶされた扇形を描きます。楕円弧ではない完全な楕円を描く場合、startAngle=0 と endAngle=360 を渡してください。

5.5 画像の上に文字を描く

今度は画像の上に文字を描きます。以降に、ソースリストの一部を示します。

リスト5.6●ソースリストの一部（/11graphics/Sources/drawText.cpp）

```
    ⋮
    Point p = Point(50, mat.rows / 2 - 50);
    putText(mat, "Hello OpenCV", p, FONT_HERSHEY_TRIPLEX,
        0.8, Scalar(250, 200, 200), 2, LINE_AA);
    ⋮
```

本プログラムは、putText関数で文字を描きます。他の部分は前節のプログラムとほとんど同じです。実行結果を示します。

図5.5●処理結果

5 グラフィックス

cv::putText

文字列を描きます。

```
void putText( InputOutputArray img,
              const String&     text,
              Point             org,
              int               fontFace,
              double            fontScale,
              Scalar            color,
              int               thickness=1,
              int               lineType=LINE_8,
              bool              bottomLeftOrigin=false )
```

引数

img	文字列を描く対象画像（配列）です。
text	描く文字列です。
org	文字列の左下隅の画像中の座標です。
fontFace	フォントの種類です。詳細は OpenCV のドキュメントを参照してください。
fontScale	フォントのスケールファクタです。この値がフォント特有の基本サイズに乗じられます。
color	文字列の色です。
thickness	フォントの描画に利用される線の太さです。
lineType	線の種類です。詳細は OpenCV のドキュメントを参照してください。
bottomLeftOrigin	true の場合、画像データの原点が左下、そうでない場合は左上です。

説明

画像中に指定された文字列を描きます。指定されたフォントで描けないシンボルは、はてなマークで置き換えます。

第 6 章

色の処理

色変換、輝度平滑化およびスレッショルド処理のプログラムを紹介します。

6.1 グレイスケール

本プログラムは、カラー画像をグレイスケール画像へ変換します。以降に、ソースリストを示します。

リスト6.1●ソースリスト（12color/Sources/grayscale.cpp）

```
#include "../../common/common.h"

using namespace cv;
using namespace std;

int main(int argc, char* argv[])
{
    try
    {
        UMat src, dst;

        if (argc<2)
```

6 色の処理

```
        throw "no parameter.";

    imread(argv[1]).copyTo(src);

    cvtColor(src, dst, COLOR_RGB2GRAY);

    imshow("src", src);
    imshow("dst", dst);
    imwrite("dst.jpg", dst);

    waitKey(0);
}
catch (const char* str)
{
    cerr << str << endl;
}
return 0;
}
```

　本プログラムは、カラー画像をグレイスケール画像へ変換します。まず、コマンドラインの引数をチェックします。このプログラムは処理対象の画像ファイル名をコマンドラインに与えなければなりません。もし、引数がない場合、例外をスローします。指定されたファイルをMat クラスの imread 関数で読み込み、それを copyTo メソッドで UMat オブジェクト src へコピーします。UMat は Mat と同じように使用できますが、完全に同じではなく UMat で使用できない関数も存在します。imread 関数も、この制限に該当します。

　cvtColor 関数で、カラー画像をグレイスケール画像へ変換します。この関数の第 3 引数にCOLOR_RGB2GRAY を指定します。imshow 関数で、元の画像と処理画像の 2 つを表示します。そして、imwrite 関数で、処理した結果をファイルに保存します。

　プログラムを終了させるには、どちらかのウィンドウにフォーカスを合わせ、何かキーを押せばプログラムは終了します。プログラムを起動したコンソールウィンドウにキー入力しても、プログラムは終了しませんので注意してください。

　以降に入力画像と処理結果を示します。紙面上では分からないでしょうが、実行前の画像はカラー、実行後の画像はグレイスケールです。

図6.1●入力画像と処理後の画像（グレイスケール変換）

6.2 輝度平滑化

　画像の輝度を平滑化するプログラムを紹介します。輝度が一部に偏っているとき、その部分を広げ、見やすくします。以降に、ソースリストを示します。前節のプログラムと共通点が多いため、ソースリストは一部のみ示します。

リスト6.2●ソースリストの一部（12color/Sources/equalize.cpp）

```
        ⋮
    if (argc<2)
        throw "no parameter.";

    imread(argv[1], IMREAD_GRAYSCALE).copyTo(src);

    equalizeHist(src, dst);

    imshow("src", src);
        ⋮
```

　本プログラムは、画像の輝度を平滑化します。OpenCVの輝度平滑化関数は、グレイスケール画像を対象としているため、読み込み時に使用するimread関数の第2引数にIMREAD_GRAYSCALEを指定します。これによって、入力画像の種別にかかわらず、必ずグレイスケー

ルで読み込みます。equalizeHist 関数を使用し、輝度平滑化後の画像を dst へ求めます。他の部分は、前節と同様です。以降に実行例を示します。

図6.2●入力画像と処理後の画像（輝度平滑化）

　輝度が偏っていると、その部分が広げられるためコントラストが増したように見えます。輝度が極端に偏っている場合、その部分が引き伸ばされるため、暗い部分が、より暗くなる場合もあります。

cv::equalizeHist

グレイスケール画像のヒストグラムを均一化します。

```
void equalizeHist(InputArray src, OutputArray dst)
```

引数

src	入力画像（行列）です。
dst	出力画像（行列）です。

説明

この関数は、入力画像のヒストグラムを均一化します。

6.3 閾値処理（スレッショルド処理）

6.3 | 閾値処理（スレッショルド処理）

　本プログラムは、入力画像へ閾値処理（スレッショルド処理）を実行します。引数で、閾値を切り替えます。以降にソースリストを示します。

リスト6.3●ソースリスト（12color/Sources/threshold.cpp）

```cpp
#include "../../common/common.h"

using namespace cv;
using namespace std;

int main(int argc, char* argv[])
{
    try
    {
        UMat src, dst;
        double thresh = 60.0, maxval = 180.0;
        int type = THRESH_BINARY;

        if (argc<2)
            throw "no parameter.";

        imread(argv[1], IMREAD_GRAYSCALE).copyTo(src);

        equalizeHist(src, dst);

        if (argc >= 3)
            thresh = stof(argv[2]);

        if (argc >= 4)
            maxval = stof(argv[3]);

        if (argc >= 5)
        {
            switch (stoi(argv[4]))
            {
            case 0: type = THRESH_BINARY; break;
            case 1: type = THRESH_BINARY_INV; break;
```

87

6 色の処理

```
                case 2: type = THRESH_TRUNC; break;
                case 3: type = THRESH_TOZERO; break;
                case 4: type = THRESH_TOZERO_INV; break;
                }
        }

        threshold(src, dst, thresh, maxval, type);

        imshow("src", src);
        imshow("dst", dst);
        imwrite("dst.jpg", dst);

        waitKey(0);
    }
    catch (const char* str)
    {
        cerr << str << endl;
    }
    return 0;
}
```

　本プログラムは、画像に閾値処理（スレッショルド処理）を行います。閾値処理は、
threshold 関数で実行します。先ほどと同様、threshold 関数は、グレイスケール画像を対象
としているため、読み込み時に使用する imread 関数の第 2 引数に IMREAD_GRAYSCALE を
指定します。コマンドラインの引数を説明する前に、このプログラムの使用法を示します。

---

threshold　＜ファイル名＞　[＜閾値＞　[＜最大値＞　[＜閾値処理タイプ＞]]]

コマンドライン引数

第 1 引数　　入力画像ファイル名です。

第 2 引数　　閾値です。

第 3 引数　　最大値です。第 4 引数の閾値処理タイプが THRESH_BINARY か THRESH_
　　　　　　BINARY_INV のとき使用されます。

第 4 引数　　閾値処理タイプです。次の値で指定します。

　　　　　　　　0　　　　　　　　　　THRESH_BINARY

1	THRESH_BINARY_INV
2	THRESH_TRUNC
3	THRESH_TOZERO
4	THRESH_TOZERO_INV
その他／省略	THRESH_BINARY

　ファイル名以外は省略できます。その場合、閾値は 60.0、最大値は 180.0、そして閾値処理タイプは 0（= THRESH_BINARY）が指定されたとみなします。

　threshold 関数を使用し、閾値処理（スレッショルド処理）後の画像を dst へ求めます。他の部分は前節と同様です。以降に実行例を示します。

```
C:¥test>threshold lenna.bmp 80 210 0
```

　閾値に 80、最大値に 210、そして閾値処理タイプに 0 を指定します。閾値処理タイプに 0 を指定すると、THRESH_BINARY が使われます。以降に、この引数で処理した結果を示します。

図6.3●入力画像と処理後の画像（THRESH_BINARY）

　次に、閾値より大きな値の場合、輝度の最小値を設定し、閾値より値が小さい場合、輝度を引数で与えられた最大値に変更する例を示します。

```
C:¥test>threshold lenna.bmp 80 210 1
```

　閾値処理タイプに 1 を指定すると、THRESH_BINARY_INV が使われます。以降に、この引数で処理した結果を示します。

図6.4●入力画像と処理後の画像（THRESH_BINARY_INV）

次に、閾値より大きな値の場合、輝度を閾値に飽和させる例を示します。

```
C:¥test>threshold lenna.bmp 80 210 2
```

閾値処理タイプに2を指定すると、THRESH_TRUNC が使われます。以降に、この引数で処理した結果を示します。

 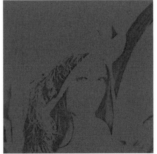

図6.5●入力画像と処理後の画像（THRESH_TRUNC）

閾値より小さな値の場合、輝度を最小値に変更する例を示します。

```
C:¥test>threshold lenna.bmp 80 210 3
```

閾値処理タイプに3を指定すると、THRESH_TOZERO が使われます。以降に、この引数で処理した結果を示します。

図6.6●入力画像と処理後の画像（THRESH_TOZERO）

閾値より大きな値の場合、輝度を最小値に変更する例を示します。

```
C:¥test>threshold lenna.bmp 80 210 4
```

閾値処理タイプに 4 を指定すると、THRESH_TOZERO_INV が使われます。以降に、この引数で処理した結果を示します。

図6.7●入力画像と処理後の画像（THRESH_TOZERO_INV）

cv::threshold

行列の要素に対して一定値で閾値処理を行います。

```
double threshold( InputArray  src,
                  OutputArray dst,
                  double      thresh,
                  double      maxval,
                  int         type )
```

引数

src   入力画像（行列）です。形式は、シングルチャンネルで8ビット、もしく
は32ビット浮動小数点です。

dst   出力画像（行列）です。srcと同じサイズ、同じ型です。

thresh   閾値です。

maxval   typeがTHRESH_BINARYかTHRESH_BINARY_INVのときに使用される最大
値です。

type   閾値処理の種類です。詳細やリファレンスや本文を参照してください。各
処理を表で簡単に示します。

表6.1●閾値処理の種類

typeの値	説明
THRESH_BINARY	dst(x,y) = max_value if src(x,y) > threshold; 0 otherwise 擬似コード表現では； dst(x,y) = src(x,y) > threshold ? max_value : 0 ;
THRESH_BINARY_INV	dst(x,y) = 0 if src(x,y) > threshold; max_value otherwise 擬似コード表現では； dst(x,y) = src(x,y) > threshold ? 0 : max_value ;
THRESH_TRUNC	dst(x,y) = threshold if src(x,y) > threshold; src(x,y) otherwise 擬似コード表現では； dst(x,y) = src(x,y) > threshold ? threshold : src(x,y) ;
THRESH_TOZERO	dst(x,y) = src(x,y) if src(x,y) > threshold; 0 otherwise 擬似コード表現では； dst(x,y) = src(x,y) > threshold ? src(x,y) : 0 ;
THRESH_TOZERO_INV	dst(x,y) = 0 if src(x,y) > threshold; src(x,y) otherwise 擬似コード表現では； dst(x,y) = src(x,y) > threshold ? 0 : src(x,y) ;

6.3 閾値処理（スレッショルド処理）

説明

この関数は、シングルチャンネルの行列に対して、固定閾値を使用し閾値処理を行います。この関数は、グレイスケール画像から 2 値化画像を生成する場合や、ノイズ除去に用いられます。

以降に、type に指定する値と閾値処理の対応を示します。輝度のグラフと、指定した閾値に対し、type に指定する値がどのように作用するか説明します。以降に、ある画像の、あるラインの輝度を抽出し、グラフ化した様子を示します。

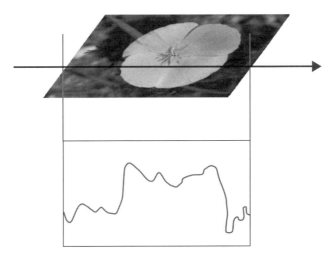

図6.8●画像内の1ラインの輝度変化グラフ

閾値処理タイプに THRESH_BINARY と THRESH_BINARY_INV を指定したときの処理方法を図で示します。

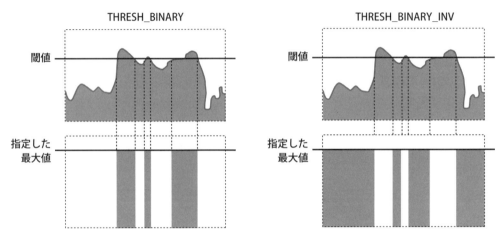

図6.9●THRESH_BINARYとTHRESH_BINARY_INVの処理

閾値処理タイプに THRESH_TRUNC と THRESH_TOZERO を指定したときの処理方法を図で示します。

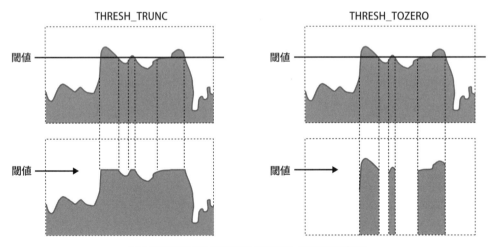

図6.10●THRESH_TRUNCとTHRESH_TOZEROの処理

6.3 閾値処理（スレッショルド処理）

閾値処理タイプに THRESH_TOZERO_INV を指定したときの処理方法を図で示します。

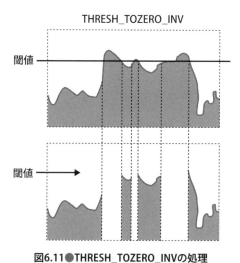

図6.11●THRESH_TOZERO_INVの処理

第7章

フィルタ処理

比較的単純なフィルタプログラムをいくつか紹介します。

7.1 画像反転

画像の色を反転するプログラムを紹介します。以降に、ソースリストを示します。

リスト7.1●ソースリスト（13filter/Sources/bitwise_not.cpp）

```cpp
#include "../../common/common.h"

using namespace cv;
using namespace std;

int main(int argc, char* argv[])
{
    try
    {
        UMat src, dst;

        if (argc<2)
            throw "no parameter.";
```

```
        imread(argv[1]).copyTo(src);

        bitwise_not(src, dst);

        imshow("src", src);
        imshow("dst", dst);
        imwrite("dst.jpg", dst);

        waitKey(0);
    }
    catch (const char* str)
    {
        cerr << str << endl;
    }
    return 0;
}
```

　本プログラムは、bitwise_not 関数を使用し画像の色を反転します。コードは 6.1 節「グレイスケール」のものとほとんど同じです。bitwise_not 関数ですべてのビットを反転します。以降に、実行前の画像と実行結果を示します。

図7.1●入力画像と処理後の画像（色反転）

cv::bitwise_not

行列のすべてのビットを反転します。

```
void bitwise_not( InputArray  src,
                  OutputArray dst,
                  InputArray  mask=noArray() )
```

引数

src   入力画像（行列）です。

dst   出力画像（行列）です。入力画像（行列）と同じサイズで同じ型です。

mask   オプションの処理マスクです。8ビットのシングルチャンネル画像です。

説明

行列のすべてのビットを反転します。以降に処理を式で示します。

$$dst(I) = !src(I)$$

入力が多チャンネルの場合、それぞれのチャンネルは独立に処理されます。

7.2 ブラー処理

　ブラー処理とは単純平滑化を行うことです。指定したカーネルサイズで単純平滑化を行います。処理対象画素（ピクセル）に対し、指定したサイズ領域の平均値（輝度値 / 色）を求めます。以降にソースリストを示します。前節のプログラムと共通点が多いため、ソースリストは一部のみ示します。

リスト7.2●ソースリストの一部（13filter/Sources/blur.cpp）

```
    ⋮
int ksize = 11;
if (argc >= 3)
    ksize = stoi(argv[2]);
```

```
        imread(argv[1]).copyTo(src);

        blur(src, dst, Size(ksize, ksize));
         ⋮
```

　本プログラムは、画像へ blur 関数でブラー（平滑化）処理を行います。ブラー処理にはカーネルサイズを指定しなければなりません。カーネルサイズは、コマンドラインの引数で指定します。

　以降に、実行前の画像と実行結果を示します。それぞれ、カーネルサイズ省略、カーネルサイズ =3、そしてカーネルサイズ =11 です。

図7.2●入力画像と処理した画像（カーネルサイズ = 3、11）

cv::blur

ブラー処理を行います。正規化されたボックスフィルタの別名です。

```
void blur( InputArray   src,
           OutputArray  dst,
           Size         ksize,
           Point        anchor=Point(-1,-1),
           int          borderType = BORDER_DEFAULT )
```

引数

src　　　入力画像（行列）です。任意のチャンネルで構わず、それぞれが独立して処理されます。CV_8U、CV_16U、CV_16S、CV_32F そして CV_64F のみが

	サポートされています。
dst	出力画像（行列）です。入力画像（行列）と同じサイズで同じ型です。
ksize	ブラー処理に使用するカーネルのサイズです。
anchor	アンカーポイントです。デフォルト値は Point(–1, –1) で、アンカーがカーネル中心にあることを意味します。
borderType	ピクセル外挿タイプです。どのような外挿法があるかは OpenCV の仕様（cv::BorderTypes）を参照してください。

説明

単純平滑化です。各ピクセルに対して、その処理結果は ksize.width × ksize.height 隣接領域の平均値（輝度値 / 色）となります。以降に処理を式で示します。

$$K = \frac{1}{\text{ksize.width} \times \text{ksize.height}} \begin{bmatrix} 1 & 1 & 1 & \cdots & 1 & 1 \\ 1 & 1 & 1 & \cdots & 1 & 1 \\ \vdots & \vdots & \vdots & \ddots & \vdots & \vdots \\ 1 & 1 & 1 & \cdots & 1 & 1 \end{bmatrix}$$

7.3 ガウシアン処理

　ガウシアンフィルタ処理を行うプログラムを紹介します。以降に、ソースリストの一部を示します。

リスト7.3●ソースリストの一部（13filter/Sources/gaussianBlur.cpp）

```
    ⋮
if (src.empty())
    throw "faild open file.";

int ksize1 = 11, ksize2 = 11;
if (argc >= 3)
    ksize1 = stoi(argv[2]);
if (argc >= 4)
    ksize2 = stoi(argv[3]);
if ((ksize1 % 2) == 0 || ksize1<0 || (ksize2 % 2) == 0 || ksize2<0)
```

```
        throw ("both ksize must be positive and odd.");

    double sigma1 = 10.0, sigma2 = 10.0;
    if (argc >= 5)
        sigma1 = stof(argv[4]);
    if (argc >= 6)
        sigma2 = stof(argv[5]);

    GaussianBlur(src, dst, Size(ksize1, ksize2), sigma1, sigma2);
        ⋮
```

　本プログラムは、GaussianBlur 関数でブラー（平滑化）処理を行います。コマンドライン
の引数を説明する前に、このプログラムの使用法を示します。

> **gaussianBlur <ファイル名> [ksize1 [ksize2 [sigma1 [sigma2]]]]**

コマンドライン引数

第1引数　　　入力画像ファイル名です。

第2引数　　　横カーネルサイズです。デフォルトは 11 です。

第3引数　　　縦カーネルサイズです。デフォルトは 11 です。

第4引数　　　Y 方向の Gaussian カーネルの標準偏差です。デフォルトは 10.0 です。

第5引数　　　X 方向の Gaussian カーネルの標準偏差です。デフォルトは 10.0 です。

　ファイル名以外は省略できます。その場合、他の引数はデフォルト値が使用されます。

　GaussianBlur 関数を使用し、ブラー（平滑化）処理後の画像を dst へ求めます。ほとんど
の引数をコマンドラインから得ます。コマンドラインを省略した場合、あらかじめ設定したデ
フォルト値が使用されます。GaussianBlur 関数については、後述のリファレンスを参照して
ください。

　以降に、実行例を示します。

`C:¥test>gaussianBlur lenna.bmp`

　実行結果も示します。

図7.3●入力画像と処理後の画像（ガウシアン処理）

cv::GaussianBlur

Gaussian フィルタを用いて画像を平滑化します。

```
void GaussianBlur( InputArray   src,
                   OutputArray  dst,
                   Size         ksize,
                   double       sigmaX,
                   double       sigmaY=0,
                   int          borderType=BORDER_DEFAULT )
```

引数

src	入力画像（行列）です。任意のチャンネルで構わず、それぞれが独立して処理されます。CV_8U、CV_16U、CV_16S、CV_32F そして CV_64F のみがサポートされています。
dst	出力画像（行列）です。入力画像（行列）と同じサイズで同じ型です。
ksize	Gaussian カーネルサイズです。ksize.width と ksize.height を別々に指定できます。与える値は正の奇数でなければいけません。0 を指定すると sigmaX と sigmaY から計算されます。
sigmaX	X 方向の Gaussian カーネルの標準偏差です。
sigmaY	sigmaY が 0 の場合、sigmaX と同じ値が使用されます。どちらも 0 の場合は ksize.width と ksize.height から計算されます。
borderType	ピクセル外挿タイプです。どのような外挿法があるかは OpenCV の仕様（cv::BorderTypes）を参照してください。

> **説明**
>
> 指定されたガウシアンカーネルで元画像を畳み込みます。インプレースで処理できます。

7.4 ラプラシアン処理

　エッジ検出フィルタの一種であるラプラシアンフィルタを紹介します。以降に、ソースリストを示します。前節のプログラムと共通点が多いため、ソースリストは一部のみ示します。

リスト7.4●ソースリストの一部（13filter/Sources/laplacian.cpp）

```
    ⋮
    imread(argv[1], IMREAD_GRAYSCALE).copyTo(src);

    Laplacian(src, dst, 0);
    ⋮
```

　本プログラムは、Laplacian関数で画像のエッジ検出を行います。Laplacian関数については、後述のリファレンスを参照してください。ラプラシアンフィルタ処理は、Sobelフィルタなどとは異なったオペレータを採用します。他の処理は、これまで同様のため省略します。以降に実行例を示します。エッジを綺麗に検出しています。

図7.4●入力画像と処理後の画像（ラプラシアン処理）

cv::Laplacian

Laplacian オペレータを、画像に適用します。

```
void Laplacian( InputArray  src,
                OutputArray dst,
                int         ddepth,
                int         ksize=1,
                double      scale=1,
                double      delta=0,
                int         borderType=BORDER_DEFAULT )
```

引数

src   入力画像（行列）です。

dst   出力画像（行列）です。入力画像（行列）と同じサイズで同じ型です。

ddepth   出力画像のビット深度です。

ksize   2 次微分フィルタを計算する際に利用されるアパーチャサイズです。これ
           は、正の奇数です。

scale   Laplacian 値を求めるための、オプションのスケールファクタです。

borderType ピクセル外挿タイプです。どのような外挿法があるかは OpenCV の仕様
           （cv::BorderTypes）を参照してください。

説明

この関数は、以下のように Sobel 演算子を用いて計算された x と y の 2 次微分を加
算することで、入力画像のラプラシアン（Laplacian）を計算します。ksize を指定し
た場合、以下のカーネルを用いた入力画像との畳み込みと同じ処理を、高速に行い
ます。

$$
\begin{vmatrix} 0 & 1 & 0 \\ 1 & -4 & 1 \\ 0 & 1 & 0 \end{vmatrix}
$$

7.5 Sobel 処理

Sobelフィルタを紹介します。Sobelフィルタもラプラシアンフィルタ同様エッジ検出フィルタの一種です。前節のプログラムと共通点が多いため、ソースリストは一部のみ示します。

リスト7.5●ソースリストの一部 (13filter/Sources/sobel.cpp)

```
    ⋮
    imread(argv[1]).copyTo(src);

    if (src.empty())
        throw "faild open file.";

    Sobel(src, dst, -1, 0, 1);
    ⋮
```

本プログラムは、Sobel関数で画像のエッジ検出を行います。Sobel関数については、後述のリファレンスを参照してください。Sobelフィルタは、エッジ検出を行いますが、ラプラシアンフィルタなどと異なったオペレータを採用します。

以降に実行例を示します。画像を読み込み、処理した結果を示します。各チャンネルは独立して実行されます。エッジを綺麗に検出しています。

図7.5●入力画像と処理後の画像 (Sobel処理)

cv::Sobel

拡張 Sobel 演算子を用いて微分画像を計算します。

```
void Sobel( InputArray   src,
            OutputArray  dst,
            int          ddepth,
            int          dx,
            int          dy,
            int          ksize=3,
            double       scale=1,
            double       delta=0,
            int          borderType=BORDER_DEFAULT )
```

引数

src	入力画像（行列）です。
dst	出力画像（行列）です。src と同じサイズ、同じチャンネル数です。
ddepth	出力画像のビット深度です。
dx	x 方向の微分次数です。
dy	y 方向の微分次数です。
ksize	拡張 Sobel カーネルのサイズです。必ず 1、3、5、7 のいずれかです。
scale	微分値を計算する際の、オプションのスケールファクタです。
delta	dst に格納する前に、結果に足されるオプション値です。
borderType	ピクセル外挿タイプです。どのような外挿法があるかは OpenCV の仕様（cv::BorderTypes）を参照してください。

説明

通常の Sobel フィルタはアパーチャサイズに 3 × 3 を採用します。本関数も引数にアパーチャサイズは存在しません。Sobel 演算子はガウシアンによる平滑化と、微分の重ね合わせ処理です。このため、ノイズに対してある程度頑健です。

7.6 | Canny 処理

Canny フィルタ処理を行います。Canny フィルタもエッジ検出フィルタの一種です。以降にソースリストを示します。これまでと共通のコードが多いですが、省略ばかりしていると全体が分かりにくくなるため、ここではプログラム全体を示します。

リスト7.6●ソースリスト（13filter/Sources/canny.cpp）

```cpp
#include "../../common/common.h"

using namespace cv;
using namespace std;

int main(int argc, char* argv[])
{
    try
    {
        UMat src, dst;

        if (argc<2)
            throw "no parameter.";

        imread(argv[1], IMREAD_GRAYSCALE).copyTo(src);

        if (src.empty())
            throw "faild open file.";

        double threshold1 = 40.0, threshold2 = 200.0;
        if (argc >= 3)
            threshold1 = stof(argv[2]);
        if (argc >= 4)
            threshold2 = stof(argv[3]);

        Canny(src, dst, threshold1, threshold2);

        imshow("src", src);
        imshow("dst", dst);
        imwrite("dst.jpg", dst);
```

```
        waitKey(0);
    }
    catch (const char* str)
    {
        cerr << str << endl;
    }
    return 0;
}
```

　本プログラムは、画像へCanny関数で画像のエッジ検出を行います。Canny関数に与える引数をコマンドラインから与えることができます。コマンドラインの引数を説明する前に、このプログラムの使用法を示します。

```
canny ＜ファイル名＞ [threshold1 [threshold2]]
```

コマンドライン引数

第1引数　　　入力画像ファイル名です。

第2引数　　　1番目の閾値です。デフォルトは40.0です。

第3引数　　　2番目の閾値です。デフォルトは200.0です。

　ファイル名以外は省略できます。その場合、他の引数はデフォルト値が使用されます。

　Canny関数については、後述のリファレンスを参照してください。なお、Canny関数へ与える入力画像は8ビットシングルチャンネルでなければなりません。このため、画像ファイル読み込み時にIMREAD_GRAYSCALEを指定し、カラー画像であってもグレイスケールで読み込みます。このプログラムは、Canny関数に与える2つの閾値で、エッジを検出します。

　以降に実行例を示します。まず引数を与えず、デフォルトの値で処理したものを示します。

```
C:¥test>canny lenna.bmp
```

図7.6●入力画像と処理後の画像（Canny処理）

引数を指定した実行例を示します。入力画像は同じものを指定します。

```
C:\test>canny lenna.bmp 20 180
```

図7.7●処理後の画像（閾値20、180）

cv::Canny

エッジ検出のための Canny アルゴリズムを実行します。

```
void Canny( InputArray  image,
            OutputArray edges,
            double      threshold1,
            double      threshold2,
            int         apertureSize=3,
            bool        L2gradient=false )
```

引数

image	入力画像（行列）です。8 ビットシングルチャンネルでなければなりません。
edges	出力画像（行列）です。入力画像（行列）と同じサイズで同じチャンネル数です。
threshold1	1 番目の閾値です。
threshold2	2 番目の閾値です。
apertureSize	アパーチャサイズです。
L2gradient	画像勾配の強度を求めるために、より精度の高い L^2 ノルム $= (\sqrt{(dI/dx)^2 + (dI/dy)^2}\,)$ を利用するか（true）、L^1 ノルム $= (\,|dI/dx| + |dI/dy|\,)$ で十分（false）かを指定します。

説明

引数 threshold1 と threshold2 は、小さい方がエッジ同士を接続するために用いられ、大きい方が強いエッジの初期検出に用いられます。

7.7 画像の膨張

　画像の膨張処理を行うプログラムを紹介します。画素の欠損した部分を補う場合などに利用します。後述する画像収縮と併せて使用するとノイズ除去にも応用できます。以降に、ソースリストの一部を示します。

リスト7.7●ソースリストの一部（13filter/Sources/dilate.cpp）

```
    ⋮
    imread(argv[1]).copyTo(src);

    dilate(src, dst, Mat());
    ⋮
```

　本プログラムは、dilate関数を使用し画像の膨張処理を行います。dilate関数は指定したカーネル内から、最も輝度の高い画素を選びます。プログラムは単純ですので、ソースコードと実行結果、それに関数の説明を参照してください。以降に、実行前の画像と実行結果を示します。

図7.8●入力画像と処理後の画像（膨張処理）

cv::dilate

画像の膨張処理を行います。

```
void dilate( InputArray    src,
             OutputArray   dst,
             InputArray    kernel,
             Point         anchor=Point(-1,-1),
             int           iterations=1,
             int           borderType=BORDER_CONSTANT,
             const Scalar& borderValue=morphologyDefaultBorderValue() )
```

引数

src　　　　　入力配列（画像）です。チャンネル数はいくつでも構わず、それぞれは
　　　　　　独立して処理されます。ただし、depth は CV_8U、CV_16U、CV_16S、
　　　　　　CV_32F、CV_64F でなければなりません。

dst　　　　　出力配列（画像）です。入力配列（画像）と同じサイズで同じ型です。

kernel　　　膨張に用いられる構造要素です。Mat() を指定した場合、3 × 3 の矩形構
　　　　　　造要素が用いられます。

anchor　　　アンカーポイントです。デフォルト値は Point(–1, –1) で、アンカーがカー
　　　　　　ネル中心にあることを意味します。

iterations　膨張が行われる回数です。

borderType　ピクセル外挿タイプです。どのような外挿法があるかは OpenCV の仕様
　　　　　　（cv::BorderTypes）を参照してください。

borderValue　ボーダーに使用される値です。

説明

指定した近傍領域から最大値を取り出し、画像の膨張処理を行います。インプレースモードをサポートしていますので、入力出力に同じ Mat を指定できます。マルチチャンネル画像の場合、各チャンネルは独立して処理されます。

7.8 画像の収縮

画像の収縮処理を行うプログラムを紹介します。画素の細かなゴミを除去するなど、先の膨張処理と組み合わせ、交互に実行することによってノイズ除去などにも応用できます。以降に、ソースリストの一部を示します。

リスト7.8●ソースリストの一部（13filter/Sources/erode.cpp）

```
    ︙
    imread(argv[1]).copyTo(src);

    erode(src, dst, Mat());
    ︙
```

本プログラムは、erode関数を使用し画像の収縮処理を行います。erode関数は指定したカーネル内から、最も輝度の低い画素を選びます。プログラムは単純ですので、ソースコードと実行結果、それに関数の説明を参照してください。以降に、実行前の画像と実行結果を示します。

図7.9●入力画像と処理後の画像（収縮処理）

cv::erode

画像の収縮処理を行います。

```
void erode( InputArray    src,
            OutputArray   dst,
            InputArray    kernel,
            Point         anchor=Point(-1,-1),
            int           iterations=1,
            int           borderType=BORDER_CONSTANT,
            const Scalar& borderValue=morphologyDefaultBorderValue() )
```

引数

src   入力配列（画像）です。チャンネル数はいくつでも構わず、それぞれは
             独立して処理されます。ただし、depth は CV_8U、CV_16U、CV_16S、
             CV_32F、CV_64F でなければなりません。

dst   出力配列（画像）です。入力配列（画像）と同じサイズで同じ型です。

kernel   膨張に用いられる構造要素です。Mat() を指定した場合、3 × 3 の矩形構
             造要素が用いられます。

anchor   アンカーポイントです。デフォルト値は Point(–1, –1) で、アンカーがカ
             ーネル中心にあることを意味します。

iterations   収縮が行われる回数です。

borderType   ピクセル外挿タイプです。どのような外挿法があるかは OpenCV の仕様
             （cv::BorderTypes）を参照してください。

borderValue ボーダーに使用される値です。

説明

指定した近傍領域から最小値を取り出し、画像の収縮処理を行います。インプレースモー
ドをサポートしていますので、入力出力に同じ Mat を指定できます。マルチチャンネル画
像の場合、各チャンネルは独立して処理されます。

第8章

画像合成

画像を合成するプログラムをいくつか紹介します。マスクやROI[1]を使用して、一部のエリアだけを処理対象とする例や画素に重み付けをして、画像をブレンドする例も紹介します。

8.1 2つの画像を加算

2つの画像を加算するプログラムを紹介します。

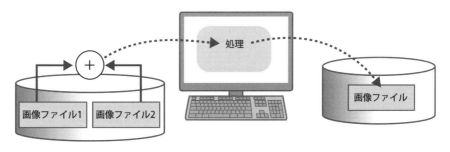

図8.1● プログラムの概要

以降に、ソースリストを示します。

※1　Region Of Interest

8 画像合成

リスト8.1●ソースリスト（14two/Sources/add.cpp）

```cpp
#include "../../common/common.h"

using namespace cv;
using namespace std;

int main(int argc, char* argv[])
{
    try
    {
        UMat src1, src2, dst;

        if (argc < 3)
            throw "few parameters.";

        imread(argv[1]).copyTo(src1);
        imread(argv[2]).copyTo(src2);

        add(src1, src2, dst);

        imshow("src1", src1);
        imshow("src2", src2);
        imshow("dst", dst);
        imwrite("dst.jpg", dst);

        waitKey(0);
    }
    catch (const char* str)
    {
        cerr << str << endl;
    }
    return 0;
}
```

　本プログラムは、add 関数を使用し、2 つの画像を加算します。2 つの画像ファイル名をコマンドラインの引数で受け取り、それらを読み込みます。読み込んだ 2 つの画像を add 関数で加算します。以降に、実行前の画像と実行結果を示します。

図8.2●2つの入力画像と処理結果

次に、スカラと画像の加算を行うプログラムを紹介します。

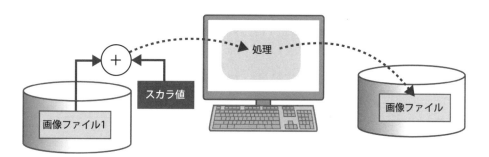

図8.3●プログラムの概要

以降に、ソースリストを示します。先のプログラムと共通な部分が多いため、異なる部分だけ示します。

リスト8.2●ソースリストの一部（14two/Sources/addScalar.cpp）

```
      ⋮
    UMat src, dst;

    if (argc<2)
        throw "no parameter.";

    imread(argv[1]).copyTo(src);

    add(src, Scalar(128.0, 0.0, 0.0), dst);
```

```
        imshow("src", src);
        imshow("dst", dst);
        imwrite("dst.jpg", dst);

        waitKey(0);
          ⋮
```

　先ほどと同じ add 関数を使用しますが、オーバロードされた別の関数を呼び出します。1つの画像にスカラ値を加算するため、スカラで指定された色に偏った色で表示されます。この例では、スカラ値に Scalar(128.0, 0.0, 0.0) を使用します。紙面では分かりにくいでしょうが、青みが強い画像に変換されます。

図8.4●入力画像と処理結果

　次に、2つの画像を加算しますが、その際にマスクを使用するプログラムを紹介します。以降に、ソースリストを示します。先のプログラムと共通な部分が多いため、異なる部分だけ示します。

リスト8.3●ソースリストの一部（14two/Sources/addMask.cpp）

```cpp
  ⋮
static UMat makeMask(int width, int height)
{
    Size sz(width, height);
    UMat mask(sz, CV_8UC1, Scalar(0));
    Point p0 = Point(width / 4, height / 4);
    Point p1 = Point(width * 3 / 4, height * 3 / 4);
    rectangle(mask, p0, p1, Scalar(255), -1);
```

```
        return mask;
}
            ⋮
        imread(argv[1]).copyTo(src1);
        imread(argv[2]).copyTo(src2);

        UMat mask = makeMask(src1.cols, src1.rows);
        add(src1, src2, dst, mask);

        imshow("src1", src1);
        imshow("src2", src2);
        imshow("dst", dst);
        imwrite("dst.jpg", dst);
            ⋮
```

　本プログラムは、最初のプログラムに近く、add 関数を使用し 2 つの画像を加算します。最初のプログラムと異なるのはマスクを使用することです。マスクは makeMask 関数で生成します。マスクは、画像の中心部へ四角形を形成した形で、その範囲だけが加算対象となります。以降に makeMask 関数が生成するマスクを図で示します。

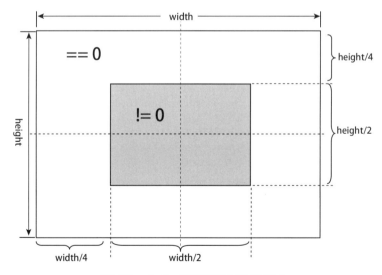

図8.5●makeMask関数が生成するマスク

先ほどと同じ add 関数を使用しますが、オーバロードされた関数を使用します。2 つの画像を加算しますが、その際にマスクを指定します。以降に、実行前の画像と実行結果を示します。

図8.6●2つの入力画像と処理結果

次に、2 つの画像を加算しますが、Mat オブジェクトに ROI を設定し、ROI の範囲だけが処理される例を示します。

リスト8.4●ソースリストの一部（14two/Sources/addRoi.cpp）

```
    ︙
    imread(argv[1]).copyTo(src1);
    imread(argv[2]).copyTo(src2);
    if (src1.empty() || src2.empty() || src1.size != src2.size)
        throw "faild open file, or images are not same size.";

    src1.copyTo(dst);
    Rect roi = Rect(src1.cols / 4, src1.rows / 4, src1.cols / 2, src1.rows / 2);
    UMat src1Roi(src1, roi);
    UMat src2Roi(src2, roi);
    UMat dstRoi(dst, roi);

    add(src1Roi, src2Roi, dstRoi);
    ︙
```

本プログラムは、先のプログラムに近く、マスクの代わりに ROI を設定します。add 関数を使用し 2 つの画像を加算します。最初のプログラムと異なるのは ROI を使用することです。

Rect オブジェクト roi に ROI の座標を設定します。ROI の座標を以降に示します。

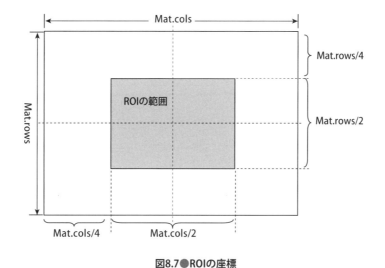

図8.7●ROIの座標

この ROI を各画像に設定し、加算を行います。あるいは、roi の範囲のサブマトリックスを指定して加算を行うと表現しても良いでしょう。これによって ROI の部分だけが処理対象となります。以降に、実行例を示します。

```
C:¥test>addRoi Parrots.bmp lenna.bmp
```

図8.8●2つの入力画像と処理結果

最後に、2つの画像に重みを付けて加算するプログラムも紹介します。重みテーブルを使って、2つの画像を合成します。

8 画像合成

リスト8.5●ソースリストの一部 （14two/Sources/addWeightTable.cpp）

```cpp
// create cos k mat
Mat createCosMat(const int rows, const int cols)
{
    Mat mat(rows, cols, CV_8UC3, Scalar(0));
    Point center = Point(cols / 2, rows / 2);
    double radius = sqrt(pow(center.x, 2) + pow(center.y, 2));

    for (int y = 0; y < mat.rows; y++)
    {
        for (int x = 0; x < mat.cols; x++)
        {
            // distance from center
            double distance = sqrt(pow(center.x - x, 2) + pow(center.y - y, 2));
            // radius=π, current radian
            double radian = (distance / radius) * (double)CV_PI;
            // cosθ, normalize -1.0~1.0 to  0~1.0
            double Y = (cos(radian) + 1.0) / 2.0;
            // normalize (Y) 0~1.0 to 0.0~255.0
            mat.at<Vec3b>(y, x)[0] =
                mat.at<Vec3b>(y, x)[1] =
                mat.at<Vec3b>(y, x)[2] = (unsigned char)(Y*255.0f);
        }
    }
    return mat;
}


// mulMask
Mat mulMat(const Mat mat, const Mat table)
{
    Mat dst, mat32f, table32f, dst32f;

    mat.convertTo(mat32f, CV_32FC3);
    table.convertTo(table32f, CV_32FC3);
    table32f /= 255.0f;
    multiply(mat32f, table32f, dst32f);
    dst32f.convertTo(dst, CV_8UC3);

    return dst;
}
```

```
int main(int argc, char* argv[])
{
    try
    {
        Mat src1, src2, intSrc1, intSrc2, dst;

        if (argc < 3)
            throw "few parameters.";

        imread(argv[1]).copyTo(src1);
        imread(argv[2]).copyTo(src2);

        Mat weightMat = createCosMat(src1.rows, src2.cols);
        Mat iWeightMat = Scalar(255, 255, 255) - weightMat;

        intSrc1 = mulMat(src1, weightMat);
        intSrc2 = mulMat(src2, iWeightMat);
        add(intSrc1, intSrc2, dst);

        imshow("src1", src1);
        imshow("src2", src2);
        imshow("dst", dst);
        imwrite("dst.jpg", dst);

        waitKey(0);
    }
    catch (const char* str)
    {
        cerr << str << endl;
    }
    return 0;
}
```

　本プログラムは、これまでのマスクやROIの代わりに重み付けのテーブルを用い、2つの画像を加算（ブレンド）します。まず、今回用いた重みテーブルを説明します。重みテーブルの算出法を次図に示します。

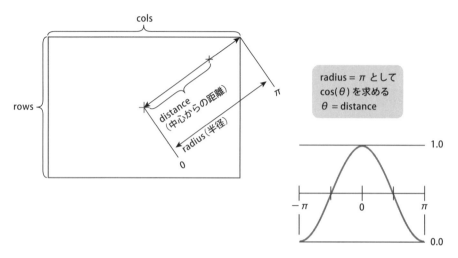

図8.9●重みテーブルの算出法

　対角線の半分をπ（= radius）とします。次に、Matの各要素値を中心からの距離で求めます。具体的には、radiusをπとして、中心からの距離distanceをcosの角度として与えます。distanceは度数で求められているため、弧度法へ変換し、Matの当該座標の値を求めます。cos関数は-1.0～1.0を返しますので、これを0～255へ正規化したMatへ変換します。この処理はcreateCosMat関数に実装されます。以降に、得られた値をビジュアル化して示します。

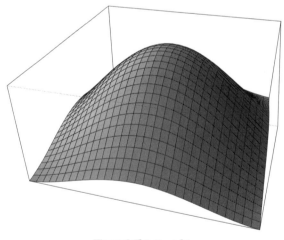

図8.10●重みテーブル

さらに、これと補完関係にある Mat を iWeightMat へ求めます。この 2 つのテーブルに入力画像をそれぞれ乗算した様子を示します。

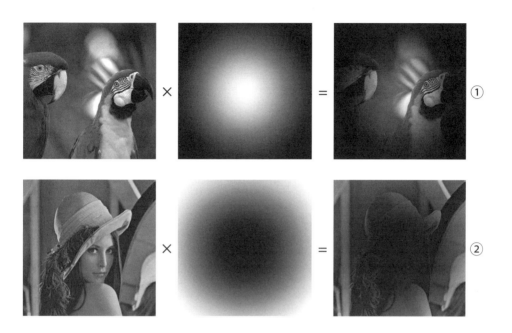

この 2 つの画像を加算した最終の画像を示します。

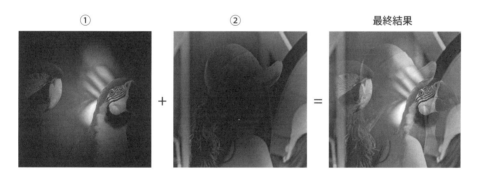

以降に、2 つの画像の指定順を逆にして実行した例を示します。途中の画像は示さず、結果だけを示します。

図8.11●指定順を逆にした結果

cv::add

2つの入力画像（行列）の各要素を加算、あるいはスカラ値との加算を行います。

```
void add( InputArray  src1,
          InputArray  src2,
          OutputArray dst,
          InputArray  mask=noArray(),
          int         dtype=-1 )
```

引数

src1	1番目の入力画像（行列）、またはスカラ値です。
src2	2番目の入力画像（行列）、またはスカラ値です。
dst	出力画像（行列）です。入力画像（行列）と同じサイズ、同じ型です。ビット深度はdtypeの指定に従います。
mask	オプションの処理マスクです。8ビットのシングルチャンネル画像です。
dtype	オプションのdstのビット深度指定です。src1、src2、そしてdstはすべて同じ、あるいはすべて異なるビット深度でも構いません。例えば、src1はCV_16U、src2はCV_8S、そしてdstはCV_32Fでも構いません。dstのビット深度はdtypeで決まります。src1とsrc2のビット深度が同じで、dtypeが–1ならdstのビット深度はsrc2のビット深度と同じです。

説明

行列またはスカラ値との加算を行います。それぞれの行列やスカラ値は、異なるビット深度で構いません。マスクの存在でも処理が変わります。基本的に、以下のように求められます。

- 両方とも同じサイズで、同じチャンネルの場合
  dst(I) = saturate(src1(I) + src2(I)) if mask(I) ≠ 0

- 2番目がスカラの場合
  dst(I) = saturate(src1(I) + src2) if mask(I) ≠ 0

- 1番目がスカラの場合
  dst(I) = saturate(src1 + src2(I)) if mask(I) ≠ 0

Iは多次元のインデックスです。複数のチャンネルを持つ場合、それぞれは独立して処理されます。

8.2 2つの画像の差分

2つの動画ファイルの差分を計算するプログラムを紹介します。

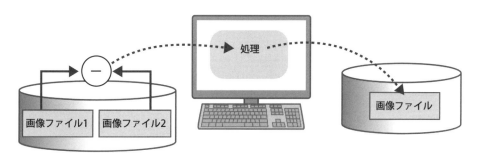

図8.12●プログラムの概要

以降にソースリストを示します。最初のプログラムのadd関数をabsdiff関数へ書き換えるだけです。ソースリストは、その部分だけ示します。

リスト8.6●ソースリストの一部（14two/Sources/absDiff.cpp）

```
    ⋮
imread(argv[1]).copyTo(src1);
imread(argv[2]).copyTo(src2);
```

```
    absdiff(src1, src2, dst);
     ⋮
```

absdiff 関数で 2 つの画像の差分を取得します。特に説明の必要はないでしょう。以降に、実行前の画像と実行結果を示します。左から 2 つの入力画像、続いて処理結果です。

図8.13●2つの入力画像と処理結果

cv::absdiff

2 つの入力画像（行列）の各要素の絶対差分を計算します。

```
void absdiff( InputArray src1, InputArray src2, OutputArray dst )
```

引数

src1　　　1 番目の入力画像（行列）、またはスカラ値です。
src2　　　2 番目の入力画像（行列）、またはスカラ値です。
dst　　　　出力画像（行列）です。入力画像（行列）と同じサイズ、同じ型です。

説明

この関数は、以下の式で処理されます。

- 両方とも同じサイズで、同じ方の場合

    dst(I) = saturate(|src1(I) - src2(I)|)

- 2 番目がスカラの場合

    dst(I) = saturate(|src1(I) - src2|)

- 1番目がスカラの場合
  dst(I) = saturate(|src1 - src2(I)|)

Iは多次元のインデックスです。複数のチャンネルを持つ場合、それぞれは独立して処理されます。

8.3　2つの画像を論理和

2つの画像を論理和するプログラムを紹介します。以降に、ソースリストを示します。これも、最初のプログラムの add 関数を bitwise_or 関数へ書き換えるだけです。ソースリストは、その部分だけ示します。

リスト8.7●ソースリストの一部（14two/Sources/or.cpp）

```
    ︙
    bitwise_or(src1, src2, dst);
    ︙
```

bitwise_or 関数で2つの画像の論理和を取得します。特にプログラムの説明は必要ないでしょう。以降に、実行前の画像と実行結果を示します。左から2つの入力画像、続いて処理結果です。

図8.14●2つの入力画像と処理結果

cv::bitwise_or

2つの入力画像（行列）の各要素、あるいはスカラ値を論理和します。

```
void bitwise_or( InputArray  src1,
                 InputArray  src2,
                 OutputArray dst,
                 InputArray  mask=noArray() )
```

引数

src1   1番目の入力画像（行列）、またはスカラ値です。

src2   2番目の入力画像（行列）、またはスカラ値です。

dst   出力画像（行列）です。入力画像（行列）と同じサイズ、同じ型です。

mask   オプションの、8ビットシングルチャンネル画像です。対応する要素のみが変更されます。

説明

2つの入力画像（行列）の各要素、あるいはスカラ値を論理和します。以下の式で処理されます。

- 2つの画像（行列）のサイズが同じ場合

    $dst(I) = src1(I) \lor src2(I)$ if $mask(I) \neq 0$

- 2番目がスカラの場合

    $dst(I) = src1(I) \lor src2$ if $mask(I) \neq 0$

- 1番目がスカラの場合

    $dst(I) = src1 \lor src2(I)$ if $mask(I) \neq 0$

Iは多次元のインデックスです。複数のチャンネルを持つ場合、それぞれは独立して処理されます。

第 9 章

動画処理

　動画処理に関するプログラムを紹介します。カメラからの動画表示、動画ファイルの再生、動画へのリアルタイム画像処理、カメラからのキャプチャーなど、いろいろなプログラムを紹介します。

9.1 動画表示

　最も単純と思われる動画処理のプログラムを紹介します。本プログラムは、パソコンに接続されたカメラから映像を取り出し、画面に表示します。OpenCV による動画処理の基本を学びます。以降に動作の概要図を示します。

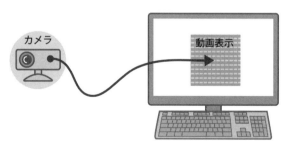

図9.1●プログラムの概要

9 動画処理

以降に、ソースリストを示します。

リスト9.1●ソースリスト（15video/Sources/dispBasic.cpp）

```cpp
#include "../../common/common.h"

using namespace cv;
using namespace std;

int main(int argc, char* argv[])
{
    try
    {
        VideoCapture capture(0);
        if (!capture.open(0))
            throw "camera not found!";

        int width = static_cast<int>(capture.get(CAP_PROP_FRAME_WIDTH));
        int height = static_cast<int>(capture.get(CAP_PROP_FRAME_HEIGHT));
        cout << "frame size = " << width << "x" << height << endl;

        const char* wName = "camera";
        UMat src;
        namedWindow(wName, WINDOW_AUTOSIZE);
        while (true)
        {
            capture >> src;

            imshow(wName, src);

            if (waitKey(1) >= 0) break;
        }
    }
    catch( const char* str )
    {
        cerr << str << endl;
    }
    return 0;
}
```

本プログラムは、パソコンに接続されているカメラから連続的に映像を取り出し、それを表示します。カメラから映像を得るために VideoCapture オブジェクト capture を生成します。パソコンにカメラが複数接続されていても、必ず最初に見つかったカメラを使用します。カメラが見つからない場合、capture のオープンは失敗します。カメラのオープンに失敗したらメッセージを表示し、プログラムは終了します。

　次に、VideoCapture の get メソッドに、CAP_PROP_FRAME_WIDTH と CAP_PROP_FRAME_HEIGHT を指定し、フレームの横サイズと縦サイズを取り出し、それを表示します。

　while ループで映像を連続表示しますが、ループに入る前に namedWindow 関数で映像表示用のウィンドウを作成します。ループ内で、capture オブジェクトから 1 フレーム取り出し UMat オブジェクト src へ格納します。この src を imshow 関数で表示します。while ループを終了させるため、waitKey 関数でキーを監視し、何かキーが押されたらループを抜けます。VideoCapture オブジェクトなどの、各種オブジェクトの破棄はデストラクタに任せ、明示的な解放は行いません。以降に、実行例を示します。

```
C:¥test>dispBasic
frame size = 640 x 480
```

図9.2●実行例

　カメラを接続していなかったときの例も示します。

```
C:¥test>dispBasic
camera not found!
```

9.2 動画表示・ファイル対応

先のプログラムを拡張し、カメラだけでなく動画ファイルにも対応します。本プログラムは、パソコンに接続されたカメラ、あるいは動画ファイルから映像を取り出し、画面に表示します。以降に動作の概要を示します。

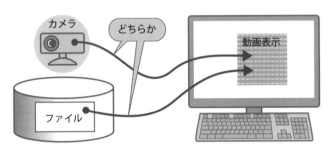

図9.3●プログラムの概要

以降に、ソースリストの一部を示します。

リスト9.2●ソースリストの一部（15video/Sources/dispFileCamera.cpp）

```cpp
    :
int wait = 1;

VideoCapture capture;
if (argc == 2)
{
    capture = VideoCapture(argv[1]);
    wait = 33;
}
else
    capture = VideoCapture(0);

const string wName = "src";
UMat src;
namedWindow(wName, WINDOW_AUTOSIZE);
while (true)
{
    capture >> src;
```

9.2 動画表示・ファイル対応

```
        if (src.empty()) break;

        imshow(wName, src);

        if (waitKey(wait) >= 0) break;
    }
    :
```

　本プログラムは、引数が指定されていれば、指定された動画ファイルを再生します。そうでなければ、カメラから連続的に映像を取り出し表示します。コマンドラインに引数が指定されていれば、ファイル名と判断し、それを引数に VideoCapture オブジェクトを生成します。そうでなければ、0 を指定して VideoCapture オブジェクトを生成します。

　while ループで映像を連続表示しますが、この部分が先のプログラムと多少異なります。まず、capture オブジェクトから 1 フレーム取り出した後、フレームが空でないか検査します。これは、ファイルを処理しているとき、終端に達したときの判断に使用します。先のプログラムは、何かキーを押したときにプログラムを終了していましたが、このプログラムは、さらにファイルが終了したときもプログラム終了の契機となります。

　また、waitKey 関数の引数に wait 変数を指定します。この変数は、カメラが入力の場合 1 を、ファイルが入力の場合 33 を保持します。カメラが入力の場合、フレームレートはカメラによって制御されます。ところが、入力がファイルの場合、フレームレートは制御されないため、適切な値を waitKey 関数へ与えないと、早回しやスロー再生になります。そこで、30fps になるように 33 を指定します。本来なら、ファイルからフレームレートを取得し、その値から wait を設定すると良いのですが、ここでは簡易な方法を採用します。他の処理は、先のプログラムと同様です。以降に、実行例を示します。

C:\test>**dispFileCamera**

図9.4●カメラを使った実行例

先の例はカメラが入力でしたが、今度は動画ファイルを指定した実行例を示します。

```
C:¥test>dispFileCamera 110611_101802.3gp
```

図9.5●動画ファイルを使った実行例

9.3 グレイスケール表示

　カラーの動画をグレイスケール変換し、それを表示するプログラムを紹介します。以降に、ソースリストの一部を示します。

リスト9.3●ソースリストの一部（15video/Sources/dispGrayscale.cpp）

```
    ⋮
const string wName = "dst";
UMat src, dst;
namedWindow(wName, WINDOW_AUTOSIZE);
while (true)
{
    capture >> src;
    if (src.empty()) break;

    cvtColor(src, dst, COLOR_RGB2GRAY);

    imshow(wName, dst);

    if (waitKey(wait) >= 0) break;
}
    ⋮
```

　動画ファイル、あるいはカメラから連続的に映像を取り出し、それをグレイスケールに変換して表示します。読み込んだ画像を保存するのに src を、変換後の画像を表示するのに dst を使用します。

　while ループで映像を連続表示しますが、処理は前節と、ほぼ同様です。異なるのは、cvtColor 関数でカラー映像を、グレイスケール映像に変換する点です。この関数の第3引数に COLOR_RGB2GRAY を指定します。以降に、実行例を示します。紙面では分からないでしょうが、カラー映像がグレイスケールに変換されて表示されます。

図9.6●カメラ入力の実行例とファイル入力の実行例

9.4 輝度平滑化

　動画の輝度を平滑化するプログラムを紹介します。輝度が一部に偏っているとき、その部分を広げ、見やすくします。以降に、ソースリストを示します。前節のプログラムと共通点が多いため、ソースリストは一部のみ示します。

リスト9.4●ソースリストの一部（15video/Sources/dispEqulize.cpp）

```
            ：
        cvtColor(src, dst, COLOR_RGB2GRAY);
        equalizeHist(dst, dst);
            ：
```

　本プログラムは、動画ファイルあるいはカメラから連続的に映像を取り出し、一旦グレイスケールへ変換し、それの輝度を平滑化します。ほとんど、先のプログラムと同様です。異なるのは、equalizeHist関数で輝度平滑を行う部分くらいです。輝度平滑化の詳細については第6章「色の処理」を参照してください。以降に実行例を示します。

図9.7●カメラ入力の実行例とファイル入力の実行例

9.5 Canny 表示

　動画に Canny フィルタ処理を行い、エッジ検出するプログラムを紹介します。以降に、ソースリストの一部を示します。

リスト9.5●ソースリストの一部（15video/Sources/dispCanny.cpp）

```
    ⋮
int wait = 1;
string input;

VideoCapture capture;
if (argc >= 2)
    input = argv[1];

if (argc >= 2 && input != "camera")
{
    capture = VideoCapture(argv[1]);
    wait = 33;
}
else
    capture = VideoCapture(0);

if (!capture.isOpened())
```

9 動画処理

```
        throw "failed open the input, no camera nor file.";

        double threshold1 = 40.0, threshold2 = 200.0;
        if (argc >= 3)
            threshold1 = stod(argv[2]);
        if (argc >= 4)
            threshold2 = stod(argv[3]);

        const string wName = "dst";
        UMat src, gray, dst;
        namedWindow(wName, WINDOW_AUTOSIZE);
        while (true)
        {
            capture >> src;
            if (src.empty()) break;

            cvtColor(src, gray, COLOR_RGB2GRAY);
            Canny(gray, dst, threshold1, threshold2);

            imshow(wName, dst);

            if (waitKey(wait) >= 0) break;
        }
        ⋮
```

　本プログラムは、動画ファイルあるいはカメラから連続的に映像を取り出し、映像のエッジ検出を行います。エッジ検出はCanny関数で行います。本プログラムは関数に与える引数をコマンドラインから与えることができます。コマンドラインの引数を説明する前に、このプログラムの使用法を示します。

---

dispCanny [<ファイル名|'camera'> [threshold1=40.0 [threshold2=200.0]]]

コマンドライン引数

第1引数　　ファイル名または「'camera'」を指定します。

第2引数　　1番目の閾値です。デフォルトは40.0です。

第3引数　　2番目の閾値です。デフォルトは200.0です。

すべての引数を省略できます。そのような場合、以下のように指定されたのと等価です。

```
dispCanny camera 40 200
```

第1引数が「'camera'」以外の場合、動画ファイルが指定されたとみなします。カメラを使用する場合、デバイス番号は0です。つまり、最初に見つかったカメラが使用されます。

Canny関数については、第7章「フィルタ処理」を参照してください。Canny関数へ与える入力画像は8ビットシングルチャンネルでなければなりません。このため、cvtColor関数にCOLOR_RGB2GRAYを指定し、一旦、カラー映像をグレイスケールへ変換します。その映像をCanny関数に与えエッジを検出します。以降に実行例を示します。まず、引数を与えずデフォルトの値で処理したものを示します。

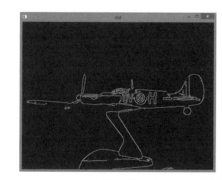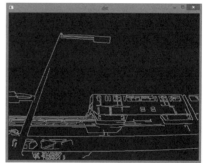

図9.8●カメラ入力の実行例とファイル入力の実行例

引数を指定した実行例を示します。

```
C:¥test>dispCanny P2200005.AVI 10.5 20.2
```

図9.9●閾値を指定して処理した画像

黒の背景に白のエッジでは見づらい場合もありますので、背景色とエッジの色を逆にした例も示します。以降に、ソースリストの一部を示します。

リスト9.6●ソースリストの一部（15video/Sources/dispCannyInv.cpp）

```cpp
    ⋮
const char* wName = "dst";
UMat src, gray, canny, dst;
namedWindow(wName, WINDOW_AUTOSIZE);
while (true)
{
    capture >> src;
    if (src.empty()) break;

    cvtColor(src, gray, COLOR_RGB2GRAY);
    Canny(gray, canny, threshold1, threshold2);
    bitwise_not(canny, dst);

    imshow(wName, dst);

    if (waitKey(wait) >= 0) break;
}
    ⋮
```

先ほどのプログラムと異なるのはbitwise_not関数で、各ビット値を反転しているだけです。以降に、実行例を示します。

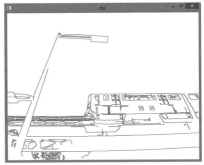

図9.10●カメラ入力の実行例とファイル入力の実行例

9.6 動画キャプチャー

　これまでは、カメラやファイルから得た映像に、処理を施して表示するだけでした。これからは、処理した画像を動画ファイルとして保存するプログラムを紹介します。以降に、動作の概要を示します。

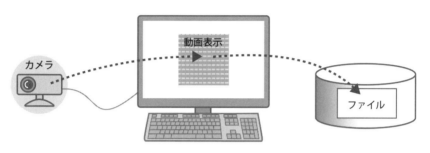

図9.11●プログラムの概要

　最も単純と思われる動画保存のプログラムを紹介します。本プログラムは、パソコンに接続されたカメラから映像を取り出し、画面へ表示すると共に、ファイルに保存します。以降に、ソースリストを示します。

リスト9.7●ソースリスト（15video/Sources/captureBasic.cpp）

```cpp
#include "../../common/common.h"

using namespace cv;
using namespace std;

int main(int argc, char* argv[])
{
    try
    {
        VideoCapture capture(0);
        if (!capture.open(0))
            throw "camera not found!";

        int width = static_cast<int>(capture.get(CAP_PROP_FRAME_WIDTH));
        int height = static_cast<int>(capture.get(CAP_PROP_FRAME_HEIGHT));
```

9 動画処理

```
        cout << "frame size = " << width << " x " << height << endl;

        double fps = capture.get(CAP_PROP_FPS);
        fps = fps > 0.0 ? fps : 30.0;
        VideoWriter save("dst.avi", VideoWriter::fourcc('M', 'J', 'P', 'G'),
            fps, Size(width, height), true);
        if (!save.isOpened())
            throw "VideoWriter failed to open!";

        const string wName = "camera";
        UMat src;
        namedWindow(wName, WINDOW_AUTOSIZE);
        while (true)
        {
            capture >> src;

            imshow(wName, src);

            save << msrc;

            if (waitKey(1) >= 0) break;
        }
    }
    catch (const char* str)
    {
        cerr << str << endl;
    }
    return 0;
}
```

　本プログラムは、接続されているカメラから連続的に映像を取り出し、それを表示しなが
らファイルに保存します。まず、カメラから映像を得るために VideoCapture オブジェクト
capture を生成します。パソコンにカメラが複数台接続されていても、必ず最初に見つかった
カメラを使用します。カメラが見つからない場合、capture のオープンは失敗します。カメラ
が見つからない場合、例外をスローします。

　次に、VideoCapture の get メソッドに、CAP_PROP_FRAME_WIDTH と CAP_PROP_
FRAME_HEIGHT を指定し、フレームの横サイズと縦サイズを取り出し、それを表示します。
動画を格納するときはフレームレートも指定しなければなりません。そこで、get メソッドに

146

CAP_PROP_FPS を指定しカメラのフレームレートを float 型の fps に取り出します。もし、フレームレートに 0 が返ってきたら 30fps を使用します。カメラによってはフレームレートを返さない可能性があるため、このような方法を採用します。

VideoWriter オブジェクト save を生成します。格納ファイル名は「dst.avi」で固定とし、エンコードは VideoWriter::fourcc('M', 'J', 'P', 'G') を指定します。エンコードは多数の種類が存在します。自身の目的に適合するものを指定してください。エンコード方式の種類については OpenCV のドキュメントを参照してください。VideoWriter オブジェクトの生成に成功したかチェックし、失敗したときは例外をスローします。

これで、動画書き込みの準備ができました。while ループで映像を連続表示・保存しますが、ループに入る前に namedWindow 関数でウィンドウを作成します。capture オブジェクトから 1 フレーム取り出し Mat オブジェクト src へ格納します。この src を imshow 関数で表示します。その後、VideoWriter オブジェクト save へ書き込みます。このままでは、while ループが永遠に終わらないため、waitKey 関数でキーを監視し、何かキーが押されたらループを抜けます。このプログラムは何かキーを押すまで終わりません。何もキーを押さないと、大きな動画ファイルが生成されます。もし、ディスクの容量などが心配なら、ループ回数などを制限すると良いでしょう。

VideoCapture オブジェクトや VideoWriter オブジェクトなどの、各種オブジェクトの破棄はデストラクタに任せ、明示的な解放は行いません。

以降に実行例を示します。まず、キャプチャーする前のディレクトリを表示します。

```
C:\test>dir
 ドライブ C のボリューム ラベルがありません。
 ボリューム シリアル番号は XXXX-XXXX です

 C:\test のディレクトリ

2019/MM/DD  11:00    <DIR>          .
2019/MM/DD  11:00    <DIR>          ..
2019/MM/DD  10:44            26,112 captureBasic.exe
               1 個のファイル              26,112 バイト
               2 個のディレクトリ  360,106,033,152 バイトの空き領域
```

本プログラムの EXE しか含まれていません。この状態で、captureBasic をコンソールから起動します。するとキャプチャーと同時に画面にもプレビューが表示されます。

```
C:\test>captureBasic
frame size = 640 x 480
```

図9.12●プレビュー画面

何かキーを押してキャプチャーを停止します。動画ファイルが dst.avi というファイル名で保存されます。

```
C:\test>dir
 ドライブ C のボリューム ラベルがありません。
 ボリューム シリアル番号は XXXX-XXXX です

 C:\test のディレクトリ

2019/MM/DD  11:13    <DIR>          .
2019/MM/DD  11:13    <DIR>          ..
2019/MM/DD  10:44            26,112 captureBasic.exe
2019/MM/DD  11:13         5,460,464 dst.avi
               2 個のファイル           5,486,576 バイト
               2 個のディレクトリ  360,093,573,120 バイトの空き領域
```

dst.avi という動画ファイルが作成されています。このファイルを再生してみましょう。

図9.13●ファイルを再生

動画が表示されます。正常にキャプチャーできたようです。

9.7 動画に画像処理を行い保存

動画にCannyフィルタ処理を行い、表示と動画保存を行うプログラムを紹介します。以降に、処理の概念図を示します。本プログラムは先のプログラムと違いUMatを使用し、画像処理とキャプチャー処理を行います。

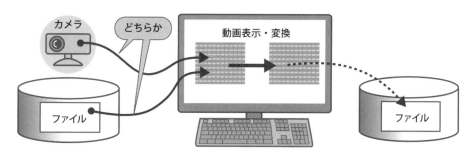

図9.14●プログラムの概要

以降に、ソースリストを示します。

9 動画処理

リスト9.8●ソースリスト （15video/Sources/captureCannyInv.cpp）

```cpp
#include "../../common/common.h"

using namespace cv;
using namespace std;

int main(int argc, char* argv[])
{
    try
    {
        int wait = 1;
        string input;

        VideoCapture capture;
        if (argc >= 2)
            input = argv[1];

        if (argc >= 2 && input != "camera")
        {
            capture = VideoCapture(argv[1]);
            wait = 33;
        }
        else
            capture = VideoCapture(0);

        if (!capture.isOpened())
            throw "failed open the input, no camera nor file.";

        double threshold1 = 40.0, threshold2 = 200.0;
        if (argc >= 3)
            threshold1 = stod(argv[2]);
        if (argc >= 4)
            threshold2 = stod(argv[3]);

        int width = static_cast<int>(capture.get(CAP_PROP_FRAME_WIDTH));
        int height = static_cast<int>(capture.get(CAP_PROP_FRAME_HEIGHT));
        cout << "frame size = " << width << " x " << height << endl;

        double fps = capture.get(CAP_PROP_FPS);
        fps = fps > 0.0 ? fps : 30.0;
        VideoWriter save("dst.avi", VideoWriter::fourcc('M', 'J', 'P', 'G'),
```

9.7 動画に画像処理を行い保存

```
                            fps, Size(width, height), true);
        if (!save.isOpened())
            throw "VideoWriter failed to open!";


        int fCounter = 0;
        const int fLimit = 30 * 60;
        const string srcwName = "src";
        const string dstwName = "dst";
        UMat src, gray, dst;

        namedWindow(srcwName, WINDOW_AUTOSIZE);
        namedWindow(dstwName, WINDOW_AUTOSIZE);
        while (true)
        {
            capture >> src;
            if (src.empty()) break;

            imshow(srcwName, src);

            cvtColor(src, gray, COLOR_RGB2GRAY);
            Canny(gray, canny, threshold1, threshold2);
            bitwise_not(canny, canny);

            imshow(dstwName, dst);

            cvtColor(dst, dst, COLOR_GRAY2RGB);
            save << dst;

            if (fCounter++ > fLimit) break;

            if (waitKey(wait) >= 0) break;
        }
    }
    catch (const char* str)
    {
        cerr << str << endl;
    }
    return 0;
}
```

本プログラムは、接続されているカメラもしくは動画ファイルから連続的に映像を取り出し表示します。同時に、その取り出した映像に画像処理を施し、結果を表示するとともにファイルに保存します。本プログラムは関数に与える引数をコマンドラインから与えることができます。コマンドラインの引数を説明する前に、このプログラムの使用法を示します。

```
captureCannyInv [<ファイル名|'camera'> [threshold1=40.0 [threshold2=200.0]]]
```

コマンドライン引数

第1引数　　　ファイル名または「'camera'」を指定します。

第2引数　　　1番目の閾値です。デフォルト 40.0 です。

第3引数　　　2番目の閾値です。デフォルト 200.0 です。

すべての引数を省略できます。そのような場合、以下のように指定されたのと等価です。

```
captureCannyInv  camera  40  200
```

第1引数が「'camera'」以外の場合、動画ファイルが指定されたとみなします。カメラを使用する場合、デバイス番号は 0 とみなされます。つまり、最初に見つかったカメラが使用されます。最近のノートパソコンにはカメラが標準で装備されています。外付けのカメラを使用したい場合は、デバイス番号に 1 を与えるか、引数でデバイス番号を指定できるようにすると良いでしょう。

Canny 関数と bitwise_not 関数については、以前の章を参照してください。カメラもしくは動画ファイルから映像を得るために VideoCapture オブジェクト capture を生成します。コマンドラインに引数がない場合、あるいは第1引数が「'camera'」なら、デバイス番号 0 を指定して VideoCapture オブジェクト capture を生成します。そうでない場合、第1引数を指定して VideoCapture オブジェクト capture を生成します。カメラもしくは動画ファイルが見つからない場合、capture の生成は失敗します。カメラもしくは動画ファイルが見つからない場合、メッセージを表示しプログラムは終了します。

次 に、VideoCapture の get メ ソ ッ ド に、CAP_PROP_FRAME_WIDTH と CAP_PROP_FRAME_HEIGHT を指定し、フレームの横サイズと縦サイズを取り出し、それを表示します。動画を格納するときはフレームレートも指定しなければなりません。そこで、get メソッドに CAP_PROP_FPS を指定し、カメラのフレームレートを float 型の fps に取り出します。もし、

フレームレートに 0 が返ってきたら 30 を指定します。カメラによってはフレームレートを返さない可能性があるため、そのような場合 30fps を使用します。本来なら、このような処理は必要ないのですが、いくつかのカメラでフレームレートを正常に返さないものがあったので、ワークアラウンドとして挿入しました。

VideoWriter オブジェクト save を生成します。格納ファイル名は「dst.avi」で固定、エンコードは VideoWriter::fourcc('M', 'J', 'P', 'G') のエンコードを使用します。VideoWriter オブジェクトの生成に成功したかチェックし、失敗したらメッセージを表示しプログラムは終了します。

本プログラムは、入力映像と、処理後の映像を表示しますので、while ループへ入る前に namedWindow 関数で、2 つのウィンドウを作成します。ループに入ったら、capture オブジェクトから 1 フレーム取り出し UMat オブジェクト src へ格納します。capture オブジェクトから 1 フレーム取り出した後、フレームが空でないか検査します。これは、ファイルを処理しているとき、終端に達したときの判断に使用します。カメラだけが入力の場合、何かキーを押したときがプログラム終了の契機ですが、ファイルも対象としますので、このような処理を行います。この src を imshow 関数で表示します。その後、cvtColor 関数に COLOR_RGB2GRAY を指定し、一旦、カラー画像をグレイスケールへ変換します。これは、Canny 関数へ与える入力画像は 8 ビットシングルチャンネルでなければならないためです。Canny 関数は、与えられた映像のエッジ検出を行います。このままでは見づらいので、bitwise_not 関数で色の反転を行います。

この処理後の映像を imshow 関数で表示します。この Mat オブジェクト dst はシングルチャンネルであるため、VideoWriter オブジェクトの引数とすることはできません。そこで、cvtColor 関数の第 2 引数に COLOR_GRAY2RGB を指定し、3 チャンネルへ変換します。これを VideoWriter オブジェクト save で書き込みます。このままでは、カメラを入力としたとき、while ループが永遠に終わらないため、waitKey 関数でキーを監視し、何かキーが押されたらループを抜けます。なお、あまりにも長い映像を保存し続けると、システムの負荷が大きくなりすぎるため、fCounter と fLimit を使用し、最大 60 秒に達したらキャプチャーを終了します。

VideoCapture オブジェクトや VideoWriter オブジェクトなどの、各種オブジェクトの破棄はデストラクタに任せ、明示的な解放は行いません。

以降に、実行例を示します。まず、カメラを使った例を示します。本プログラムは、プレビューと処理した結果を表示し、同時にファイル保存も行います。

```
C:¥test>captureCannyInv
frame size = 640 x 480
```

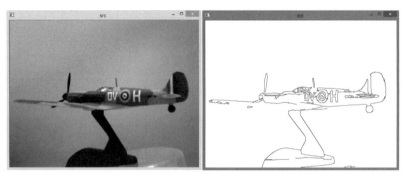

図9.15●プレビュー画面と画像処理画面

今度は、動画ファイルを指定した例を示します。

```
C:\test>captureCannyInv P2200005.AVI
frame size = 640 x 480
```

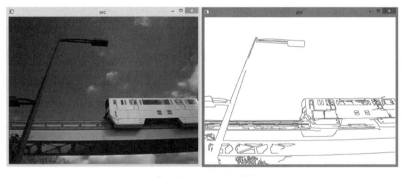

図9.16●プレビュー画面と画像処理画面

dst.avi という動画ファイルが作成されています。このファイルを再生してみましょう。

図9.17●処理したファイルを再生

正常に再生できました。キャプチャーは成功したようです。

次に、デフォルトの閾値を使ったものと、閾値を指定した例を並べて示します。閾値が変わると処理結果は大きく影響を受けます。

```
C:¥test>captureCannyInv
frame size = 640 x 480

C:¥test>captureCannyInv camera 15 20
frame size = 640 x 480
```

図9.18●デフォルトの閾値を使ったものと、閾値を指定したもの、左が入力、右が処理後

9 動画処理

cv::VideoCapture

ビデオファイルやカメラからキャプチャーするためのクラスです。

```
VideoCapture::VideoCapture( int device )
VideoCapture::VideoCapture( const string& filename )
```

引数

device   使用するカメラの番号です。

filename   使用する動画ファイル名です。

説明

引数の存在しないコンストラクタで VideoCapture オブジェクトを生成した場合、画像を得る前に Open メソッドでデバイスをオープンする必要があります。

cv::VideoCapture::get

VideoCapture の各種プロパティを取得します。

```
double VideoCapture::get( int property_id )
```

引数

property_id   取得したいプロパティの ID を指定します。例えば、CAP_PROP_FRAME_WIDTH を指定するとフレームの幅が、CAP_PROP_FRAME_HEIGHT を指定するとフレームの高さを取得できます。

cv::VideoCapture::isOpened

キャプチャーデバイスが初期化されていたら true を返します。

```
bool VideoCapture::isOpened()
```

説明

キャプチャーデバイスが初期化されていたら true を返します。VideoCapture のコンストラクタが成功し、そして VideoCapture オブジェクトの open メソッドが成功していたら true が返されます。

156

cv::VideoCapture::read

次のフレームを取り込み、エンコードします。

```
bool VideoCapture::read( OutputArray image )
VideoCapture& VideoCapture::operator>> ( Mat& image )
VideoCapture& VideoCapture::operator>> ( UMat& image )
```

引数

image　　　　取得した画像（行列）です。

説明

本メソッドは、VideoCapture.grab と VideoCapture.retrieve を連続で呼んだのと等価です。grab メソッドと retrieve メソッドを使用しても構いませんが、特別な理由がない限り本メソッドを使用する方が簡単です。もし、次のフレームを取得できなかった場合、false を返し、引数には NULL ポインタが設定されます。

cv::VideoWriter

ビデオライタクラスです。

```
VideoWriter( const String& filename,
             int          fourcc,
             double       fps,
             Size         frameSize,
             bool         isColor=true )
```

引数

filename　　出力するビデオファイルの名前です。

fourcc　　　フレームを圧縮するためのコーデックを表す4文字です。以降に例を示します。

> VideoWriter::fourcc('P','I','M','1')：MPEG-1 コーデック
>
> VideoWriter::fourcc('M','J','P','G')：motion-jpeg コーデック

他にも、指定可能な引数値が存在します。詳細は OpenCV のリファレンスを参照してください。プラットフォームや環境に依存しますので、明示的に指定する場合、自身の環境で使えるコーデックか事前に調べると良いでしょう。

fps	ビデオストリームのフレームレートです。
frameSize	ビデオフレームのサイズです。
is_color	0 でない場合は、エンコーダはカラーフレームとしてエンコードします。そうでない場合、グレイスケールとしてエンコードします。現在、このフラグは一部のプラットフォームのみで有効です。

説明

この関数は、ビデオライタ構造体を作成します。どのようなコーデックや、ファイルフォーマットがサポートされるかは、ライブラリに依存します。

cv::VideoWriter::write

フレームをビデオファイルに書き込みます。

```
void VideoWriter::write( const Mat& image )
VideoWriter& VideoWriter::operator<< ( const Mat& image )
```

引数

writer	ビデオライタ構造体です。
image	書き込まれるフレームです。

説明

本メソッドは、1 つのフレームをビデオファイルに書き込む、もしくは追加します。フレームのサイズは VideoWriter を生成したときと同じサイズでなければなりません。

第10章
オブジェクト検出・除去

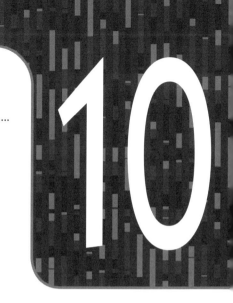

オブジェクトの検出や除去を行うプログラムを紹介します。

10.1 コーナー検出

画像に含まれるコーナーを検出するプログラムを紹介します。以降に、ソースリストを示します。

リスト10.1●ソースリスト（16detectObjects/Sources/detectConers.cpp）

```cpp
#include "../../common/common.h"

using namespace cv;
using namespace std;

int main(int argc, char* argv[])
{
    try
    {
        UMat src, gray, dst;
        const int maxCorners = 50, blockSize = 3;
        const double qualityLevel = 0.01, minDistance = 20.0, k = 0.04;
```

159

10 オブジェクト検出・除去

```
        const bool useHarrisDetector = false;
        vector< Point2f > corners;

        imread(argv[1]).copyTo(src);
        dst = src.clone();

        cvtColor(src, gray, COLOR_RGB2GRAY);
        goodFeaturesToTrack(gray, corners, maxCorners, qualityLevel,
            minDistance, UMat(), blockSize, useHarrisDetector, k);

        for (size_t i = 0; i < corners.size(); i++)
            circle(dst, corners[i], 8, Scalar(255,255,0), 2);

        imshow("src", src);
        imshow("dst", dst);
        imwrite("dst.jpg", dst);

        waitKey(0);
    }
    catch (const char* str)
    {
        cerr << str << endl;
    }
    return 0;
}
```

　本プログラムは、画像に含まれる強いコーナーを検出します。まず、コマンドライン引数に指定されたファイルを読み込みます。次に、表示に使用する画像を dst へコピーします。cvtColor 関数で画像を RGB カラーからグレイスケールに変換します。この画像の強いコーナーを goodFeaturesToTrack 関数を用いて検出します。第 8 引数に false を与え固有値を計算し、強いコーナーを検出します。この例では、上位 50 個のコーナーを検出します。最後に、circle 関数で検出したコーナー位置に円を描画します。以降に、コーナーを検出した例を示します。

160

10.1 コーナー検出

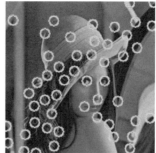

図10.1●入力画像と処理結果

画像を変更した例も示します。

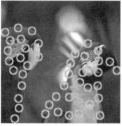

図10.2●入力画像と処理結果

cv::goodFeaturesToTrack

画像内の強いコーナーを検出します。

```
void goodFeaturesToTrack( InputArray  image,
                          OutputArray corners,
                          int         maxCorners,
                          double      qualityLevel,
                          double      minDistance,
                          InputArray  mask=noArray(),
                          int         blockSize=3,
                          bool        useHarrisDetector=false,
                          double      k=0.04 )
```

10 オブジェクト検出・除去

引数

image	入力画像（行列）です。8ビット、または浮動小数点型シングルチャンネルです。
corners	検出されたコーナーが出力されるベクトルです。
maxCorners	出力されるコーナーの最大数です。この値より多くのコーナーが検出された場合、強いコーナーから格納されます。
qualityLevel	許容される画像コーナーの最低品質を決定します。詳細はOpenCVのドキュメントを参照してください。
minDistance	出力されるコーナー間の最小ユークリッド距離です。詳細はOpenCVのドキュメントを参照してください。
mask	オプションの処理マスクです。8ビットのシングルチャンネル画像です。
blockSize	ピクセル近傍領域における微分画像の平均化ブロックサイズです。詳細はOpenCVのドキュメントを参照してください。
useHarrisDetector	Harris検出器、あるいはcornerMinEigenValのどちらを利用するかを示します。
k	Harris検出器のフリーパラメータです。

説明

この関数は画像の最も強いコーナーを検出します。いくつかのステップでコーナーを検出します。詳細はOpenCVのドキュメントを参照してください。

10.2 オブジェクト除去（1）

　画像に含まれるオブジェクトを除去するプログラムを紹介します。以降に、ソースリストの一部を示します。

リスト10.2●ソースリストの一部（16detectObjects/Sources/eliminateObjects.cpp）

```
    ⋮
if (argc < 3)
    throw "few parameters.";
```

```
                UMat src, mask, dst;

                imread(argv[1]).copyTo(src);
                imread(argv[2], IMREAD_GRAYSCALE).copyTo(mask);

                inpaint(src, mask, dst, 1, INPAINT_TELEA);

                imshow("src", src);
                imshow("dst", dst);
                  ⋮
```

　本プログラムは、画像に含まれるオブジェクトを除去します。入力画像に対し、マスク画像を与えてオブジェクトを除去します。オブジェクトの除去は、除去したいオブジェクトの近傍から補間します。このプログラムは、簡単にするため、前もって除去したいオブジェクトの範囲を示すマスク画像を用意します。もう少し自動化した例は後述します。

　以降に実行例を示します。左から対象画像、マスク、そしてプログラムが生成したオブジェクトが除去された画像です。

図10.3●入力画像、マスクと処理結果

元の画像とオブジェクトが除去された部分を拡大して示します。

図10.4●元の画像とオブジェクト除去画像を拡大

10 オブジェクト検出・除去

cv::inpaint

指定された画像内の領域を近傍画像から修復します。

```
void inpaint( InputArray  src,
              InputArray  inpaintMask,
              OutputArray dst,
              double      inpaintRadius,
              int         flags )
```

引数

src   入力画像（行列）です。8 ビットでシングルチャンネルあるいは 3 チャンネルです。

inpaintMask   8 ビットでシングルチャンネルの修復マスク画像です。0 以外のピクセルが修復対象です。

dst   出力画像（行列）です。入力画像（行列）と同じサイズ、同じデータ型です。

inpaintRadius   修復される点周りの円形の近傍領域の半径です。

flags   修復手法です。以下のいずれかです。

        INPAINT_NS   ナビエ・ストークス（Navier-Stokes）ベースの手法。

        INPAINT_TELEA   Alexandru Telea による手法。

説明

この関数は選択された画像領域を、その領域境界付近のピクセルを利用して再構成します。この関数はデジタル化された写真から汚れや傷を除去したり、静止画や動画から不要な物体を除去するのに利用されます。

10.3 オブジェクト除去 (2)

先のプログラムはマスク画像を外部から与えていましたが、本プログラムは入力画像からマスク画像を自動的に生成します。自動生成したマスクを使用して、画像のノイズを除去します。以降に、ソースリストの一部を示します。

リスト10.3●ソースリストの一部（16detectObjects/Sources/RepareDmgImg.cpp）

```
        ⋮
if (argc < 2)
    throw "few parameters.";

Mat src, gray, mask, dst;

imread(argv[1]).copyTo(src);

cvtColor(src, gray, COLOR_RGB2GRAY);
equalizeHist(gray, mask);
threshold(mask, mask, 253, 1, THRESH_BINARY);
inpaint(src, mask, dst, 3, INPAINT_TELEA);

imshow("src", src);
imshow("dst", dst);

imwrite("dst.jpg", dst);

waitKey(0);
        ⋮
```

本プログラムは、入力画像に対し、マスク画像を与えて補間を除去します。オブジェクトの除去は、除去したいオブジェクトの近傍から補完します。先のプログラムと違い、本プログラムはマスク画像を自動生成します。ノイズは輝度の高い値で加えられています。まず、equalizeHist 関数で画像のヒストグラムを均一化します。そして、threshold 関数で、輝度が特定の定数を超えていたら 0 以外へ、特定の定数以下なら 0 へ設定します。この例では、特定の定数に 253 を採用し、これを超えたら 255 へ、それ以下なら 0 に設定します。以降に

いくつかの実行例を示します。

図10.5●入力画像と処理結果

プログラムが自動生成したマスク画像を以降に示します。

図10.6●プログラムが自動生成したマスク画像

以降に、いくつか画像を変更して実行した結果を示します。

図10.7●入力画像と処理結果（2）

図10.8●入力画像と処理結果（3）

図10.9●入力画像と処理結果（4）

綺麗に画像が修復されています。ただ、ノイズが輝度の高い値で入っているとは限りません。このため、画像やノイズの傾向によって、equalizeHist関数をnormalize関数に変える、threshold関数のパラメータを調整する、そしてinpaint関数のパラメータを調整するなどの試行錯誤が必要です。

大きな画像を処理したのでわかりにくいです。そこで、最後の一部を拡大して示します。

図10.10●元の画像と処理結果像を拡大

10

オブジェクト検出・除去

10.4 | オブジェクト検出

　画像に含まれる、ある特定のオブジェクトを検出するプログラムを紹介します。どのオブジェクトを検出するかは、引数で決定します。以降に、ソースリストを示します。

リスト10.4●ソースリスト（16detectObjects/Sources/detectObjects.cpp）

```cpp
        ⋮
if (argc < 3)
    throw "few parameters.";

UMat src, gray, equalize, dst;

imread(argv[1]).copyTo(src);

cvtColor(src, gray, COLOR_RGB2GRAY);
equalizeHist(gray, equalize);

CascadeClassifier objDetector(argv[2]); // create detector


vector<Rect> objs;                      // search objects
objDetector.detectMultiScale(equalize, objs,
    1.2, 2, CASCADE_SCALE_IMAGE, Size(30, 30));

src.copyTo(dst);                        // draw results
vector<Rect>::const_iterator it = objs.begin();
for (; it != objs.end(); ++it)
{
    rectangle(dst, Point(it->x, it->y),
        Point(it->x + it->width, it->y + it->height),
        Scalar(0, 0, 200), 2, LINE_AA);
}

imshow("src", src);
imshow("dst", dst);

waitKey(0);
        ⋮
```

本プログラムは、画像に含まれる特定のオブジェクトを検出します。顔検出や、いろいろなオブジェクト検出に必要な学習ファイルはOpenCVに含まれています。本プログラムは、これらのオブジェクト検出に必要な学習ファイルを引数で渡すことによってオブジェクトを検出します。オブジェクト検出用の学習ファイルは、OpenCVをインストールしたディレクトリの「sources/data/haarcascades」フォルダなどに含まれます。

処理用の画像をUMatオブジェクトsrcへ読み込みます。オブジェクト検出に用いる画像は、輝度平滑化を行います。そのため、読み込んだ画像を、cvtColor関数でグレイスケールへ変換します。そしてequalizeHist関数を使用し、輝度平滑化後の画像をUMatオブジェクトequalizeへ求めます。

次に、物体検出のためのカスケード分類器であるCascadeClassifierオブジェクトobjDetectorを生成します。引数には、コマンドラインの引数で渡された、OpenCVに含まれるオブジェクト検出に必要な学習ファイルを指定します。

CascadeClassifierオブジェクトのdetectMultiScaleメソッドを使用し、画像に含まれるオブジェクトを検出します。検出したオブジェクトの周りを囲むようにrectangle関数で枠を描きます。この枠を描いた画像と、入力の画像をimshow関数で表示します。最後に、waitKey関数で、何かキーを押されるまで待ちます。以降に、いくつかの処理前の画像と、処理後の画像を示します。まず、引数が十分でない例を示します。

```
C:¥test>detectObjects Lenna.bmp
few parameters.
```

学習ファイルに顔検出を指定したものを示します。

```
C:¥test>detectObjects Lenna.bmp data¥haarcascades¥haarcascade_frontalface_alt.xml
```

図10.11●入力画像と処理結果

学習ファイルに目を検出するファイルを指定した例を示します。

```
C:\test>detectObjects model02.jpg data\haarcascades\haarcascade_eye.xml
```

図10.12●入力画像と処理結果

画像を変更して同じことをやってみます。

図10.13●目の検出

cv::CascadeClassifier

オブジェクト検出のためのカスケード分類器クラスです。

```
cv::CascadeClassifier::CascadeClassifier( const String& filename )
```

引数

filename　　ファイル名です。このファイルから分類器が読み込まれます。

10.4 オブジェクト検出

cv::CascadeClassifier::detectMultiScale

入力画像中から異なるサイズのオブジェクトを検出します。検出されたオブジェクトは、矩形のリストとして返されます。

```
void CascadeClassifier::detectMultiScale(
        InputArray              image,
        std::vector< Rect > & objects,
        double                  scaleFactor=1.1,
        int                     minNeighbors=3,
        int                     flags=0,
        Size                    minSize=Size(),
        Size                    maxSize=Size() )
```

引数

image   CV_8U型の行列です。ここに含まれる画像からオブジェクトを検出します。

objects   検出されたオブジェクト（矩形）の座標を格納するバッファです。矩形は部分的に元の画像をはみ出していても構いません。

scaleFactor 各スケール毎に、画像が縮小される割合を指定します。

minNeighbors それぞれの候補矩形に対して、何個の近接矩形があればよいかを指定します。

flags   古い cvHaarDetectObjects と同じ意味の引数です。新しいカスケードでは使用されません。

minSize   取り得る最小のオブジェクトサイズです。これより小さなオブジェクトは無視されます。

maxSize   取り得る最大のオブジェクトサイズです。これより大きなオブジェクトは無視されます。

説明

入力画像中から異なるサイズのオブジェクトを検出します。

10.5 動画のオブジェクト検出

　先のプログラムを動画に応用し、動画に含まれる、ある特定のオブジェクトをリアルタイムに検出するプログラムを紹介します。どのオブジェクトを検出するかは、引数で決定します。カメラだけでなく動画ファイルも対象とします。以降に、処理の概念図とソースリストを示します。

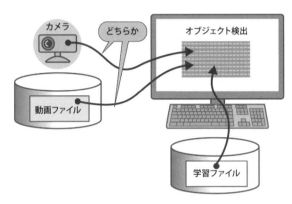

図10.14●プログラムの概要

以降に、ソースリストを示します。

リスト10.5●ソースリスト（16detectObjects/Sources/detectObjectsVideo.cpp）

```cpp
#include "../../common/common.h"

using namespace cv;
using namespace std;

int main(int argc, char* argv[])
{
    try
    {
        int wait = 1;
        string input;

        if (argc < 3)
            throw "few parameters.";
```

10.5 動画のオブジェクト検出

```cpp
    VideoCapture capture;
    if (argc >= 2 && input != "camera")
    {
        capture = VideoCapture(argv[1]);
        wait = 33;
    }
    else
        capture = VideoCapture(0);

    if (!capture.isOpened())
        throw "failed open the input, no camera nor file.";

    CascadeClassifier objDetector(argv[2]); // create detector

    UMat img, gray, equalize;
    const string wName = "dst";
    namedWindow(wName, WINDOW_AUTOSIZE);
    while (true)
    {
        capture >> img;
        if (img.empty()) break;

        cvtColor(img, gray, COLOR_RGB2GRAY);
        equalizeHist(gray, equalize);

        vector<Rect> objs;                   // search objects
        objDetector.detectMultiScale(equalize, objs,
            1.2, 2, CASCADE_SCALE_IMAGE, Size(30, 30));

        vector<Rect>::const_iterator it = objs.begin();
        for (; it != objs.end(); ++it)
        {
            rectangle(img, Point(it->x, it->y),
                Point(it->x + it->width, it->y + it->height),
                Scalar(0, 0, 200), 2, LINE_AA);
        }
        imshow(wName, img);

        if (waitKey(wait) >= 0) break;
    }
}
catch (const char* str)
{
    cout << str << endl;
```

173

10 オブジェクト検出・除去

```
    }
    return 0;
}
```

　カメラから取り込んだ映像、あるいは動画ファイルから取り込んだ映像に含まれるオブジェクトを検出します。前節のプログラムと、第 9 章の 9.2 節「動画表示・ファイル対応」を合成したようなプログラムです。プログラムの説明に先立ち、使用法を先に示します。以降にコマンドラインの形式を示します。

---

detectObjectsVideo ＜ファイル名 | 'camera'＞ ＜学習ファイル＞

　まず、引数の数をチェックし、引数が不足したら例外をスローします。次に、カメラもしくは動画ファイルから映像を得るために VideoCapture オブジェクト capture を生成します。第 1 引数が「'camera'」なら、デバイス番号 0 を指定して VideoCapture オブジェクト capture を生成します。そうでない場合、第 1 引数を指定して VideoCapture オブジェクト capture を生成します。カメラもしくは動画ファイルが見つからない場合、capture のオープンは失敗します。カメラもしくは動画ファイルが見つからない場合、例外をスローします。入力源がカメラ以外の場合、ループのタイミングを調整する wait 変数に 30fps となるように 33 を設定します。

　本プログラムは、処理後の映像のみを表示します。while ループへ入る前に namedWindow 関数で、ウィンドウを作成します。ループに入ったら、capture オブジェクトから 1 フレーム取り出し UMat オブジェクト img へ格納します。capture オブジェクトから 1 フレーム取り出した後、フレームが空でないか検査します。これは、ファイルを処理しているときに、ファイルの終端に達したときの判断に使用します。

　これ以降のオブジェクト検出部分は前節と同様です。カメラを入力としたとき、while ループが永遠に終わらないため、waitKey 関数でキーを監視し、何かキーが押されたらループを抜けます。

　VideoCapture オブジェクトなどの、各種オブジェクトの破棄はデストラクタに任せ、明示的な解放は行いません。

　以降に、実行例を示します。紙面に顔を出してもよいという人が近辺にいなかったため、写

174

真を画面に写し、それをカメラで撮影しながら顔検出します。その様子を示します。

```
C:\test>detectObjectsVideo camera haarcascade_frontalface_alt.xml
frame size = 640 x 480
```

図10.15●実行例

左側は写真の表示、右側のウィンドウは、USBカメラで画面を撮影しながらオブジェクト検出している様子です。少し分かりにくいので、動作させたときの概念図を示します。

図10.16●動作概念図

どの程度カメラを傾けると顔を検出しなくなるか、カメラを傾けてみました。ある程度傾けると、当然ですが顔を認識しなくなります。

図10.17●カメラを傾けると顔を検出しない

　他の写真をカメラで撮影し、オブジェクト検出してみます。カメラから得られた映像に含まれる顔を認識します。カメラを移動しても、移動に追随して顔を認識します。適切なモデルが見つからなかったため写真をカメラの前で移動してみました。写真を左右前後に移動しても、リアルタイムで顔を認識します。鮮明なカメラを使用し、テンプレートマッチングなどを用いれば、特定の人を連続観察することも可能でしょう。

図10.18●実行例・対象物変更

10.6 | 特徴点検出

　特徴点検出を行うプログラムを紹介します。特徴量を計算するアルゴリズムは多数あります。これまでは、SIFT、SURF、ORB などを利用できました。OpenCV 3.0 以降で、KAZE とAKAZE が追加されましたので、AKAZE を使用したプログラムを紹介します。

　AKAZE は、Accelerated-KAZE の略で、KAZE の高い認識精度と処理に必要な時間を大幅に短縮しています。従来の、SIFT や SURF には特許権が設定されており商用に難がありましたが、AKAZE は商用 / 非商用を問わず利用できるため、ライセンスの問題が軽減されます。以降に、ソースリストを示します。

リスト10.6●ソースリスト（16detectObjects/Sources/akaze.cpp）

```cpp
#include "../../common/common.h"

using namespace cv;
using namespace std;

int main(int argc, char* argv[])
{
    try
    {
        if (argc < 3)
            throw "few parameters.";

        //UMat src1, src2;
        Mat src1, src2;

        imread(argv[1], IMREAD_COLOR).copyTo(src1);
        imread(argv[2], IMREAD_COLOR).copyTo(src2);

        // detect the keypoints using AKAZE
        vector<KeyPoint> keypoint1, keypoint2;
        Ptr<FeatureDetector> detector = AKAZE::create();

        detector->detect(src1, keypoint1);
        detector->detect(src2, keypoint2);

        // calculate descriptors
```

```
        Mat descriptor1, descriptor2;
        Ptr<DescriptorExtractor> extractor = AKAZE::create();

        extractor->compute(src1, keypoint1, descriptor1);
        extractor->compute(src2, keypoint2, descriptor2);

        //  matching descriptor vectors w/ brute force
        vector<DMatch> matches;

        Ptr<DescriptorMatcher> matcher = DescriptorMatcher::create("BruteForce");
        matcher->match(descriptor1, descriptor2, matches);

        // draw matches
        //UMat dst;
        Mat dst;
        drawMatches(src1, keypoint1, src2, keypoint2, matches, dst);

        imwrite("dst.jpg", dst);      // save it
        imshow("dst", dst);


        imshow("src1", src1);         // show it
        imshow("src2", src2);

        waitKey(0);
    }
    catch (const char* str)
    {
        cerr << str << endl;
    }
    return 0;
}
```

　本プログラムは、2つの画像を読み込み、特徴点を検出します。そして、物体や人物の認識
や移動経路の追跡を行うことができます。

　特徴点抽出、特徴記述、特徴点のマッチングについては、たくさんの実装が行われていま
す。それぞれを共通のインタフェースで使用できるようにインタフェースが用意されていま
す。共通インタフェースを使うと、異なる実装でも同じ記述を使用できます。特徴点抽出は
FeatureDetector インタフェース、特徴記述は DescriptorExtractor インタフェース、マッチ

ングは DescriptorMatcher インタフェースが用意されています。同じインタフェースを使用しますが、いずれのインタフェースもオブジェクト生成時に、実装（アルゴリズム）を指定することができます。本書も、この方法に則って記述しています。

　まず、AKAZE を利用し特徴点を KeyPoint へ抽出します。画像のキーポイントに対するディスクリプタを計算するための抽象基底クラスを使用します。これを使用して、画像のキーポイント集合に対するディスクリプタ、descriptor1 と descriptor2 を求めます。そして、ディスクリプタの 2 つの集合同士を比較する DescriptorMatcher オブジェクトの match メソッドでディスクリプタのマッチするものを DMatch オブジェクト matches に求めます。

　最後に、drawMatches 関数で、2 つの画像から得られるキーポイント同士のマッチするものを、出力画像上に描画します。このように、ほとんど何もすることなく、特徴点の移動を描画することが可能です。

　この特徴点抽出や特徴点マッチングの機能を有効利用して、いろいろな応用が考えられるでしょう。本プログラムは、ごく初歩を説明しているだけです。以降に、本プログラムの実行例を示します。

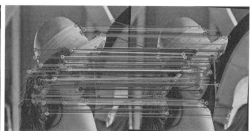

図10.19●2つの入力画像と処理結果

画像を変更した例も示します。

図10.20●2つの入力画像と処理結果

特徴点抽出、特徴記述、特徴点のマッチングについては、たくさんの実装が行われています。ここでは AKAZE を使用しましたが、実装（アルゴリズム）を変更したければ、以下の 2 行を変更してください。

```
     ⋮
// detect the keypoints using AKAZE
vector<KeyPoint> keypoint1, keypoint2;
Ptr<FeatureDetector> detector = AKAZE::create();
     ⋮
// calculate descriptors
Mat descriptor1, descriptor2;
Ptr<DescriptorExtractor> extractor = AKAZE::create();
     ⋮
```

例えば、ORB にしたければ次のように AKAZE の部分を ORB に変更するだけです。

```
     ⋮
// detect the keypoints using AKAZE
vector<KeyPoint> keypoint1, keypoint2;
Ptr<FeatureDetector> detector = ORB::create();
     ⋮
// calculate descriptors
Mat descriptor1, descriptor2;
Ptr<DescriptorExtractor> extractor = ORB::create();
     ⋮
```

以降に、ORB を使用した実行例を示します。入力画像は先ほどと同様ですので、省略します。

図10.21●ORBの処理結果

なお、本プログラムはマッチングを片方向にしか行っていませんが、逆方向のマッチングも

行って両方に含まれるものだけを抽出すれば、精度をさらに上げることができます。

現在のマッチングのコードでは、次のように descriptor1 から descriptor2 のマッチングのみを行っています。

```
//  matching descriptor vectors w/ brute force
vector< DMatch > matches;

Ptr<DescriptorMatcher> matcher = DescriptorMatcher::create("BruteForce");
matcher->match(descriptor1, descriptor2, matches);
```

それに対して逆方向のマッチングも行い、それぞれのマッチングで一致したものだけを抽出するコードを次に示します。

```
//  matching descriptor vectors w/ brute force
vector<DMatch> matches;

Ptr<DescriptorMatcher> matcher = DescriptorMatcher::create("BruteForce");

// xross check
vector<DMatch> fwdMatches, BckMatches, lastMmatchs;
matcher->match(descriptor1, descriptor2, fwdMatches);
matcher->match(descriptor2, descriptor1, BckMatches);
for (size_t i = 0; i < fwdMatches.size(); i++)
{
    DMatch forward = fwdMatches[i];
    DMatch backward = BckMatches[forward.trainIdx];
    if (backward.trainIdx == forward.queryIdx)
        lastMmatchs.push_back(forward);
}
```

まず、descriptor1 → descriptor2 を fwdMatches へ求め、descriptor2 → descriptor1 を BckMatches へ求めます。そして、for 文を使用し、一致したものだけ lastMmatchs へ push_back して取り出します。これによって、ループを抜けると lastMmatchs に精度の高い特徴点だけが残ります。

以降に、入力画像、そして最初の結果と、ここで説明した結果を並べて示します。AKAZE を使用し、片方向のマッチングだけ行ったものとクロスチェックした結果です。

図10.22●2つの入力画像

図10.23●一方向マッチングの結果

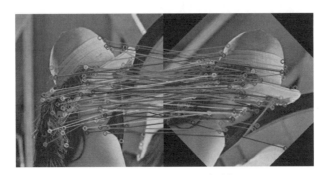

図10.24●双方向マッチングの結果

あきらかに精度が向上しているのが分かります。

なお、マッチングの実装を変更したい場合、以下の文字列を変更してください。

```
Ptr<DescriptorMatcher> matcher = DescriptorMatcher::create("BruteForce");
```

例えば、「BruteForce」から「BruteForce Hamming」に変更したければ次のようにします。

```
Ptr<DescriptorMatcher> matcher = DescriptorMatcher::create("BruteForce-Hamming");
```

これについては、実行例は示しません。

特徴点抽出、マッチングなど多数の実装がありますので、精度や速度を考慮して、自身の目的合う実装がどれかは試行錯誤が必要です。

10.7 パノラマ

複数の写真を合成してパノラマ写真を生成するプログラムを紹介します。一般的にはホモグラフィー変換を用いてパノラマ写真を生成しますが、ここでは簡便に開発できる Stitcher クラスを使用します。速度的にはホモグラフィー変換を用いる方が高速ですが、Stitcher クラスを使用すると、プログラムは非常に単純化されます。以降に、ソースリストを示します。

リスト10.7●ソースリスト（16detectObjects/Sources/stitcher.cpp）

```cpp
#include "../../common/common.h"
#include "opencv2/stitching.hpp"

using namespace cv;
using namespace std;

int main(int argc, char* argv[])
{
    try
    {
        if (argc < 3)
            throw "few parameters.";

        Mat dst;
        vector<Mat> srcs;

        for (int i = 0; i < argc-1; i++)
        {
            Mat src;
            imread(argv[i + 1]).copyTo(src);
            srcs.push_back(src);
```

10 オブジェクト検出・除去

```
        imshow("src"+to_string(i) , src);
    }

    Ptr<Stitcher> stt = Stitcher::create(Stitcher::PANORAMA);
    Stitcher::Status status = stt->stitch(srcs, dst);
    if (status != Stitcher::OK)
        throw "faild at stitch.";

    imshow("dst", dst);
    imwrite("dst.jpg", dst);    // save it

    waitKey(0);
    }
    catch (const char* str)
    {
        cerr << str << endl;
    }
    return 0;
}
```

　本プログラムへは、最低2つの画像をコマンドラインで渡す必要があります。画像ファイルの指定が少ない場合、メッセージを表示してプログラムは終了します。まず、指定された画像を読み込みます。その画像をベクトル化してsrcsに用意します。これは引数に指定したファイルの数だけ行います。

　次に、createメソッドでStitcherクラスのインスタンスsttを生成します。パノラマ写真は、sttオブジェクトのstitchメソッドに、画像ベクトル（srcs）と合成画像の結果を格納するMatを指定します。

　通常は、これでパノラマ写真が生成されますが、与える写真にまったく異なる画像などを与えると、パノラマ写真を生成できない場合があります。このため、stitchメソッドの返却値を検査します。正常に終了しなかった場合、メッセージを表示してプログラムは終了します。最後に、パノラマ写真を表示・保存してプログラムは終了します。以降に、本プログラムの実行例を示します。

10.7　パノラマ

図10.25●入力画像

図10.26●処理結果

　看板を左右に分けて2枚の写真で撮影します。その2枚を本プログラムに与え、それを1枚に合体させます。プログラムに与える写真の順序に規則性はありません。綺麗に合成されますが、処理時間は若干長いです。

　3枚の写真を与えた例も示します。

図10.27●入力画像

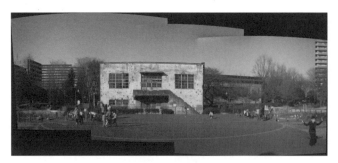

図10.28●処理結果

　なるべく左右にズラして撮影しているつもりですが、コンパクトデジタルカメラを手持ちで使っているため、右に行くに従って撮影位置が下がってしまったようです。それでも綺麗に合成できています。

　今度は4枚の写真を合成します。これまでと違い、与える順序を左から右ではなくランダムに与えます。

図10.29●入力画像

図10.30●処理結果

綺麗に合成できています。

第11章
Mat と UMat の性能

　本章では、Mat を使用したときと UMat を使用したときで、どの程度の性能差があるか調べてみます。もちろん、搭載している GPU や CPU によって性能は大きく変動しますので、大まかな傾向を調査する程度とします。

11.1 加算

　まず、行列同士を加算してみましょう。いろいろなサイズの行列加算を Mat と UMat で処理し、その処理時間を比較します。以降に、ソースリストを示します。

リスト11.1●ソースリスト（21UMat/Sources/add.cpp）

```
#include "../../common/common.h"
#include "../../common/CStopwatch.hpp"

using namespace cv;
using namespace std;

int main(int argc, char* argv[])
{
    try
```

11 Mat と UMat の性能

```
    {
        const int numRepeat = 100;
        int maxSize = 4096;
        CStopwatch matTime, umatTime;

        if (argc > 1)
            maxSize = stoi(argv[1]);

        for (int size = 16; size <= maxSize; size *= 2)
        {
            Mat src1(size, size, CV_32F, Scalar(1));
            Mat src2(src1), dst;
            UMat usrc1(size, size, CV_32F, Scalar(1));
            UMat usrc2(usrc1), udst;

            matTime.Start();                      // ---- Mat ----
            for (int i = 0; i < numRepeat; i++)
                add(src1, src2, dst);
            matTime.StopAndAccumTime();

            umatTime.Start();                     // ---- UMat ---
            for (int i = 0; i < numRepeat; i++)
                add(usrc1, usrc2, udst);
            umatTime.StopAndAccumTime();

            printf("%5d x %5d: Mat, UMat -> %12.8f, %12.8f,  Mat/UMat = %.3f¥n",
                size, size, matTime.getElapsedTime(), umatTime.getElapsedTime(),
                matTime.getElapsedTime() / umatTime.getElapsedTime());
        }
    }
    catch( const char* str )
    {
        cout << str << endl;
    }
    return 0;
}
```

　以前の OpenCV（バージョン 2.x など）では、GPU と CPU をプログラマが明示的に使い分ける必要があります。ところが、OpenCV 3.0 以降では、UMat を使用すると自動で両方に対応します。つまり、GPU を使用できる環境では GPU を（正確には OpenCL を使用できる環境

では OpenCL を)、そうでない環境では UMat は Mat と同じように振る舞います。

本プログラムは、for ループを使用し、size に行列サイズを設定します。行列サイズを 16 から 4096 または引数に指定した値まで変更し、Mat と UMat で加算処理を行います。まず、Mat オブジェクト src1、src2、dst と、UMat オブジェクト usrc1、usrc2、udst を生成します。この例は、データ型に CV_32F を指定し浮動小数点の行列演算を行います。

時間計測は CStopwatch クラスを使用します。これについては後述します。加算処理は add 関数を使用します。1 回の処理では処理時間が短すぎるため、numRepeat 回（このプログラムでは 100 回）繰り返し、その処理時間を積算します。

このプログラムを走行させ、Mat と UMat の性能を調査します。Mat は CPU、UMat は OpenCL（GPU）が使用されるため、環境によって性能が大きく変わることが予想されます。

■ 計測に使用したシステム ■

以降に、計測に使用したシステムの仕様から、速度比較に関係しそうな項目を拾い出して示します。特に GPU に着目してください。

表11.1●システムのスペック

項目	説明
プロセッサ名	Intel Core i5 6600
CPU クロック	3.30 GHz
GPU	インテル HD グラフィックス 530
外部 GPU	NVIDIA GTX 750Ti（2GB）
コア数 / スレッド数	4/4
キャッシュ	6 MB SmartCache
メインメモリ	12 GB

本システムを使用し、Mat と UMat で処理に要した時間を比較します。UMat では OpenCL が動作するため、搭載している GPU によって性能が大きく変化します。

■ OpenCL デバイス：なし

まず、OpenCL デバイスを指定せず、UMat が CPU で処理される例の走行結果を示します。

```
   16 x    16: Mat, UMat ->   0.00000000,   0.00000000,  Mat/UMat = -nan(ind)
   32 x    32: Mat, UMat ->   0.00000000,   0.00000000,  Mat/UMat = -nan(ind)
```

```
   64 x   64: Mat, UMat ->   0.00000000,   0.00000000,   Mat/UMat = -nan(ind)
  128 x  128: Mat, UMat ->   0.00100000,   0.00000000,   Mat/UMat = inf
  256 x  256: Mat, UMat ->   0.00200000,   0.00200000,   Mat/UMat = 1.000
  512 x  512: Mat, UMat ->   0.00600000,   0.00700000,   Mat/UMat = 0.857
 1024 x 1024: Mat, UMat ->   0.04200000,   0.04100000,   Mat/UMat = 1.024
 2048 x 2048: Mat, UMat ->   0.25600001,   0.25299999,   Mat/UMat = 1.012
 4096 x 4096: Mat, UMat ->   1.17799997,   1.17299998,   Mat/UMat = 1.004
 8192 x 8192: Mat, UMat ->   4.96899986,   5.14799976,   Mat/UMat = 0.965
```

表示フォーマットは次の通りです。

行列のサイズ：Mat, UMat -> **Mat の処理時間**、**UMat の処理時間**、Mat/UMat = **比**

例えば、上記の結果の下から 2 番目の行は、

- 行列のサイズが 4096 × 4096
- Mat を使用して処理に要した時間が 1.17799997 秒
- UMat を使用して処理に要した時間が 1.17299998 秒

このため、OpenCL デバイスを利用できない環境では UMat と Mat に性能差がないことを示します。上記の処理時間をグラフで示します。

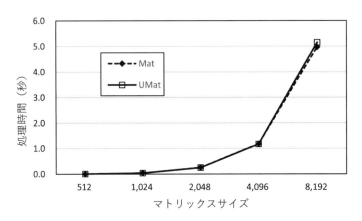

図11.1●処理時間（OpenCLデバイスなし）

512 × 512 未満の行列ではオーバヘッドなどによる誤差が大きいため、グラフは 512 × 512 以上を示します。グラフから分かるように、Mat と UMat のグラフは重なっており性能に違いがないことが分かります。ついでに、Mat を使用した場合を 1 としたグラフを示します。

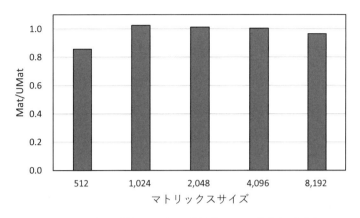

図11.2●Mat処理時間/UMat処理時間（OpenCLデバイスなし）

■ OpenCL デバイス：インテル HD グラフィックス 530

OpenCL デバイスに CPU 内蔵の GPU を指定し、同様の処理を行わせてみましょう。

```
   16 x   16: Mat, UMat ->  0.00000000,  0.01300000,  Mat/UMat = 0.000
   32 x   32: Mat, UMat ->  0.00000000,  0.02200000,  Mat/UMat = 0.000
   64 x   64: Mat, UMat ->  0.00000000,  0.03100000,  Mat/UMat = 0.000
  128 x  128: Mat, UMat ->  0.00000000,  0.04100000,  Mat/UMat = 0.000
  256 x  256: Mat, UMat ->  0.00100000,  0.05000000,  Mat/UMat = 0.020
  512 x  512: Mat, UMat ->  0.00600000,  0.06600000,  Mat/UMat = 0.091
 1024 x 1024: Mat, UMat ->  0.03800000,  0.11600000,  Mat/UMat = 0.328
 2048 x 2048: Mat, UMat ->  0.24800000,  0.15000001,  Mat/UMat = 1.653
 4096 x 4096: Mat, UMat ->  1.17400002,  0.33600003,  Mat/UMat = 3.494
 8192 x 8192: Mat, UMat ->  5.07299995,  0.41700003,  Mat/UMat = 12.165
```

Mat/UMat の結果が 0.00000000 と表示される場合がありますが、これは処理が速すぎて処理時間が 0 になってしまったためです。このような表示は演算量が少ないときに現れます。このような場合、UMat を使うより Mat を使う方が速い場合もあります。UMat を使用すると OpenCL が使用されますが、OpenCL が採用されるということは、基本的に GPU が使用されるということです。これは、CPU と GPU 間でメモリ交換が行われると言い換えることができます。現在の CPU と GPU で構成したヘテロジニアスなシステムは、メモリが論理的に CPU と GPU で分離されています。ヘテロジニアスなアーキテクチャであることが必ずしも、メモリが論理的に分離されることとイコールではありませんが、現在においてはイコールと考えて支障はありません。このため、GPU を使用する場合、メモリコピーのオーバヘッドが発生し

ます。演算処理が軽量な場合、相対的にオーバヘッドが演算処理に比べ大きくなり、却って性能低下する場合があります。

　先の例に示すように、数値の表示では分かりにくいため、MatとUMatを使用したときの処理時間をグラフで示します。このグラフは処理に要した時間を示すため、値が低いほど性能が高いことを示します。

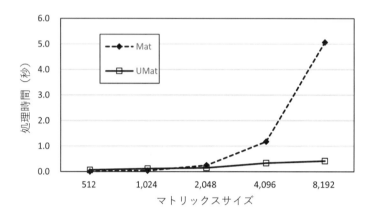

図11.3●処理時間（Intel HD 530）

　512 × 512 〜 2048 × 2048 までのサイズでは、UMatとMatに速度差を観察できません。ところが、行列のサイズが 2048 × 2048 を超えたあたりから UMat と Mat の処理速度に差異が現れ始めています。この傾向はシステムや演算量への依存が大きいため、一概に、どのようなサイズから UMat の効果があるとはいえません。しかし、現代の標準的な環境を使用する場合は、UMat を採用しておくと良いでしょう。UMat を使用する場合、明示的に CPU で処理させることもできますので柔軟に使用できます。

　このグラフは処理に要した時間を示すため、値が低いほど性能が高いことを示します。ついでに、Matを使用した場合を 1 としたグラフを示します。

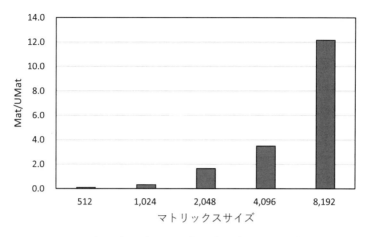

図11.4●Mat処理時間/UMat処理時間（Intel HD 530）

■ OpenCL デバイス：GeForce GTX 750 Ti

最後に、OpenCL デバイスにグラフィックスボード（NVIDIA GeForce GTX 750 Ti）を指定した例を示します。

```
   16 x   16: Mat, UMat ->   0.00000000,   0.00500000,   Mat/UMat =  0.000
   32 x   32: Mat, UMat ->   0.00000000,   0.00800000,   Mat/UMat =  0.000
   64 x   64: Mat, UMat ->   0.00000000,   0.01100000,   Mat/UMat =  0.000
  128 x  128: Mat, UMat ->   0.00000000,   0.01400000,   Mat/UMat =  0.000
  256 x  256: Mat, UMat ->   0.00100000,   0.01700000,   Mat/UMat =  0.059
  512 x  512: Mat, UMat ->   0.00500000,   0.02100001,   Mat/UMat =  0.238
 1024 x 1024: Mat, UMat ->   0.04200000,   0.02600001,   Mat/UMat =  1.615
 2048 x 2048: Mat, UMat ->   0.26800001,   0.03100001,   Mat/UMat =  8.645
 4096 x 4096: Mat, UMat ->   1.23099995,   0.04100001,   Mat/UMat = 30.024
 8192 x 8192: Mat, UMat ->   5.18099976,   0.06600001,   Mat/UMat = 78.500
```

数値の表示では分かりにくいため、Mat と UMat を使用したときの処理時間をグラフで示します。

11 MatとUMatの性能

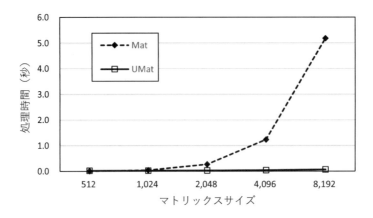

図11.5●処理時間（GeForce GTX 750 Ti）

　512×512〜1024×1024までのサイズでは、UMatとMatに速度差を観察できません。1024×1024を超えたあたりからUMatとMatの処理速度に差異が現れ始めて、8192×8192では大きな性能差を観察できます。ついでに、Matを使用した場合を1としたグラフを示します。

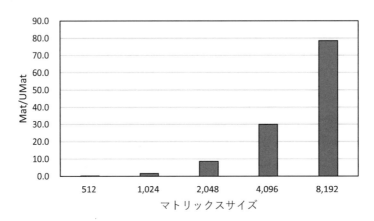

図11.6●Mat処理時間/UMat処理時間（GeForce GTX 750 Ti）

　高速なOpenCLデバイスを使用すると、UMatはMatと比較し十分な高速性を示します。この例では、UMatはMatと比較し、8192×8192で約80倍の性能を示します。以降に、Mat、UMat（インテルHDグラフィックス530）、そしてUMat（GeForce GTX 750 Ti）の性能をグラフで示します。

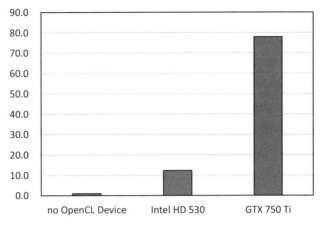

図11.7●Mat=1.0としたときの性能

Matに比較してUMatが如何に高速かわかるでしょう。

■ 時間計測クラス ■

時間計測クラス CStopwatch.hpp を説明します。以降にソースリストを示します。

リスト11.2●ソースリスト（common/CStopwatch.hpp）

```
#ifndef __CSTOPWATCHHPP__
#define __CSTOPWATCHHPP__

//-----------------------------------------------------------
#include <sys/timeb.h>
#include <time.h>

//-----------------------------------------------------------
class CStopwatch
{
private:
    struct _timeb mStartTime;
    float mTotalElapsedTime;

public:
//-----------------------------------------------------------
```

```cpp
// コンストラクタ
CStopwatch::CStopwatch()
: mTotalElapsedTime(0.0)
{
}

//-------------------------------------------------------------------
// タイマー間隔の計測を停止して、経過時間をゼロにリセットします。
void
CStopwatch::Reset() { mTotalElapsedTime=0.0; }

//-------------------------------------------------------------------
// 間隔の経過時間の計測を開始または再開します。
void
CStopwatch::Start() { ftime((timeb*)(&mStartTime)); }

//-------------------------------------------------------------------
// 間隔の経過時間の計測を停止します。
float
CStopwatch::Stop()
{
    struct timeb stopTime;

    ftime((timeb*)(&stopTime));
    float elapsedTime = static_cast<float>(stopTime.time-mStartTime.time)
            +static_cast<float>(stopTime.millitm-mStartTime.millitm)/1000.0f;

    return elapsedTime;
}

//-------------------------------------------------------------------
// 間隔の経過時間の計測を停止し、これまでの時間を積算します。
void
CStopwatch::StopAndAccumTime() { mTotalElapsedTime+=Stop(); }

//-------------------------------------------------------------------
// 経過時間を取得します。
float
CStopwatch::getElapsedTime() { return mTotalElapsedTime; }

};
```

```
#endif   /* __CSTOPWATCHHPP__ */
```

短いソースコードですし、処理内容も簡単ですので、簡略化して説明します。まず、メソッドとその機能を表で示します。

表11.2●CStopwatchクラスのメソッドと機能

メソッド	機能
CStopwatch()	コンストラクタです。処理時間を積算するメンバ変数 mTotalElapsedTime をクリアします。
Reset()	処理時間を積算するメンバ変数 mTotalElapsedTime をクリアします。
Start()	処理時間の計測を開始します。
Stop()	処理時間の計測を終了し、積算時間を返します。
StopAndAccumTime()	処理時間の計測を終了し、これまでの処理時間を積算します。
getElapsedTime()	積算時間を返します。

簡単に使用法を説明します。コンストラクタで積算時間はクリアされます。ある期間の時間を計測したい場合、開始点で Start メソッドを呼び出し、計測期間終了時に Stop メソッドを呼び出します。Stop メソッドは、その期間の時間を float 形式で返します。単位は秒です。以降に概念図を示します。

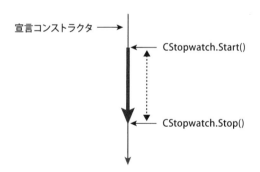

図11.8●計測期間の開始点と終了点

通常は、この機能で十分なのですが、時間計測対象部分と時間計測対象から除外したい部分が混在する場合があります。そのような場合、Start メソッド、StopAndAccumTime メソッド、そして getElapsedTime メソッドを組み合わせて使用します。以降に概念図を示します。

11 MatとUMatの性能

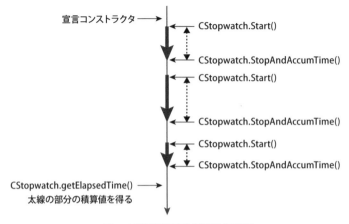

図11.9●計測期間と計測中断期間

上図に示すように、計測したい期間をStartメソッドとStopAndAccumTimeメソッドで囲みます。最後に、getElapsedTimeメソッドを呼び出して、これまでの積算値を得ます。

11.2 減算

行列の要素同士を減算します。いろいろなサイズの行列加算をMatとUMatで処理し、その処理時間を比較します。以降に、ソースリストの一部を示します。

リスト11.3●ソースリストの一部（21UMat/Sources/subtract.cpp）

```
         ⋮
    matTime.Start();                    // ---- Mat ----
    for (int i = 0; i < numRepeat; i++)
        subtract(src1, src2, dst);
    matTime.StopAndAccumTime();

    umatTime.Start();                   // ---- UMat ---
    for (int i = 0; i < numRepeat; i++)
        subtract(usrc1, usrc2, udst);
    umatTime.StopAndAccumTime();
         ⋮
```

前節のプログラムと異なるのは、add 関数呼び出しが subtract 関数に変わるだけです。8192 × 8192 の行列を処理し、Mat の性能を 1 としたときの、それぞれの性能を示します。それぞれ、Mat、UMat（インテル HD グラフィックス 530）、そして UMat（GeForce GTX 750 Ti）の性能です。

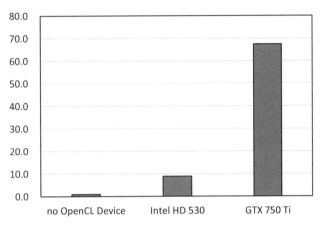

図11.10●Mat=1.0とした時の性能

Mat に比較して UMat は非常に高速です。

cv::subtract

2 つの入力画像（行列）の各要素を加算、あるいはスカラ値との減算を行います。

```
void subtract( InputArray  src1,
               InputArray  src2,
               OutputArray dst,
               InputArray  mask=noArray(),
               int         dtype=-1 )
```

引数

src1　　　1 番目の入力画像（行列）、またはスカラ値です。
src2　　　2 番目の入力画像（行列）、またはスカラ値です。
dst　　　　出力画像（行列）です。入力画像（行列）と同じサイズ、同じ型です。ビ

ット深度は dtype の指定に従います。

mask　　　　オプションの処理マスクです。8 ビットのシングルチャンネル画像です。

dtype　　　　オプションの dst のビット深度指定です。src1、src2、そして dst はすべ
　　　　　　て同じ、あるいはすべて異なるビット深度でも構いません。例えば、src1
　　　　　　は CV_16U、src2 は CV_8S、そして dst は CV_32F でも構いません。dst
　　　　　　のビット深度は dtype で決まります。src1 と src2 のビット深度が同じで、
　　　　　　dtype が−1 なら dst のビット深度は src2 のビット深度と同じです。

説明

　行列またはスカラ値との減算を行います。それぞれの行列やスカラ値は、異なるビット
深度で構いません。マスクの存在でも処理が変わります。基本的に、以下のように求めら
れます。

- 両方とも同じサイズで、同じチャンネルの場合、
  $dst(I) = saturate(src1(I) - src2(I))$ if $mask(I) \neq 0$

- 2 番目がスカラの場合、
  $dst(I) = saturate(src1(I) - src2)$ if $mask(I) \neq 0$

- 1 番目がスカラの場合、
  $dst(I) = saturate(src1 - src2(I))$ if $mask(I) \neq 0$

I は多次元のインデックスです。複数のチャンネルを持つ場合、それぞれは独立して処理さ
れます。

11.3 　乗算

　行列の要素同士を乗算してみます。いろいろなサイズの行列加算を Mat と UMat で処理し、
その処理時間を比較します。以降に、ソースリストの一部を示します。

リスト11.4●ソースリストの一部（21UMat/Sources/mul.cpp）

```
    ⋮
    matTime.Start();                      // ---- Mat ----
```

```
            for (int i = 0; i < numRepeat; i++)
                multiply(src1, src2, dst);
        matTime.StopAndAccumTime();

        umatTime.Start();                    // ---- UMat ---
            for (int i = 0; i < numRepeat; i++)
                multiply(usrc1, usrc2, udst);
        umatTime.StopAndAccumTime();
             ⋮
```

　前節のプログラムと異なるのは、subtract 関数呼び出しが multiply 関数に変わるだけです。8192 × 8192 の行列を処理し、Mat の性能を 1 としたときの、それぞれの性能を示します。

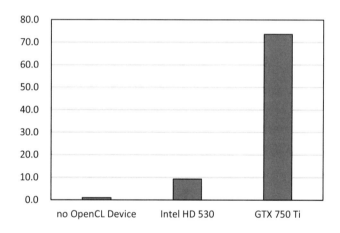

図11.11●Mat=1.0としたときの性能

　グラフから分かるように、4096 × 4096 の行列加算では UMat を使用した方が約 70 倍も高速です。

11 Mat と UMat の性能

cv::multiply

2 つの入力画像（行列）の各要素の乗算を行います。

```
void cv::multiply( InputArray  src1,
                   InputArray  src2,
                   OutputArray dst,
                   double      scale=1,
                   int         dtype=-1 )
```

引数

src1	1 番目の入力画像（行列）です。
src2	2 番目の入力画像（行列）です。src1 と同じサイズ、同じ型です。
dst	出力画像（行列）です。入力画像（行列）と同じサイズ、同じ型です。
scale	オプションのスケールファクタです。
dtype	オプションの dst のビット深度指定です。すでに説明済みですので、以前の章を参照してください。

説明

2 つの入力画像（行列）の各要素の乗算を行います。以下に処理の概要を示します。

$$dst(I) = saturate(scale \cdot src1(I) \cdot src2(I))$$

I は多次元のインデックスです。複数のチャンネルを持つ場合、それぞれは独立して処理されます。

第 12 章
OpenCL

　OpenCV 3.0 以降で導入された UMat を使用すると、システムは自動で UMat を適切に GPU か CPU へ対応させます。つまり、OpenCL（GPU）を使用できる環境では OpenCL（GPU）を、そうでない環境では UMat は Mat と同じように振る舞います。しかし、プログラマが明示的に GPU と CPU を使い分けたい場合もあります。

　本章では、ocl モジュールを使用して、CPU と GPU を明示的に切り替える方法、そして性能の違いを観察します。ocl モジュールを使用しますが、演算は UMat を使うため、ocl モジュールの関数を使うわけではありません。単に、UMat の動作を ocl モジュールで切り替えるだけです。

12.1　加算

　まず、行列同士を加算してみましょう。いろいろなサイズの行列加算を UMat で処理し、その処理時間を比較します。UMat を使用しますが、明示的に OpenCL を使用するかしないか指定します。以降にソースリストを示します。

リスト12.1●ソースリスト（22opencl/Sources/addOcl.cpp）

```
#include "../../common/common.h"
```

12 OpenCL

```cpp
#include <opencv2/core/ocl.hpp>
#include "../../common/CStopwatch.hpp"

using namespace cv;
using namespace std;

vector<float> ocv(const bool useOpenCL, const int maxSize)
{
    const int numRepeat = 100;
    CStopwatch sw;
    vector<float> r;

    ocl::setUseOpenCL(useOpenCL);

    for (int size = 16; size <= maxSize; size *= 2)
    {
        UMat usrc1(size, size, CV_32F, Scalar(1));
        UMat usrc2(usrc1), udst;

        sw.Start();
        for (int i = 0; i < numRepeat; i++)
            add(usrc1, usrc2, udst);
        sw.StopAndAccumTime();

        printf("%5d x %5d: %20.16f\n", size, size, sw.getElapsedTime());
        r.push_back(sw.getElapsedTime());
    }
    return r;
}

int main(int argc, char* argv[])
{
    try
    {
        int maxSize = 4096;

        if (argc > 1)
            maxSize = stoi(argv[1]);

        if (!ocl::haveOpenCL())
            throw "no OpenCL avarable!!!";
```

```
        cv::String  oclDevName = ocl::Context::getDefault().device(0).name();
        cout << "OpenCL Devide = " << oclDevName << endl << endl;

        cout << "OpenCL Mode :" << endl;
        vector<float> ocl = ocv(true, maxSize);

        cout << endl;

        cout << "no OpenCL Mode :" << endl;
        vector<float> nocl = ocv(false, maxSize);

        printf("\nOpenCL Mode/no OpenCL Mode:\n");
        for (int i = 0; i < nocl.size(); i++)
            printf("%13.5f\n", nocl[i] / ocl[i]);
    }
    catch (const char* str)
    {
        cout << str << endl;
    }
    return 0;
}
```

通常 UMat を使用すると OpenCL 環境では OpenCL を、そうでなければ Mat を使用したときと同様に CPU で処理します。本プログラムでは、UMat を使用しますが、自身で OpenCL と CPU を明示的に切り替えて演算します。

まず、ocl モジュールの機能を使用しますので、<opencv2/core/ocl.hpp> をインクルードします。

main 関数の先頭から説明します。引数に行列の最大サイズを指定することが可能です。ただ、あまりにも大きな値を指定すると行列の割り付けに失敗し、例外が発生することがあります。特別なサイズを指定したい場合でない限り、引数は指定する必要はありません。行列の最大サイズは maxSize に格納されます。

次に、ocl::haveOpenCL() で OpenCL を使用できる環境であるか調べます。もし、OpenCL を使用できない場合、本プログラムは意味を成さないのでプログラムを終了させます。

次に、OpenCL のデバイス名を取り出し表示します。ocv 関数は 2 回呼び出します。1 回目は OpenCL は使用せず、2 回目は OpenCL を使用して処理を行わせます。ocv 関数の第 1 引数は OpenCL の有効 / 無効切り替え、第 2 引数は行列の最大値です。ocv 関数そのものにつ

いては後述します。ocv 関数の返却値は、処理時間に要した値を格納した vector<float> です。2 回の ocv 関数呼び出しで得られた返却値を使用し、OpenCL 使用時と OpenCL 未使用時の性能比を表示します。

　ocv 関数は、OpenCL モードと最大行列サイズを引数で受け取り、各サイズの処理時間を vector<float> へ格納し、呼び出し元へ返します。まず、setUseOpenCL 関数に第 1 引数を指定し、OpenCL モードを設定します。行列は、UMat を使用します。GPU を使用するか CPU を使用するかは、先の setUseOpenCL 関数で切り替えます。

　for ループを使用し、size に行列サイズを設定します。行列サイズを 16 から 4096 まで変更し、UMat で加算処理を行います。UMat オブジェクト usrc1、usrc2、udst を生成します。この例は、データ型に CV_32F を指定し浮動小数点の行列演算を行います。for ブロック内で UMat を割り付けます。メモリの解放時期が心配ならループの最後で release メソッドを使用し、リファレンスカウンタをデクリメントしても良いでしょう。いずれにしても Mat や UMat は参照されなくなると、デストラクタ、およびリファレンスカウンタが 0 になった後、適当な時期に割り付けたメモリは解放されます。

　時間計測は CStopwatch クラスを使用します。加算処理は add 関数を使用します。1 回の処理では処理時間が短すぎるため、numRepeat 回（このプログラムでは 100 回）繰り返し、その処理時間を積算します。

　このプログラムを走行させ性能を調査します。

■ 計測に使用したシステム ■

　以降に、計測に使用したシステムの仕様から、速度比較に関係しそうな項目を拾い出して示します。特に GPU に着目してください。

表12.1●システムのスペック

項目	説明
プロセッサ名	Core i5 4570
CPU クロック	3.20 GHz
内蔵 GPU	インテル HD グラフィックス 4600
外部 GPU	NVIDIA GeForce GTX 650
コア数 / スレッド数	4 / 4
キャッシュ	6 MB SmartCache
メインメモリ	4 GB

本システムを使用し、Mat と UMat で処理に要した時間を比較します。UMat では OpenCL が動作するため、搭載している GPU によって性能が大きく変化します。

■ OpenCL デバイス：なし

まず、OpenCL デバイスを指定せず、UMat が CPU で処理される例の走行結果を示します。

```
OpenCL Devide =

OpenCL Mode :
   16 x     16:    0.0000000000000000
   32 x     32:    0.0000000000000000
   64 x     64:    0.0000000000000000
  128 x    128:    0.0010000000474975
  256 x    256:    0.0030000000260770
  512 x    512:    0.0099999997764826
 1024 x   1024:    0.0819999948143959
 2048 x   2048:    0.5749999880790710
 4096 x   4096:    2.5609998703002930
 8192 x   8192:   10.9440002441406250

no OpenCL Mode :
   16 x     16:    0.0010000000474975
   32 x     32:    0.0010000000474975
   64 x     64:    0.0010000000474975
  128 x    128:    0.0010000000474975
  256 x    256:    0.0030000000260770
  512 x    512:    0.0109999999403954
 1024 x   1024:    0.1099999770522118
 2048 x   2048:    0.6039999723434448
 4096 x   4096:    2.5910000801086426
 8192 x   8192:   10.9740009307861328

OpenCL Mode/no OpenCL Mode:
        inf
        inf
        inf
    1.00000
    1.00000
    1.10000
    1.34146
```

```
1.05043
1.01171
1.00274
```

表示フォーマットは次の通りです。

OpenCL Devide = **デバイス名**

OpenCL Mode :
行列のサイズ：処理に要した時間（OpenCL 使用）
     ⋮

no OpenCL Mode :
行列のサイズ：処理に要した時間（OpenCL 未使用）
     ⋮

OpenCL Mode/no OpenCL Mode:
OpenCL を使用したときの速度向上比率
     ⋮

処理に要した時間が 0.00000000 と表示される場合がありますが、これは処理が速すぎて処理時間が 0 になってしまったためです。このような表示は演算量が少ないときに現れます。演算処理が軽量な場合、相対的にオーバヘッドが演算処理に比べ大きくなり、却って性能低下する場合があります。

先に示した結果表示から、処理時間をグラフで示します。このグラフは処理に要した時間を示すため、値が低いほど性能が高いことを示します。

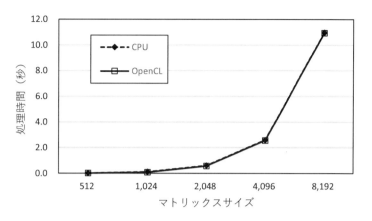

図12.1●処理時間（OpenCLデバイス：なし）

512 × 512 未満の行列ではオーバヘッドなどによる誤差が大きいため、グラフは 512 × 512 以上を示します。グラフから分かるように、CPU と OpenCL のグラフは重なっており性能に違いがないことが分かります。ついでに、CPU を使用した場合を 1 としたグラフを示します。

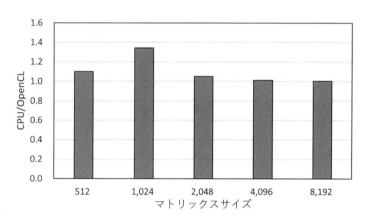

図12.2●CPU処理時間/OpenCL処理時間（OpenCLデバイス：なし）

12 OpenCL

■ OpenCL デバイス：インテル HD グラフィックス 4600

OpenCL デバイスに CPU 内臓の GPU を指定し、同様の処理を行わせてみましょう。

```
OpenCL Devide = Intel(R) HD Graphics 4600

OpenCL Mode :
   16 x    16:  0.0099999997764826
   32 x    32:  0.0189999993890524
   64 x    64:  0.0279999990016222
  128 x   128:  0.0370000004768372
  256 x   256:  0.0469999983906746
  512 x   512:  0.0590000003576279
 1024 x  1024:  0.0810000002384186
 2048 x  2048:  0.1430000066757202
 4096 x  4096:  0.5019999742507935
 8192 x  8192:  2.2500000000000000

no OpenCL Mode :
   16 x    16:  0.0000000000000000
   32 x    32:  0.0000000000000000
   64 x    64:  0.0000000000000000
  128 x   128:  0.0010000000474975
  256 x   256:  0.0060000000521541
  512 x   512:  0.0289999991655350
 1024 x  1024:  0.4350000023841858
 2048 x  2048:  2.4719998836517334
 4096 x  4096:  7.3240003585815430
 8192 x  8192: 15.6070003509521484

OpenCL Mode/no OpenCL Mode:
      0.00000
      0.00000
      0.00000
      0.02703
      0.12766
      0.49153
      5.37037
     17.28671
     14.58964
      6.93644
```

212

CPU/OpenCL の結果が 0.00000000 と表示される場合がありますが、これは処理が速すぎて処理時間が 0 になってしまったためです。このような表示は演算量が少ないときに現れます。先の例に示すように、数値の表示では分かりにくいため、CPU と OpenCL を使用したときの処理時間をグラフで示します。

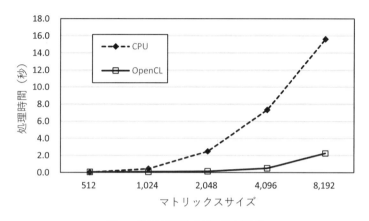

図12.3●処理時間（内蔵GPU使用）

　行列サイズが 1024 × 1024 までは、CPU で処理した場合と OpenCL 処理した場合に速度差を観察できません。ところが、行列のサイズが 1024 × 1024 を超えたあたりから OpenCL デバイスに HD 4600 を指定した方の速度向上を観察できます。この傾向はシステムや演算量への依存が大きいため、一概に、どのようなサイズから効果があるとは断言できません。しかし、GPU などの OpenCL デバイスを搭載したシステムでは、OpenCL を使用数すると速度向上を期待できます。このグラフは処理に要した時間を示すため、値が低いほど性能が高いことを示します。ついでに、CPU を使用した場合を 1 としたグラフを示します。

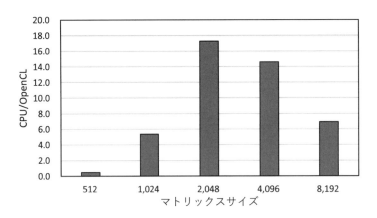

図12.4●CPU処理時間/OpenCL処理時間（内蔵GPU使用）

　GPUの特性によるものなのか不明ですが、CPUに対する速度向上が顕著な行列サイズは2048×2048です。これはCPUに対する速度の比較であって、最初のグラフから分かるように絶対処理時間は行列サイズが大きくなるほど、時間短縮できていることが分るでしょう。なお、行列サイズが2048×2048のときにCPUとOpenCLデバイスの速度差が最高になるのは、GPUのメモリサイズによるものである可能性があります。いずれにしても、速度向上は観察できます。サイズによる傾向は、環境に依存するため、それほど重要ではないでしょう。

■ OpenCL デバイス：GeForce GTX 650

最後に、OpenCLデバイスにグラフィックスボード（NVIDIA GeForce GTX 650）を指定した例を示します。

```
OpenCL Devide = GeForce GTX 650

OpenCL Mode :
    16 x    16:   0.0040000001899898
    32 x    32:   0.0070000002160668
    64 x    64:   0.0099999997764826
   128 x   128:   0.0130000002682209
   256 x   256:   0.0160000007599592
   512 x   512:   0.0200000014156103
  1024 x  1024:   0.0240000020712614
  2048 x  2048:   0.0280000027269125
  4096 x  4096:   0.0370000004768372
  8192 x  8192:   0.0570000000298023
```

```
no OpenCL Mode :
  16 x    16:   0.0000000000000000
  32 x    32:   0.0000000000000000
  64 x    64:   0.0010000000474975
 128 x   128:   0.0010000000474975
 256 x   256:   0.0090000005438924
 512 x   512:   0.0379999987781048
1024 x  1024:   0.1260000020265579
2048 x  2048:   0.6259999871253967
4096 x  4096:   2.6319999694824219
8192 x  8192:  11.1119995117187500

OpenCL Mode/no OpenCL Mode:
       0.00000
       0.00000
       0.10000
       0.07692
       0.56250
       1.90000
       5.25000
      22.35714
      71.13513
     194.94736
```

数値の表示では分かりにくいため、CPU と OpenCL を使用したときの処理時間をグラフで示します。

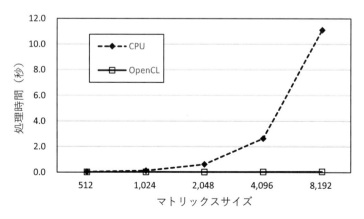

図12.5●処理時間（外部GPU使用）

512×512〜1024×1024までのサイズでは、CPUとOpenCLに速度差を観察できません。1024×1024を超えたあたりからCPUとOpenCLの処理速度に差異が現れ始めて、8192×8192では大きな性能差を観察できます。ついでに、CPUを使用した場合を1としたグラフを示します。先のCPU内蔵GPUを使用したときは、サイズと速度向上が比例関係にありませんでしたが、グラフィックスボード（GeForce GTX 650）を指定すると、きれいに比例して速度向上を観察できます。

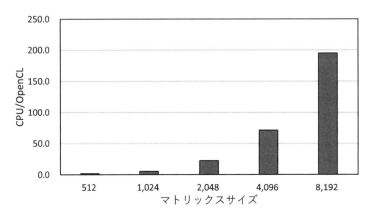

図12.6●CPU処理時間/OpenCL処理時間（外部GPU使用）

高速なOpenCLデバイスを使用すると、CPUで処理した場合に比べOpenCLは十分な高速性を示します。この例では、OpenCLを使用した場合、CPUと比較し、8192×8192で約200倍の性能を示します。以降に、CPU、OpenCL（インテルHDグラフィックス4600）、そしてOpenCL（GeForce GTX 650）の性能をグラフで示します。

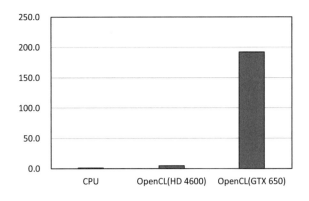

図12.7●CPU=1.0とした性能

CPU に比較して OpenCL が如何に高速かわかるでしょう。

12.2 | 減算

行列の要素同士を減算するプログラムを示します。以降に、ソースリストの一部を示します。

リスト12.2●ソースリストの一部（22opencl/Sources/subtractOcl.cpp）

```
     ⋮
vector<float> ocv(const bool useOpenCL, const int maxSize)
{
    const int numRepeat = 100;
    CStopwatch sw;
    vector<float> r;

    ocl::setUseOpenCL(useOpenCL);

    for (int size = 16; size <= maxSize; size *= 2)
    {
        UMat usrc1(size, size, CV_32F, Scalar(1));
        UMat usrc2(usrc1), udst;

        sw.Start();
        for (int i = 0; i < numRepeat; i++)
            subtract(usrc1, usrc2, udst);
        sw.StopAndAccumTime();

        printf("%5d x %5d: %20.16f¥n", size, size, sw.getElapsedTime());
        r.push_back(sw.getElapsedTime());
    }
    return r;
}
     ⋮
```

前節のプログラムと異なるのは、add 関数呼び出しが subtract 関数に変わるだけです。OpenCL を無効にしたときの性能を 1 としたときの、相対性能をグラフで示します。

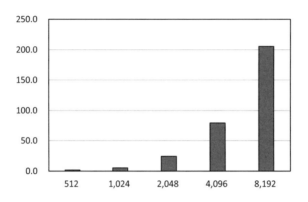

図12.8●CPU処理時間/OpenCL処理時間（subtract）

左の軸は OpenCL を無効としたときを 1 とします。グラフから分かるように、8192 × 8192 の行列減算では OpenCL で処理すると 200 倍以上高速です。

12.3 乗算

行列の要素同士を乗算するプログラムを示します。以降に、ソースリストの一部を示します。

リスト12.3●ソースリストの一部（22opencl/Sources/mulOcl.cpp）

```cpp
    ⋮
vector<float> ocv(const bool useOpenCL, const int maxSize)
{
        ⋮
        sw.Start();
        for (int i = 0; i < numRepeat; i++)
            multiply(usrc1, usrc2, udst);
        sw.StopAndAccumTime();
```

```
            ︙
    }
        ︙
```

　前節のプログラムの subtract 関数を multiply 関数へ変更するだけです。OpenCL を無効にしたときの性能を 1 としたときの相対性能をグラフで示します。

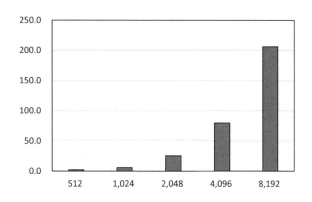

図12.9●CPU処理時間/OpenCL処理時間（mul）

　グラフから分かるように、8192 × 8192 の行列加算では OpenCL で処理すると約 200 倍も高速です。

12.4 対数

　各行列要素の絶対値の自然対数を求めてみましょう。以降に、ソースリストの一部を示します。

リスト12.4●ソースリストの一部（22opencl/Sources/logOcl.cpp）

```
vector<float> ocv(const bool useOpenCL, const int maxSize)
{
    const int numRepeat = 100;
```

```
    CStopwatch sw;
    vector<float> r;

    ocl::setUseOpenCL(useOpenCL);

    for (int size = 16; size <= maxSize; size *= 2)
    {
        UMat usrc(size, size, CV_32F, Scalar(1)), udst;

        sw.Start();
        for (int i = 0; i < numRepeat; i++)
            log(usrc, udst);
        sw.StopAndAccumTime();

        printf("%5d x %5d: %20.16f¥n", size, size, sw.getElapsedTime());
        r.push_back(sw.getElapsedTime());
    }
    return r;
}
```

これまでと同様ですが、log関数の引数は2つですので、UMatの宣言が1つ減って2つになります。以降に、CPUの性能を1としたときのOpenCLの性能をグラフで示します。

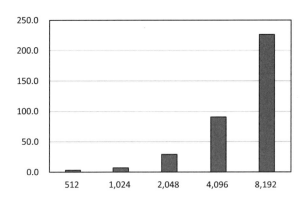

図12.10●CPU処理時間/OpenCL処理時間（log）

グラフから分かるように、8192 × 8192の行列加算ではOpenCLで処理すると約220倍も高速です。

cv::log

各行列要素の絶対値の自然対数を求めます。

```
void log( InputArray src, OutputArray dst )
```

引数

src　　　　1番目の入力画像（行列）です。
dst　　　　出力画像（行列）です。入力画像（行列）と同じサイズ、同じ型です。

12.5　eのべき乗

　各行列要素を指数として、自然対数の底（ネイピア数）eのべき乗を求めてみましょう。いろいろなサイズの行列をCPUとOpenCLに処理させ、その性能をグラフで示します。前節のプログラムと異なるのは、log関数呼び出しがexp関数へ変わるだけです。コードの変更は関数呼び出しの2箇所のみなのでソースリストは示しません。

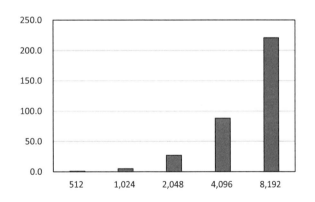

図12.11●CPU処理時間/OpenCL処理時間（システムA、exp）

　グラフから分かるように、8192 × 8192の行列加算ではOpenCLで処理すると約220倍倍以上高速です。

cv::exp

各行列要素を指数として，自然対数の底（ネイピア数）e のべき乗を求めます。

```
void exp ( InputArray src, OutputArray dst )
```

引数

src   1番目の入力画像（行列）です。

dst   出力画像（行列）です。入力画像（行列）と同じサイズ、同じ型です。

第 13 章
独自カーネルコード

　OpenCV を使用して、自身で開発した独自 OpenCL カーネルを動作させる例を紹介します。OpenCV 3.0 以降では、UMat が導入されたため、CPU と GPU を簡易に使い分ける、あるいはシステムが自動で振り分ける機構が組み込まれました。これは大変便利な機能で、プログラマの負担を軽減しています。しかし、どうしても自身で記述した OpenCL のカーネルコードと OpenCV を統合して使用したい場合があります。ここでは、そのような目的のために OpenCV から、独自のカーネルを動作させる例を紹介します。あくまでも緊急時の対策用ですので、自身で OpenCL のカーネルコードを記述する必要のない人は、本章を読み飛ばしても構いません。

13.1　画像を左右反転

　最初に、画像の左右を反転するプログラムを紹介します。4.1 節「フリップ」のプログラムを OpenCL のカーネルコードで実現します。

13 独自カーネルコード

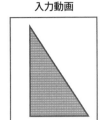
入力動画
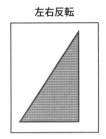
左右反転

図13.1●プログラムの概要

　この処理は、OpenCV で記述すればとても単純なプログラムです。しかし、OpenCL のカーネルコードで記述すると、事前の処理を含め大量のコードを記述する必要があります。増加するコードの大部分は OpenCL を使用するための手順です。OpenCL を使用する場合、メインの処理量や複雑さにかかわらず、一通りの手順を踏まなければなりません。このため、このような単純な処理でもコード量はそれなりに多くなります。

　さて、早速プログラムを OpenCL で記述してみましょう。少し我慢して説明を読んでください、一旦理解すれば、複雑なプログラムも同じような手順で開発できるようになります。詳細を知りたい場合は、OpenCL ならびに ocl モジュールのリファレンスを丹念に読んでください。ここでは、OpenCV から独自の OpenCL カーネルを動作させる方法を簡潔に説明します。

■ OpenCV で記述 ■

　まず、比較するために、このプログラムを OpenCV で記述してみましょう。以降にソースリストを示します。

リスト13.1●ソースリスト（31ownOclCode/Sources/mirrorCv.cpp）

```
#include "../../common/common.h"

using namespace cv;
using namespace std;

int main(int argc, char* argv[])
{
    try
    {
        Mat src, dst;
```

```
        if (argc < 2)
            throw "no parameter.";

        src = imread(argv[1]);

        flip(src, dst, 1);

        imshow("src", src);
        imshow("dst", dst);
        imwrite("dst.jpg", dst);

        waitKey(0);
    }
    catch (const char* str)
    {
        cerr << str << endl;
    }
    return 0;
}
```

特に説明に必要もないでしょう。flip 関数で左右反転しているだけです。

■ OpenCL で記述 ■

さて、同じ内容を OpenCV から独自の OpenCL カーネルコードを呼び出す方式で記述して
みましょう。独自のカーネルを動作させますので、ホスト側のプログラムとデバイス側のプロ
グラム（= カーネル）が必要です。以降にソースリストを示します。

リスト13.2●ソースリスト （31ownOclCode/Sources/mirrorOwn.cpp）

```
#include "../../common/common.h"
#include <opencv2/core/ocl.hpp>
#include "../../common/CStopwatch.hpp"

using namespace cv;
using namespace std;
```

13 独自カーネルコード

```
int main(int argc, char* argv[])
{
    try
    {
        const char* kernelName = "ksample";
        const string kernelSrc =
            "__kernel void ksample(\n\
                __global uchar* src, int sStep, int sOffset,\n\
                __global uchar* dst, int dStep, int dOffset,\n\
                int dRows, int dCols)\n\
            {\n\
                int x = get_global_id(0);\n\
                int y = get_global_id(1);\n\
            \n\
                if(x>dCols-1 || y>dRows-1)\n\
                    return;\n\
            \n\
                int sIndex = mad24(y, sStep, x + sOffset);\n\
                int dIndex = mad24(y, dStep, dCols - x - 1 + dOffset);\n\
            \n\
                dst[dIndex] = src[sIndex];\n\
            }\n";

        if (argc < 2)
            throw "few parameters. e.g. <image file>.";

        if (!ocl::haveOpenCL())
            throw "no OpenCL devices!!!";

        ocl::Context context;
        if (!context.create(ocl::Device::TYPE_GPU))
            throw "Couldn't create GPU the context!!!";

        ocl::Device(context.device(0));

        UMat src;
        imread(argv[1], IMREAD_GRAYSCALE).copyTo(src);
        UMat dst(src.size(), src.type());

        ocl::ProgramSource programSource(kernelSrc);

        String errMsg;
```

226

```
        String bldOpt = "";
        ocl::Program kPgm = context.getProg(programSource, bldOpt, errMsg);

        ocl::Kernel kernel(kernelName, kPgm);
        kernel.args(ocl::KernelArg::ReadOnlyNoSize(src), ocl::KernelArg::ReadWrite(dst));

        size_t globalSize[] = { (size_t)src.cols, (size_t)src.rows };
        bool success = kernel.run(2, globalSize, NULL, true);
        if (!success)
            throw  "Failed execute the kernel...";

        imshow("src", src);
        imshow("dst", dst);
        imwrite("dst.jpg", dst);

        waitKey();
    }
    catch (const char* str)
    {
        cerr << str << endl;
    }
    return 0;
}
```

OpenCVの機能を使用したプログラムと比較すると、多くの行数を必要とします。かつ、通常のOpenCV関数で実現したプログラムでは使用しない、多くの関数を使用します。

プログラムの構造を、順を追って説明します。なお、今回はデバイス側で実行されるカーネルのソースコードを、ホストプログラム内に文字列として記述します。以降に、文字列で記載されているソースコードを抜き出して示します。文字列に含まれる「¥n¥」ですが、最初の「¥n」は改行コード、次の「¥」は、文字列の継続を示すバックスラッシュ（円記号）です。これらを取り払ったカーネルのソースリストを以降に示します。

リスト13.3●カーネルのソースリスト

```
__kernel void ksample(
    __global uchar* src, int sStep, int sOffset,
    __global uchar* dst, int dStep, int dOffset,
    int dRows, int dCols)
```

```
{
    int x = get_global_id(0);
    int y = get_global_id(1);

    if(x>dCols-1 || y>dRows-1)
        return;

    int sIndex = mad24(y, sStep, x + sOffset);
    int dIndex = mad24(y, dStep, dCols - x - 1 + dOffset);

    dst[dIndex] = src[sIndex];
}
```

■ **ホストプログラム**

まず、ホスト側のプログラムから説明しましょう。実際のコードの説明の前に、ホストプログラムの流れを説明します。

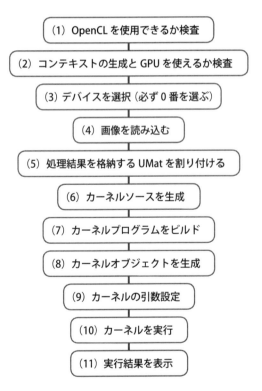

キューなど

純粋な OpenCL と違い、キューやバッファメモリオブジェクトの扱いは OpenCV のライブラリに隠蔽されます。コードは簡単ですが、OpenCL でプログラミングしていた人は若干戸惑うでしょう。

本プログラムの主要な処理が行われるのは、10 番目の「カーネルを実行」の部分です。この部分のために前後に多くの手順が必要です。少し面倒ですが、この一連の処理を踏まないとデバイス側のプログラムを実行させることはできません。なお、順序は必ずしも上記通りでなくても良い部分もあります。

それでは処理手順を説明します。本節の目的は、独自の OpenCL カーネルコードを OpenCV で実行させることにありますので、エラー処理などは省いています。また、API の呼び出しも簡便な方法を使用しています。

(1) OpenCL を使用できるか検査

haveOpenCL 関数を使用して、OpenCL を使用できる環境であるか検査します。

```
if (!ocl::haveOpenCL())
    throw "no OpenCL devices!!!";
```

OpenCL を使用できる環境でない場合、メッセージを表示してプログラムを終了します。

> **bool cv::ocl::haveOpenCL()**

説明

OpenCL を使用できる環境なら true を返します。

(2) コンテキストの生成と GPU を使えるか検査

コンテキストを生成します。

```
ocl::Context context;
if (!context.create(ocl::Device::TYPE_GPU))
    throw "Couldn't create GPU the context!!!";
```

コンテキストを GPU タイプで生成し、失敗したら、メッセージを表示してプログラムを終了します。

```
bool cv::ocl::Context::create(int dtype)
```

説明

指定の形式で OpenCL コンテキストを生成します。OpenCL の clCreateContext API に相当します。

(3) デバイスを選択（必ず 0 番を選ぶ）

デバイスを選択します。本プログラムは、必ず先頭のデバイスを選択します。

```
ocl::Device(context.device(0));
```

```
cv::ocl::Device::Device(const Device & d)
```

説明

使用するデバイスを指定します。この例では、先に生成したデバイスタイプの先頭デバイスを指定します。OpenCL の clGetDeviceIDs API に相当します。

(4) 画像を読み込む

引数で指定した画像を imread 関数で Mat へ読み込み、それを UMat へコピーします。UMat にはデバイス側に割り付ける指定が可能ですが、特に明示的に指定する必要はなさそうです。USAGE_ALLOCATE_DEVICE_MEMORY を getUMat メソッドや、UMat のコンストラクタに指定してみましたが、変化はありませんでした。キューなどやバッファのアップロード、そしてダウンロードなども UMat クラスに隠蔽されているようです。

```
UMat src;
imread(argv[1], IMREAD_GRAYSCALE).copyTo(src);
```

（5）処理結果を格納する UMat をデバイス側に割り付ける

処理結果を格納する UMat 割り付けます。サイズと型は入力の画像を読み込んだ UMat から求めます。

```
UMat dst(src.size(), src.type());
```

（6）カーネルソースを生成

カーネルソースを生成します。

```
ocl::ProgramSource programSource(kernelSrc);
```

カーネルはデバイス側で実行されますが、カーネルソースの生成や起動などはホストプログラムが処理します。簡単にするため、カーネルのソースコードはファイルから読み込まず、ホストプログラム内にハードコードしました。

```
cv::ocl::ProgramSource::ProgramSource(const String & prog)
```

説明

ソースコードからプログラムオブジェクトを作成します。OpenCL の clCreateProgramWithSource API に相当します。

（7）カーネルプログラムをビルド

カーネルをビルドします。

```
String errMsg;
String bldOpt = "";
ocl::Program kPgm = context.getProg(programSource, bldOpt, errMsg);
```

デバイスはカーネルソースを直接実行することはできません。このため、登録したカーネルコードを OpenCL C でビルドします。第 1 引数には先ほど生成した programSource を指定します。本呼び出しで OpenCL C がデバイス ID へ適合したバイナリをビルドします。第 2 引数にはビルドオプション、第 3 引数にはビルド時のメッセージが格納されます。

```
Program cv::ocl::Context::getProg(
          const ProgramSource & prog,
          const String &        buildopt,
          String &              errmsg )
```

説明

プログラムオブジェクトと関連付けられたデバイス用のプログラムを、ソースコード（あるいはバイナリからビルド）します。ビルドオプションの指定や、メッセージを受け取ることができます。OpenCL の clBuildProgram API に相当します。

(8) カーネルオブジェクトを生成

カーネルオブジェクトを生成します。

```
ocl::Kernel kernel(kernelName, kPgm);
```

1 つのカーネルオブジェクトは 1 つのカーネル関数に対応します。このため、カーネルの関数名を指定します。先ほど示したカーネルソースの関数名と一致していなければなりませんので、間違わないように kernelName は「const char*」で宣言します。第 1 引数にカーネルの関数名、第 2 引数にプログラムオブジェクトを指定します。

```
Kernel (const char *kname, const Program &prog)
```

説明

カーネルオブジェクトを生成します。__kernel 修飾子をつけて宣言されたカーネルの関数名と、正常にビルドされ実行可能なプログラムオブジェクトを指定します。OpenCL の clCreateKernel API に相当します。

(9) カーネルの引数設定

kernel の args メソッドでカーネルに渡す引数を設定します。

```
kernel.args(ocl::KernelArg::ReadOnlyNoSize(src), ocl::KernelArg::ReadWrite(dst));
```

ホストプログラムとカーネル間の引数を設定します。第 1 引数は入力画像の UMat オブジェ

クト、第 2 引数は結果を格納する UMat オブジェクトです。

　第 1 引数の src を ReadOnlyNoSize で渡しています。ReadOnlyNoSize で渡すと、カーネル
には「data_type *data, int step, int offset」で渡ります。第 2 引数は、ReadWrite で渡してい
ます。ReadWrite で渡すと、カーネルには「data_type *data, int step, int offset, int rows, int
cols」で渡ります。Read/Write は関係なく、それに続く Only や OnlyNoSize でカーネルに渡
る引数は変化します。詳しくはカーネルの説明で補足します。すべてをばらばらに渡すと面倒
なので、このような方法を提供したのでしょう。もちろん、自身ですべてを分解して渡しても
構いません。

```
Kernel& cv::ocl::Kernel::args(const _Tp0 & a0, const _Tp1 & a1)
```

説明

カーネルに渡す引数を設定します。cv::ocl::KernelArg::ReadOnly などを使用するとカーネル
の引数と 1 対 1 で対応しないのは前述した通りです。cv::ocl::KernelArg::ReadOnly を用いず、
自身でそれぞれを渡すこともできます。OpenCL の clSetKernelArg API に相当します。

（10）カーネルを実行

　kernel の run メソッドで、カーネルを実行させます。

```
bool success = kernel.run(2, globalSize, NULL, true);
if (!success)
    throw  "Failed execute the kernel...";
```

　カーネル自体については後述します。カーネルの実行が成功したか失敗したかが bool 変数
で返されます。実行に失敗したら、メッセージを表示してプログラムを終了します。

```
bool cv::ocl::Kernel::run( int          dims,
                           size_t       globalsize[],
                           size_t       localsize[],
                           bool         sync,
                           const Queue & q = Queue() )
```

説明

カーネルの実行を要求します。次元数やグローバルサイズやローカルサイズを指定します。また、非同期やキューの指定を行うことが可能です。非同期などまで使うなら、OpenCVからOpenCLを動作させるより、直接OpenCLを使用することを推奨します。さらに言えばUMatがサポートされていますので、よほどの理由がない限りoclモジュールを使う必要もなければ、ましてや独自カーネルを記述する必要もないでしょう。本メソッドは、OpenCLのclEnqueueTask APIに相当します。

(11) 実行結果を表示

これはホストプログラムが行うことですので、特に説明は必要ないでしょう。

```
imshow("src", src);
imshow("dst", dst);
```

単にカーネルが処理した結果を表示するのみです。これで簡単にホストプログラムの流れを説明しました。

プログラムから分かるように、同期処理やキューバッファの管理を行っていません。OpenCLのclCreateCommandQueue、clCreateBuffer、clEnqueueWriteBuffer、clEnqueueReadBuffer API、そして、これらのオブジェクト破棄の処理はOpenCV関数に隠蔽されているようです。

■ カーネルプログラム

以降に、ホストプログラムに文字列として組み込まれているカーネルを抜き出して示します。

```
__kernel void ksample(
    __global uchar* src, int sStep, int sOffset,
    __global uchar* dst, int dStep, int dOffset,
    int dRows, int dCols)
{
    int x = get_global_id(0);
    int y = get_global_id(1);

    if(x>dCols-1 || y>dRows-1)
        return;
```

```
    int sIndex = mad24(y, sStep, x + sOffset);
    int dIndex = mad24(y, dStep, dCols - x - 1 + dOffset);

    dst[dIndex] = src[sIndex];
}
```

　2 つの UMat の情報が渡されます。そして、get_global_id で x と y の座標を受け取ります。このカーネルは、x 軸に対して入力を出力の反対側に配置します。それぞれの座標を求め、単純に入力画像の値を、出力画像の該当位置へコピーするだけです。mad24(x,y,z) は、x と y の下位 24 ビットを乗算し、それに z を加算した 32 ビットの整数を返します。これは OpenCL が用意した組み込み整数関数です。

　このカーネルへの引数は、以下のように渡されています。

```
kernel.args( ocl::KernelArg::ReadOnlyNoSize(src),
             ocl::KernelArg::ReadWrite(dst) );
```

　第 1 引数は入力画像の UMat オブジェクト、第 2 引数は結果を格納する UMat オブジェクトです。第 1 引数の src を ReadOnlyNoSize で渡しています。ReadOnlyNoSize で渡すと、カーネルには「data_type *data, int step, int offset」で渡ります。この例では、データ型が unsigned char* ですので、「uchar* src, int sStep, int sOffset」が渡されます。src がデータの実体、sStep が 1 行のサイズ、sOffset がオフセットです。

　第 2 引数は ReadWrite で渡しています。ReadWrite で渡すと、カーネルには「data_type *data, int step, int offset, int rows, int cols」で渡ります。この例では、データ型が unsigned char* ですので、「uchar* dst, int dStep, int dOffset, int dRows, int dCols」が渡されます。dst がデータの実体、sStep が 1 行のサイズ、sOffset がオフセット、dRows が列数、そして dCols が行数です。この例では、src も dst も行と列が同じサイズなので、dst のものだけを渡します。

　コードから分かるように、座標位置から相対値を計算し、src や dst を基準にアクセスしますので、渡される画像データは連続していなければなりません。

エラーチェック

本プログラムは説明を簡単にするために、関数呼び出しのエラーチェックなどを省いています。このため、実行中に何らかのエラーが発生しても原因が分かりません。エラーチェックを行うプログラムは OpenCL の理解が進んだ後、自身で挿入してください。

プログラムの実行は、引数に画像ファイルを指定します。

■ **実行**

プログラムの実行例を示します。まず、引数を指定せず起動した例を示します。

```
C:\test>mirrorOwn
few parameters. e.g. <image file>.
```

引数を指定していないと、メッセージを表示してプログラムは終了します。引数を正常に指定しても環境が OpenCL をサポートしていないと、OpenCL デバイスが無い旨のメッセージが表示され、プログラムは終了します。

```
C:\test>mirrorOwn Lenna.bmp
no OpenCL devices!!!
```

次に、引数にファイル名を指定した例を示します。

```
C:\test>mirrorOwn BARBARA.bmp
```

正常に処理されます。プログラムを終了させるには、src もしくは dst のウィンドウをアクティブにした状態で何かキーを押してください。以降に実行例を示します。処理前の画像と処理後の画像を表示する 2 つのウィンドウが現れます。

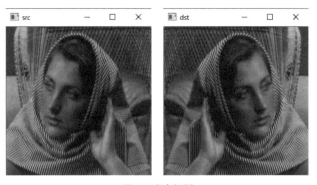

図13.2●実行例

13.2　カーネルプログラムを分離

　先のプログラムを拡張し、ホストソースファイルとカーネルソースファイルを分離する方法を説明します。カーネルソースをホストプログラムに文字列として記述すると、改行コードや継続の \（バックスラッシュ）が邪魔になり、カーネルソースが見づらくなります。カーネルを分離すると、カーネルを変更してもホストプログラムをリコンパイル必要がなくなります。

　プログラムの内容は、これまでとほとんど同じです。単に、カーネルソースを外部ファイルに分離するだけです。カーネルのソースコードを別ファイルに分離しましたので、ホスト側のプログラムとデバイス側のソース（= カーネル）の2つが必要です。以降に両方のソースコードを示します。

リスト13.4●ホスト側のソースリスト（31ownOclCode/Sources/mirror.cpp）

```
#include "../../common/common.h"
#include <opencv2/core/ocl.hpp>
#include "../../common/CStopwatch.hpp"
#include <fstream>

using namespace cv;
using namespace std;

int main(int argc, char* argv[])
```

13 独自カーネルコード

```
{
    try
    {
        const char* kernelName = "ksample";

        if (argc < 3)
            throw "few parameters. e.g. <image file> <karnel file>.";

        if (!ocl::haveOpenCL())
            throw "no OpenCL devices!!!";

        ocl::Context context;
        if (!context.create(ocl::Device::TYPE_GPU))
            throw "Couldn't create GPU the context!!!";

        ocl::Device(context.device(0));

        UMat src;
        imread(argv[1], IMREAD_GRAYSCALE).copyTo(src);
        UMat dst(src.size(), src.type());

        ifstream ifs(argv[2]);
        if (ifs.fail())
            throw "Failed read kernel source file!!!";
        string kernelSrc((istreambuf_iterator<char>(ifs)), istreambuf_iterator<char>());
        ocl::ProgramSource programSource(kernelSrc);

        String errMsg;
        String bldOpt = "";
        ocl::Program kPgm = context.getProg(programSource, bldOpt, errMsg);

        ocl::Kernel kernel(kernelName, kPgm);
        kernel.args(ocl::KernelArg::ReadOnlyNoSize(src), ocl::KernelArg::ReadWrite(dst));

        size_t globalSize[] = { (size_t)src.cols, (size_t)src.rows };
        bool success = kernel.run(2, globalSize, NULL, true);
        if (!success)
            throw  "Failed execute the kernel...";

        imshow("src", src);
        imshow("dst", dst);
        imwrite("dst.jpg", dst);
```

238

```
        waitKey();
    }
    catch (const char* str)
    {
        cerr << str << endl;
    }
    return 0;
}
```

　単に、引数で指定されたファイル名から、カーネルソースの文字列を読み込むようにしただけです。

リスト13.5●デバイス（GPU）側のソースリスト（31ownOclCode/Sources/mirror.cl）

```
__kernel void ksample(
    __global uchar* src, int sStep, int sOffset,
    __global uchar* dst, int dStep, int dOffset,
    int dRows, int dCols)
{
    int x = get_global_id(0);
    int y = get_global_id(1);

    if(x>dCols-1 || y>dRows-1)
        return;

    int sIndex = mad24(y, sStep, x + sOffset);
    int dIndex = mad24(y, dStep, dCols - x - 1 + dOffset);

    dst[dIndex] = src[sIndex];
}
```

　先のプログラムは、カーネルソースはホスト側のソースに埋め込まれていましたが、このプログラムでは、ファイルとして分離しました。

■実行■

プログラムの実行例を示します。まず、引数を指定せず起動した例を示します。

```
C:¥test>mirror
few parameters. e.g. <image file> <karnel file>.
```

引数を指定していないと、メッセージを表示してプログラムは終了します。
カーネルファイル名に存在しないファイルを指定した例も示します。

```
C:¥test>mirror BARBARA.bmp foo.bar
Failed read kernel source file!!!
```

カーネルソースを読み込めない旨のメッセージを表示して、プログラムは終了します。
次に、正常な引数を指定した例を示します。

```
C:¥test>mirror BARBARA.bmp mirror.cl
```

正常に処理されます。プログラムを終了させるには、src もしくは dst のウィンドウをアクティブにした状態で、何かキーを押してください。以降に実行例を示します。処理前の画像と、処理後の画像を表示する2つのウィンドウが現れます。

図13.3●実行例

さて、このプログラムは、カーネルソースを分離しましたので、別の処理を記述したカーネルファイルを指定することも可能です。そこで、以下のような上下を反転させるカーネルファイルを指定してみましょう。

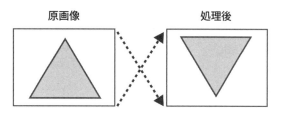

図14.4●画像の上下反転

リスト13.6●デバイス（GPU）側のソースリスト（31ownOclCode/Sources/upsideDown.cl）

```
__kernel void ksample(
    __global uchar* src, int sStep, int sOffset,
    __global uchar* dst, int dStep, int dOffset,
    int dRows, int dCols)
{
    int x = get_global_id(0);
    int y = get_global_id(1);

    if(x>dCols-1 || y>dRows-1)
        return;

    int sIndex = mad24(y, sStep, x + sOffset);
    int dIndex = mad24(dRows - y - 1, dStep, x + dOffset);

    dst[dIndex] = src[sIndex];
}
```

先のプログラムでは左右を反転しましたが、このカーネルソースでは上下を反転させます。以降に実行例を示します。

```
C:\test>mirror BARBARA.bmp upsideDown.cl
```

プログラムを終了させるには、src もしくは dst のウィンドウをアクティブにした状態で、何かキーを押してください。

図13.5●実行例

13.3 フィルタ処理

　多少複雑な独自カーネルコードの例として、注目画素を中心にした3×3の画素に3×3のオペレータでフィルタ処理する例を紹介します。ホスト側のプログラムは先のプログラムとほぼ同じです。異なるのは、使用するオペレータのサイズに合わせて、データ並列処理する範囲を縦横ともに-2している点です。以降に、ソースリストの一部を示します。

リスト13.7●ソースリストの一部（31ownOclCode/Sources/filter3x3.cpp）

```
        ：
    ocl::Kernel kernel(kernelName, kPgm);
    kernel.args(ocl::KernelArg::ReadOnlyNoSize(src), ocl::KernelArg::ReadWrite(dst));

    size_t globalSize[] = { (size_t)(src.cols - 2), (size_t)(src.rows - 2) };
    bool success = kernel.run(2, globalSize, NULL, true);
    if (!success)
        throw  "Failed execute the kernel...";

    imshow("src", src);
    imshow("dst", dst);
    imwrite("dst.jpg", dst);
        ：
```

特に説明の必要はないでしょう。globalSize の保持する値が、画像の縦横のピクセル値から
それぞれ –2 された値に変わるだけです。

■ ラプラシアン処理 ■

以降に、ラプラシアン処理を行うカーネルソースを示します。

リスト13.8●ラプラシアン処理用カーネルのソースリスト（31ownOclCode/Sources/lap8-0.cl）

```
__kernel void ksample(
    __global uchar* src, int sStep, int sOffset,
    __global uchar* dst, int dStep, int dOffset,
    int dRows, int dCols)
{
    int x = get_global_id(0);
    int y = get_global_id(1);

    if(x>dCols-1 || y>dRows-1)
        return;

    int sIndex0 = mad24(y+0, sStep, (x+0) + sOffset);
    int sIndex1 = mad24(y+0, sStep, (x+1) + sOffset);
    int sIndex2 = mad24(y+0, sStep, (x+2) + sOffset);
    int sIndex3 = mad24(y+1, sStep, (x+0) + sOffset);
    int sIndex4 = mad24(y+1, sStep, (x+1) + sOffset);
    int sIndex5 = mad24(y+1, sStep, (x+2) + sOffset);
    int sIndex6 = mad24(y+2, sStep, (x+0) + sOffset);
    int sIndex7 = mad24(y+2, sStep, (x+1) + sOffset);
    int sIndex8 = mad24(y+2, sStep, (x+2) + sOffset);

    int dIndex = mad24(y+1, dStep, x+1 + dOffset);

    int d = -src[sIndex0]    -src[sIndex1]     -src[sIndex2]
            -src[sIndex3]    +src[sIndex4]*8  -src[sIndex5]
            -src[sIndex6]    -src[sIndex7]     -src[sIndex8];

    dst[dIndex] = convert_uchar_sat(d);
}
```

13 独自カーネルコード

■ 実行

プログラムの実行例を示します。

```
C:\test>filter3x3 LENNA.bmp lap8-0.cl
```

プログラムを終了させるには、src もしくは dst のウィンドウをアクティブにした状態で、何かキーを押してください。以降に実行例を示します。処理前の画像と、処理後の画像を表示する2つのウィンドウが現れます。

図13.6●実行例

カーネルコードが冗長なので、配列を使用してコンパクト化したコードを示します。

リスト13.9●ラプラシアン処理用カーネルのソースリスト（31ownOclCode/Sources/lap8.cl）

```
__kernel void ksample(
   __global uchar* src, int sStep, int sOffset,
   __global uchar* dst, int dStep, int dOffset,
   int dRows, int dCols)
{
    int x = get_global_id(0);
    int y = get_global_id(1);

    if(x>dCols-1 || y>dRows-1)
        return;

    const int k[3][3]={ { -1, -1, -1},
                        { -1,  8, -1},
                        { -1, -1, -1},
```

```
                           };

    int i[3][3];
    for(int dy = 0; dy < 3 ; dy++ )
        for(int dx = 0; dx < 3 ; dx++ )
            i[dy][dx] = mad24(y+dy, sStep, (x+dx) + sOffset);

    int dIndex = mad24(y+1, dStep, x+1 + dOffset);

    int d=0;
    for(int dy = 0; dy < 3 ; dy++ )
        for(int dx = 0; dx < 3 ; dx++ )
            d+=src[i[dy][dx]]*k[dy][dx];

    dst[dIndex] = convert_uchar_sat(d);
}
```

　このようにしておくと、オペレータである2次元配列kの値を変更することによっていろいろなフィルタへ応用できます。

■ エンボス処理 ■

以降に、エンボス処理を行うカーネルソースを示します。

リスト13.10●エンボス処理用カーネルのソースリスト（31ownOclCode/Sources/emboss.cl）

```
__kernel void ksample(
    __global uchar* src, int sStep, int sOffset,
    __global uchar* dst, int dStep, int dOffset,
    int dRows, int dCols)
{
    int x = get_global_id(0);
    int y = get_global_id(1);

    int k[3][3]={   {  0,  -1,  0},
                    { +1,   0, -1},
                    {  0,  +1,  0}
                };
```

245

```
    int i[3][3];
    for(int dy = 0; dy < 3 ; dy++ )
        for(int dx = 0; dx < 3 ; dx++ )
            i[dy][dx] = mad24(y+dy, sStep, (x+dx) + sOffset);

    int dIndex = mad24(y+1, dStep, x+1 + dOffset);

    int d=0;
    for(int dy = 0; dy < 3 ; dy++ )
        for(int dx = 0; dx < 3 ; dx++ )
            d+=src[i[dy][dx]]*k[dy][dx];

    d += 128;

    dst[dIndex] = convert_uchar_sat(d);
}
```

■実行

プログラムの実行例を示します。

```
C:¥test>filter3x3 LENNA.bmp emboss.cl
```

以降に実行例を示します。処理前の画像と処理後の画像を表示する２つのウィンドウが現れます。

図13.7●実行例

■ prewitt 処理 ■

以降に、prewitt 処理を行うカーネルソースを示します。

リスト13.11●prewitt処理用カーネルのソースリスト　(31ownOclCode/Sources/prewitt.cl)

```
__kernel void ksample(
  __global uchar* src, int sStep, int sOffset,
  __global uchar* dst, int dStep, int dOffset,
  int dRows, int dCols)
{
    int x = get_global_id(0);
    int y = get_global_id(1);

    if(x>dCols-1 || y>dRows-1)
        return;

    const int khx[3][3] = { { -1,  0, +1},
                            { -1,  0, +1},
                            { -1,  0, +1}
                          };
    const int khy[3][3] = { { -1, -1, -1},
                            {  0,  0,  0},
                            { +1, +1, +1}
                          };

    int i[3][3];
    for(int dy = 0; dy < 3 ; dy++ )
        for(int dx = 0; dx < 3 ; dx++ )
            i[dy][dx] = mad24(y+dy, sStep, (x+dx) + sOffset);

    int dIndex = mad24(y+1, dStep, x+1 + dOffset);

    int hx=0;
    for(int dy = 0; dy < 3 ; dy++ )
        for(int dx = 0; dx < 3 ; dx++ )
            hx+=src[i[dy][dx]]*khx[dy][dx];

    int hy=0;
    for(int dy = 0; dy < 3 ; dy++ )
        for(int dx = 0; dx < 3 ; dx++ )
            hy+=src[i[dy][dx]]*khy[dy][dx];
```

```
        dst[dIndex] = convert_uchar_sat(hypot((float)hx,(float)hy));
}
```

■実行

プログラムの実行例を示します。

```
C:\test>filter3x3 LENNA.bmp prewitt.cl
```

以降に実行例を示します。処理前の画像と処理後の画像を表示する2つのウィンドウが現れます。

図13.8●実行例

■sobel 処理■

以降に、sobel 処理を行うカーネルソースを示します。

リスト13.12●sobel処理用カーネルのソースリスト （31ownOclCode/Sources/sobel.cl）

```
__kernel void ksample(
    __global uchar* src, int sStep, int sOffset,
    __global uchar* dst, int dStep, int dOffset,
    int dRows, int dCols)
{
    int x = get_global_id(0);
```

13.3 フィルタ処理

```
    int y = get_global_id(1);

    if(x>dCols-1 || y>dRows-1)
        return;

    const int khx[3][3] = { { -1,  0, +1},
                            { -2,  0, +2},
                            { -1,  0, +1}
                          };
    const int khy[3][3] = { { -1, -2, -1},
                            {  0,  0,  0},
                            { +1, +2, +1}
                          };

    int i[3][3];
    for(int dy = 0; dy < 3 ; dy++ )
        for(int dx = 0; dx < 3 ; dx++ )
            i[dy][dx] = mad24(y+dy, sStep, (x+dx) + sOffset);

    int dIndex = mad24(y+1, dStep, x+1 + dOffset);

    int hx=0;
    for(int dy = 0; dy < 3 ; dy++ )
        for(int dx = 0; dx < 3 ; dx++ )
            hx+=src[i[dy][dx]]*khx[dy][dx];

    int hy=0;
    for(int dy = 0; dy < 3 ; dy++ )
        for(int dx = 0; dx < 3 ; dx++ )
            hy+=src[i[dy][dx]]*khy[dy][dx];

    dst[dIndex] = convert_uchar_sat(hypot((float)hx,(float)hy));
}
```

13

■ 実行

プログラムの実行例を示します。

```
C:¥test>filter3x3 LENNA.bmp sobel.cl
```

以降に、実行例を示します。処理前の画像と処理後の画像を表示する2つのウィンドウが現れます。

図13.9●実行例

13.4 回転

　画像を回転させる独自カーネルコードの例を紹介します。外部から回転する角度を受け取り、ホスト側のプログラムからカーネルに渡します。この例では、ホストプログラムからカーネルコードへスカラ変数を渡す方法も示します。以降に、ソースリストの一部を示します。

リスト13.13●ソースリストの一部（31ownOclCode/Sources/paramOne.cpp）

```
          :
    const char* kernelName = "ksample";

    if (argc < 4)
        throw "few parameters. e.g. <image file> <karnel file> <param>.";

    if (!ocl::haveOpenCL())
        throw "no OpenCL devices!!!";
          :
    ocl::Device(context.device(0));

    UMat src;
```

```
        imread(argv[1], IMREAD_GRAYSCALE).copyTo(src);
        UMat dst(src.size(), src.type(),Scalar(128));
          ⋮
        ocl::Program kPgm = context.getProg(programSource, bldOpt, errMsg);

        float param = stof(argv[3]);
        ocl::Kernel kernel(kernelName, kPgm);
        kernel.args(param, ocl::KernelArg::ReadOnlyNoSize(src),
                        ocl::KernelArg::ReadWrite(dst));
          ⋮
```

　先のプログラムに対して引数が 1 つ増えます。増えた引数は回転角度です。このプログラムが呼び出すカーネルコードは、処理結果を格納する UMat のすべてを更新するとは限りません。このため、結果格納用の UMat の初期値を Scalar(128) で設定します。

　カーネルに渡す引数が 1 つ増えましたので、2 つの UMat に先立ち float 型で回転角度を渡します。kernel.args の引数の並びを参照してください。

■ 回転処理カーネル（近傍補間）■

以降に、画像回転処理を行うカーネルソースを示します。

リスト13.14●ラプラシアン処理用カーネルのソースリスト （31ownOclCode/Sources/NearestNeighbor.cl）

```
__kernel void ksample(
    float degree,
    __global uchar* src, int sStep, int sOffset,
    __global uchar* dst, int dStep, int dOffset,
    int dRows, int dCols)
{
    int x = get_global_id(0);
    int y = get_global_id(1);

    if(x>dCols-1 || y>dRows-1)
        return;

    float radian=radians(degree);          // 反時計方向
```

```
    int yc=dRows/2;                     // y center
    int xc=dCols/2;                     // x center
    int outY=y-yc;                      // dest y coord
    int outX=x-xc;                      // dest x coord

    float inY=(float)(outX*sin(radian)+outY*cos(radian));
    float inX=(float)(outX*cos(radian)-outY*sin(radian));

    int inFixX=(int)round(inX);         // source y coord
    int inFixY=(int)round(inY);         // source x coord

    inFixX+=xc;
    inFixY+=yc;

    if((inFixY>=0) && (inFixY<dRows) && (inFixX>=0) && (inFixX<dCols))
    {
        int dIndex = mad24(y, dStep, x + dOffset);
        int sIndex = mad24(inFixY, sStep, inFixX + sOffset);
        dst[dIndex] = src[sIndex];
    }
}
```

　本カーネルは、引数で渡された角度分、画像を反時計方向に回転します。回転角度をθとして、どのように処理するか示します。回転した画像から原画像へ、座標を逆変換して処理します。

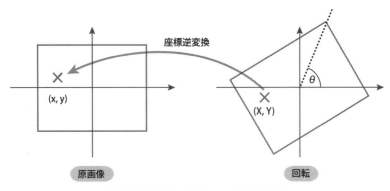

図13.10●角度θの回転による座標逆変換

回転軸の座標を (X_a, Y_a) とし、原画像の座標 (x, y) にある点を反時計方向へ角度 θ 回転させた点 (X, Y) は次の式で表現できます。

$$X = (x - X_a)\cos\theta + (y - Y_a)\sin\theta + X_a$$
$$Y = -(x - X_a)\sin\theta + (y - Y_a)\cos\theta + Y_a$$

これより、この逆変換は次の式で表すことができます。

$$x = (X - X_a)\cos\theta - (Y - Y_a)\sin\theta + X_a$$
$$y = (X - X_a)\sin\theta + (Y - Y_a)\cos\theta + Y_a$$

なお、結果を格納する画像サイズを原画像に合わせたため、回転によって表示枠から外れる部分はクリップされます。また、原画像の範囲外の部分が回転によって表示枠内に入るような場合、UMat の生成時に設定した Scalar(128) が、そのまま残ります。

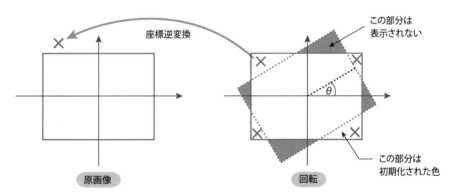

図13.11●変換による表示の変化

最近傍法を使用しますので、得られた浮動小数点座標 (inX, inY) を、round 組み込み関数で整数値へ変換します。その座標が示す原画像の画素値をコピーします。

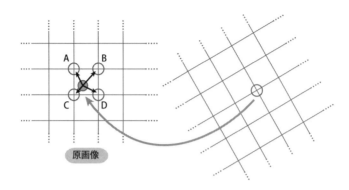

図13.12●最近傍法による画素の選択

上図の例では、最も近いCの座標が採用されます。以降に実行例を示します。

■ 実行

プログラムの実行例を示します。

```
C:¥test>paramOne LENNA.bmp NearestNeighbor.cl 33.3
```

以降に実行例を示します。処理前の画像と処理後の画像を表示する2つのウィンドウが現れます。

図13.13●実行例

■ 線形補間

次に、Bilinear（線形補間）法のカーネルを示します。最近傍法と同様に逆変換による処理を行いますが、求めた位置に最も近い画素値をそのままコピーするのではなく、その位置の周

囲にある4つの画素情報から線形補間によって求めた値を使用します。

リスト13.15●Bilinear（線形補間）法のカーネルソースリスト（31ownOclCode/Sources/Bilinear.cl）

```
__kernel void ksample(
    float degree,
    __global uchar* src, int sStep, int sOffset,
    __global uchar* dst, int dStep, int dOffset,
    int dRows, int dCols)
{
    int x = get_global_id(0);
    int y = get_global_id(1);

    if(x>dCols-1 || y>dRows-1)
        return;

    float radian=radians(degree);          // 反時計方向

    int yc=dRows/2;                         // y center
    int xc=dCols/2;                         // x center
    int outY=y-yc;                          // dest y coord
    int outX=x-xc;                          // dest x coord

    float inY=(float)(outX*sin(radian)+outY*cos(radian));
    float inX=(float)(outX*cos(radian)-outY*sin(radian));

    int inFixX=(int)round(inX);             // source y coord
    int inFixY=(int)round(inY);             // source x coord

    float q=inY-(float)inFixY;
    float p=inX-(float)inFixX;

    inFixX+=xc;
    inFixY+=yc;

    int dIndex = mad24(y, dStep, x + dOffset);

    if((inFixY>0) && (inFixY<dRows-1) && (inFixX>0) && (inFixX<dCols-1))
    {
        int sIndexX0 = mad24(inFixY + 0, sStep, inFixX + 0 + sOffset);
        int sIndexX1 = mad24(inFixY + 0, sStep, inFixX + 1 + sOffset);
```

```
        int sIndexY0 = mad24(inFixY + 1, sStep, inFixX + 0 + sOffset);
        int sIndexY1 = mad24(inFixY + 1, sStep, inFixX + 1 + sOffset);

        int g=(int)((1.0f-q)*((1.0f-p)*(float)src[sIndexX0]
                                    +p*(float)src[sIndexX1])
                    +q*((1.0f-p)*(float)src[sIndexY0]
                                    +p*(float)src[sIndexY1]));

        dst[dIndex] = convert_uchar_sat(g);
    }
}
```

　線形補間とは、関係する画素間を直線で補間する方法です。分かりやすくするため、1次元の補間に付いて説明します。1次元の場合、下図のように両隣の画素の値を直線で結び、それを基にして、計算で得られた座標の値を決定します。

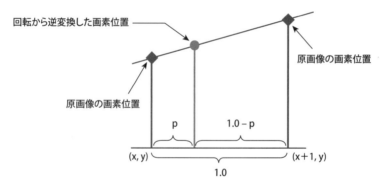

図13.14●線形補間の概念図

　具体的な数値を代入した例を下図に示します。線形補間では、最近傍法よりも滑らかな結果が得られます。

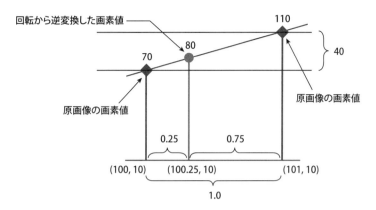

図13.15●線形補間の具体例

　画像は2次元の情報です。このため隣接する4つの画素の値を基に線形補間を行います。下図に、このプログラムで行う2次元の線形補間を示します。

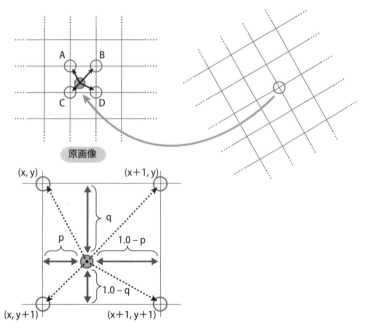

図14.16●2次元での線形補間

　処理結果の各画素の値は、その座標を逆変換して求めた原画像上の位置の値です。原画像上の座標 (x, y) にある画素の値を in(x, y) とすれば、逆変換で求めた座標 (x+p, y+q) の線形補間

による値 out は次の式で計算できます。

$$\text{out} = (1.0 - q) \times [\{(1.0 - p) \times \text{in}(x, y)\} + \{p \times \text{in}(x + 1, y)\}]$$
$$+ q \times [\{(1.0 - p) \times \text{in}(x, y + 1)\} + \{p \times \text{in}(x + 1, y + 1)\}]$$

この式からも分かるように、より近い位置にある画素の値が結果により強く影響します。
プログラムの実行例を示します。

```
C:\test>paramOne LENNA.bmp Bilinear.cl 33.3
```

以降に実行例を示します。処理前の画像と処理後の画像を表示する 2 つのウィンドウが現れます。

図14.17●実行例

第 14 章

画像比較

　画像を比較するプログラムを紹介します。単純に２つの画像の違いを検出するもの、複数の画像から類似の画像を探すものを紹介します。

14.1　２つの画像を比較

　２つの画像を比較して、その違いを数値として求めるプログラムを紹介します。以降にソースリストを示します。

リスト14.1●ソースリスト（41imgComp/Sources/absdiff.cpp）

```
#include "../../common/common.h"

using namespace cv;
using namespace std;

int main(int argc, char* argv[])
{
    try
    {
        //UMat src[2], dst;
        Mat src[2], dst;
```

```
        if (argc < 3)
            throw "few parameters.";
        for (int i = 0; i < 2;i++)
            imread(argv[i+1], IMREAD_GRAYSCALE).copyTo(src[i]);

        absdiff(src[0], src[1], dst);
        double r = sum(dst)[0];

        cout << "sum = " << r << endl;
    }
    catch (const char* str)
    {
        cerr << str << endl;
    }
    return 0;
}
```

　本プログラムは、2つの画像の違いを数値化します。それによって、2つの画像が近い画像であるか、まったく異なる画像であるかを考察する参考になります。処理は単純で、2つの画像の各要素の絶対差分を absdiff 関数で求め、sum 関数で、その総和を求めます。以降に、実行例を示します。

　まず、同じ画像を与えたものを示します。当然ですが、違いがないため両方の画像の違いとして0が出力されます。

```
C:\test>absdiff Lenna.bmp Lenna.bmp
sum = 0
```

図14.1●2つの比較画像

今度は、落書きを加えた画像と比較してみます。

```
C:\test>absdiff Lenna.bmp LennaNoise1.bmp
sum = 190290
```

図14.2●2つの比較画像

さらに落書きを加えた画像と比較してみます。

```
C:\test>absdiff Lenna.bmp LennaNoise2.bmp
sum = 379329
```

図14.3●2つの比較画像

　最初の画像との違いが190,290、2番目の画像との違いが379,329です。この方式では、数値が小さいほど元の画像に近いと解釈します。この場合、人間の目で見ると2番目の方が原画像に近い気がしますが、画素の違いは1番目の方が小さいと判断しています。人間は顔に注意が向くため、2番目の方が原画像に近いと思う人が多いでしょう。

次に、画像を10度だけ回転した画像と比較してみます。

```
C:¥test>absdiff Lenna.bmp Lenna10degree.jpg
sum = 2.50579e+006
```

図14.4●2つの比較画像

　一見、原画像に近い感じを受けますが、結果は2.50579e+006で、かなり原画像と異なると判断しています。プログラムを参照すると分かりますが、このプログラムは画素単位で比較するため、画像が回転していたり歪みがあるとまったく別の画像と判断します。
　まったく異なる画像を比較した例も示します。

```
C:¥test>absdiff Lenna.bmp Girl.bmp
sum = 4.9796e+006
```

図14.5●2つの比較画像

　当然ですが大きな差異を示す値が表示されます。2つの画像は、ほとんど類似点がないことを示しています。

14.2 複数の画像から探す

　先ほどのプログラムを応用して複数の画像から、最も原画像に近い画像を探すプログラムを紹介します。以降に、ソースリストの一部を示します。このプログラムは、引数にたくさんの画像名を渡します。最初の画像を、2番目以降の画像と比較し、最も近いと判断した画像を表示します。

リスト14.2●ソースリストの一部（41imgComp/Sources/absdiffs.cpp）

```cpp
        ⋮
    Mat dst, dst32f, sumRow;
    vector<Mat> mat;
    double dMin = FLT_MAX, r;
    int pos = 0;

    if (argc < 3)
        throw "few parameters.";

    for (int i = 0; i < argc - 1; i++)
        mat.push_back(imread(argv[i + 1], IMREAD_GRAYSCALE));

    for (int i = 1; i < mat.size(); i++)
    {
        absdiff(mat[0], mat[i], dst);
        r = sum(dst)[0];

        cout << argv[i + 1] << ", r = " << r << endl;
        if (dMin > r)
        {
            dMin = r;
            pos = i + 1;
        }
    }
    cout << "[" << argv[1] << "]"
        << "に近い画像は、[" << argv[pos] << "]です。" << endl;
        ⋮
```

263

14 画像比較

　引数で渡された画像をグレイスケールに変換し、matへ読み込みます。最初に指定された画像と、それ以降に指定された画像を比較します。そして、最も原画像に近いと思われる画像名を表示します。画像の比較は、先に示したプログラムと同じです。以降に、実行例を示します。まず、同じ画像が含まれる画像リストを指定したものを示します。当然ですが、同じ画像は差異が０になるため、その画像が、最も原画像に近いと判断されます。

```
C:¥test>absdiffs Lenna.bmp Mandrill.bmp Lenna.bmp Parrots.bmp
Mandrill.bmp, r = 3.38765e+006
Lenna.bmp, r = 0
Parrots.bmp, r = 3.34817e+006
[Lenna.bmp]に近い画像は、[Lenna.bmp]です。
```

図14.6●原画像

図14.7●比較される画像群

　実行結果から分かるように、「Lenna.bmp」が近いと判断しています。
　今度は、原画像とまったく異なる画像、そして原画像にノイズを加えた２つの画像を与えた例を示します。

```
C:\test>absdiffs Lenna.bmp Girl.bmp LennaNoise1.bmp LennaNoise2.bmp
Girl.bmp, r = 4.9796e+006
LennaNoise1.bmp, r = 190290
LennaNoise2.bmp, r = 379329
[Lenna.bmp]に近い画像は、[LennaNoise1.bmp]です。
```

図14.8●原画像

図14.9●比較される画像群

プログラムは、「LennaNoise1.bmp」が近いと判断します。

14

画像比較

14.3 | 重みテーブルを用いる

　直前のプログラムを拡張し、画像の中心と周辺に係数を乗算し、画像の中心に重みを付けて
検索します。以降に、ソースリストを示します。

リスト14.3●ソースリスト（41imgComp/Sources/absdiffsWeight.cpp）

```cpp
#include "../../common/common.h"

using namespace cv;
using namespace std;

//-----------------------------------------------------------------
// create cos mat
static Mat createCosMat(const Mat src)
{
    Mat mat(src.rows, src.cols, CV_8UC1, Scalar(0));
    Point center = Point(mat.cols / 2, mat.rows / 2);
    double radius = sqrt(pow(center.x, 2) + pow(center.y, 2));

    for (int y = 0; y < mat.rows; y++)
    {
        for (int x = 0; x < mat.cols; x++)
        {
            double distance = sqrt(pow(center.x - x, 2) + pow(center.y - y, 2));
            double radian = (distance / radius) * (double)CV_PI;
            double Y = (cos(radian) + 1.0) / 2.0;
            mat.at<unsigned char>(y, x) = (unsigned char)(Y*255.0f);
        }
    }
    return mat;
}

//-----------------------------------------------------------------
// mulMask
static Mat mulMask(const Mat src, const Mat mask)
{
    Mat dst, src32f, mask32f, dst32f;
```

266

14.3 重みテーブルを用いる

```cpp
        src.convertTo(src32f, CV_32F);
        mask.convertTo(mask32f, CV_32F);
        mask32f /= 255.0f;
        dst32f = src32f.mul(mask32f);
        dst32f.convertTo(dst, CV_8U);

        return dst;
    }


    //------------------------------------------------------------------
    // search image
    static int search(const vector<Mat> mat)
    {
        double dMin = FLT_MAX, r;
        int pos = 0;
        Mat cosTbl, srcw, dstw, dst;

        cosTbl = createCosMat(mat[0]);
        srcw = mulMask(mat[0], cosTbl);

        for (int i = 1; i < mat.size(); i++)
        {
            dstw = mulMask(mat[i], cosTbl);
            absdiff(srcw, dstw, dst);
            r = sum(dst)[0];

            cout << i << ": r = " << r << endl;
            if (dMin > r)
            {
                dMin = r;
                pos = i + 1;
            }
        }
        return pos;
    }

    int main(int argc, char* argv[])
    {
        try
        {
            vector<Mat> mat;
```

267

```
        int pos;

        if (argc < 3)
            throw "few parameters.";

        mat.resize(argc - 1);
        for (int i = 0; i < mat.size(); i++)
            imread(argv[i + 1], IMREAD_GRAYSCALE).copyTo(mat[i]);

        pos = search(mat);

        cout << "[" << argv[1] << "]"
            << "に近い画像は、[" << argv[pos] << "]です。" << endl;
    }
    catch (const char* str)
    {
        cerr << str << endl;
    }
    return 0;
}
```

　引数で渡された画像をグレイスケールに変換し、mat へ読み込みます。search 関数を呼び出し、最初に指定された画像と、それ以降に指定された画像を比較します。そして、最も原画像に近いと思われる画像名を表示します。

　search 関数は、最初に重みテーブルを作成します。重みテーブルは 8.1 節「2 つの画像を加算」で作成した方法と同じものを使います。画像の中心から周辺に向かってなだらかに下降し、画像の中心に着目した比較を行います。createCosMat 関数で重みテーブルを生成します。この関数が生成したテーブルを視覚化して示します。

図14.10●重みテーブル

　生成した重みテーブルと画像を乗算します。画像の乗算は mulMask 関数で実施します。単純に乗算したのでは桁あふれを起こしてしまいます。そこで、いったん両方の Mat を CV_32F 型に変換し、乗算します。重みテーブルは 0 〜 255 の値を持ちますので、これを 0.0 〜 1.0 に正規化してから画像へ乗算します。これによって、中心に重みを置いた結果が得られます。最後に CV_32F 型を CV_8U 型に戻し、呼び出し元へ返します。

　重み付けされた画像の比較については直前と同様の手法を採用します。以降に実行例を示します。

```
C:¥test>absdiffsWeight Lenna.bmp Girl.bmp LennaNoise1.bmp LennaNoise2.bmp
1: r = 2.25713e+006
2: r = 94596
3: r = 75982
[Lenna.bmp]に近い画像は、[LennaNoise2.bmp]です。
```

　この例では、直前とまったく同じ画像を指定します。前節と違い、「LennaNoise1.bmp」ではなく「LennaNoise2.bmp」が近いと判断されます。これは単純に画像の差異を求めるのではなく、テーブルによって画像の中心に着目して比較したためです。以降に、実行途中の画像を示します。原画像や比較対象画像が、どのように変換されるか示します。まず、原画像の変換結果を示します。

14 画像比較

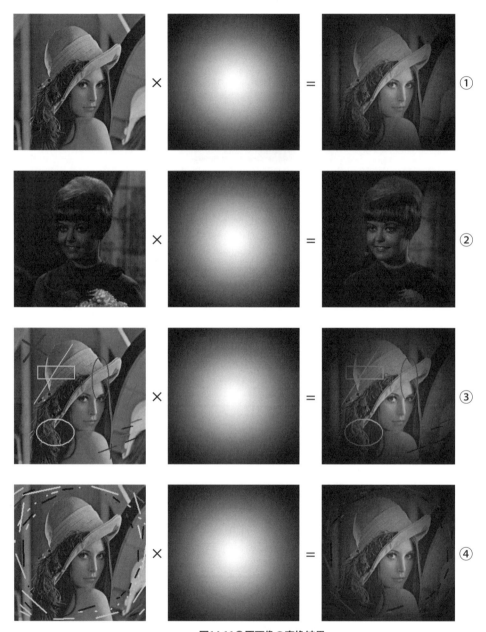

図14.11●原画像の変換結果

　この処理によって、①が②〜④の画像のどれに近いか調べます。以降に、実際に比較される画像を示します。

図14.12●原画像

図14.13●比較される画像群

このように画像の中心に着目して比較するため、前節と違い「LennaNoise2.bmp」が近いと判断します。ここで使用した重みテーブルを変更することによって、いろいろな応用が考えられるでしょう。

重み付けテーブルを用いない場合と用いた場合の差異を、グラフ化して示します。まず、重み付けテーブルを用いず、単純に処理した場合の比較値をグラフで示します。

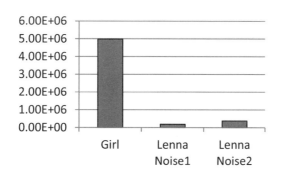

図14.14●Lenna.bmpと各画像の差異（重み付けテーブル未使用）

当然の結果ですが、まったく異なる Girl.bmp が突出して差異が大きくなります。そこで、LennaNoise1.bmp、LennaNoise2.bmp のみを抜き出したグラフを示します。

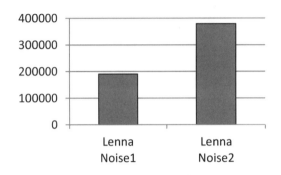

図14.15●重み付けをしないで比較

以降に、重み付けテーブルを用いて LennaNoise1.bmp、LennaNoise2.bmp のみを抜き出したグラフを示します。

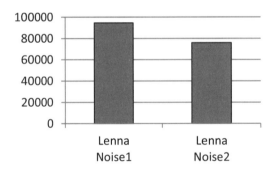

図14.16●重み付けをして比較

このように画像の中心に着目して比較するため、前節と違い「LennaNoise2.bmp」が近いと判断されます。

14.4 ヒストグラムで比較

これまでは画素値を用いて比較していました。今度は、ヒストグラムを用いて2つの画像を比較し、その違いを数値として求めるプログラムを紹介します。以降に、ソースリストの一部を示します。

リスト14.4●ソースリストの一部（41imgComp/Sources/compHist.cpp）

```
        ⋮
    Mat src[2], hist[2];
    double r;
    const int histSize = 256;              // number of bins
    const float range[] = { 0, 256 };      // Set the ranges
    const float* histRange = { range };

    if (argc < 3)
        throw "few parameters.";

    for (int i = 0; i < 2; i++)
        imread(argv[i + 1], IMREAD_GRAYSCALE).copyTo(src[i]);

    for (int i = 0; i < 2; i++)              // calc histogram
    {
        calcHist(&src[i], 1, 0, Mat(), hist[i],
            1, &histSize, &histRange, true, false);
    }

    r = compareHist(hist[0], hist[1], HISTCMP_CORREL);
    cout << "HISTCMP_CORREL       = " << r << endl;
    r = compareHist(hist[0], hist[1], HISTCMP_CHISQR);
    cout << "HISTCMP_CHISQR       = " << r << endl;
    r = compareHist(hist[0], hist[1], HISTCMP_INTERSECT);
    cout << "HISTCMP_INTERSECT    = " << r << endl;
    r = compareHist(hist[0], hist[1], HISTCMP_BHATTACHARYYA);
    cout << "HISTCMP_BHATTACHARYYA = " << r << endl;
        ⋮
```

14 画像比較

　本プログラムは、2つの画像の違いを数値化します。それによって、2つの画像が近い画像であるか、まったく異なる画像であるかを考察する参考になります。以前のプログラムは2つの画像の各画素の絶対差分をabsdiff関数で求め、sum関数で、その総和を求めました。そのような方法だと、画像が少し回転したり、歪んだだけで、完全に別の画像として認識します。そこで、ここではヒストグラムを用いて判断する方法を紹介します。

　2つの画像のヒストグラムをcalcHist関数で求め、compareHist関数で比較します。compareHist関数は引数によって動作が異なります。以降に、第3引数による動作の違いを表で示します。

表14.1●第3引数による動作の違い

第3引数	動作
HISTCMP_CORREL	結果が高い方がよりマッチしている。完璧なマッチだった場合は1、完璧なミスマッチの場合は–1を返す。
HISTCMP_CHISQR	結果が低い方がよりマッチしている。完璧なマッチだった場合は0、完璧なミスマッチだった場合は際限のない値を返す（ヒストグラムのサイズに依存する）。
HISTCMP_INTERSECT	結果が高い方がよりマッチしている。ヒストグラムが1にノーマライズされている場合、完璧なマッチだった場合は1、完璧なミスマッチだった場合は0を返す。
HISTCMP_BHATTACHARYYA	結果が低い方がよりマッチしている。完璧なマッチだった場合は0、完璧なミスマッチだった場合は1を返す。

　以降に実行例を示します。まず、同じ画像を与えたものを示します。当然ですが、違いがないため一致した値が表示されます。例えば、HISTCMP_CORRELの結果は1と表示されます。

```
C:\test>compHist Lenna.bmp Lenna.bmp
HISTCMP_CORREL        = 1
HISTCMP_CHISQR        = 0
HISTCMP_INTERSECT     = 65536
HISTCMP_BHATTACHARYYA = 0
```

図14.17●2つの比較画像

　今度は、落書きを加えた画像と比較します。同じ画像に、若干のノイズを加えただけなので、かなり似た画像と評価されます。HISTCMP_CORREL は 0.9576 と表示されます。

```
C:¥test>compHist Lenna.bmp LennaNoise1.bmp
HISTCMP_CORREL       = 0.9576
HISTCMP_CHISQR       = 178585
HISTCMP_INTERSECT    = 63052
HISTCMP_BHATTACHARYYA = 0.0820586
```

図14.18●2つの比較画像

さらに落書きを加えた画像と比較してみます。先の例に近いですがノイズ量を多くしたためHISTCMP_CORREL は 0.852126 と低評価の数値が表示されます。

```
C:\test>compHist Lenna.bmp LennaNoise2.bmp
HISTCMP_CORREL       = 0.852126
HISTCMP_CHISQR       = 56605.1
HISTCMP_INTERSECT    = 61691
HISTCMP_BHATTACHARYYA = 0.13946
```

図14.19●2つの比較画像

次に、画像を反時計方向に 10°回転した画像と比較します。absdiff 関数を採用した比較プログラムでは、まったく異なる画像と評価しました。このプログラムはヒストグラムを使うため、歪みや回転には非常に良好な結果を示します。HISTCMP_CORREL は 0.99058 と表示され、ノイズを加えた画像より良好（＝より近い画像）な結果が得られます。

```
C:\test>compHist Lenna.bmp Lenna10degree.jpg
HISTCMP_CORREL       = 0.990638
HISTCMP_CHISQR       = 974.033
HISTCMP_INTERSECT    = 63130
HISTCMP_BHATTACHARYYA = 0.0393281
```

図14.20●2つの比較画像

ついでに画像を時計方向に270°回転した画像と比較します。この場合、ヒストグラムは原画像とまったく同じになるため、最初の実行結果と同じものが得られます。つまり、同じ画像と認識します。

```
C:\test>compHist Lenna.bmp Lenna270.bmp
HISTCMP_CORREL       = 1
HISTCMP_CHISQR       = 0
HISTCMP_INTERSECT    = 65536
HISTCMP_BHATTACHARYYA = 0
```

図14.21●2つの比較画像

まったく異なる画像を比較した例も示します。

```
C:\test>compHist Lenna.bmp Girl.bmp
HISTCMP_CORREL       = 0.0107533
HISTCMP_CHISQR       = 947761
HISTCMP_INTERSECT    = 30492
HISTCMP_BHATTACHARYYA = 0.517973
```

図14.22●2つの比較画像

当然ですが、2つの画像は、ほとんど類似点がないことを示す数値が表示されます。

14.5 ヒストグラムを用いて複数の画像から探す

　先ほどのプログラムを応用して、複数の画像から最も原画像に近い画像をヒストグラムを用いて探すプログラムを紹介します。以降に、ソースリストの一部を示します。このプログラムは、引数にたくさんの画像名を渡します。最初の画像を 2 番目以降の画像と比較し、最も近いと判断した画像を表示します。

リスト14.5●ソースリストの一部（41imgComp/Sources/compHists.cpp）

```cpp
    ⋮
    Mat hist[2];
    vector<Mat> mat;

    const int histSize = 256;              // number of bins
    const float range[] = { 0, 256 };      // Set the ranges
    const float* histRange = { range };

    double dMax = DBL_MIN;
    int pos = 0;

    if (argc < 3)
        throw "few parameters.";

    mat.resize(argc - 1);
    for (int i = 0; i < mat.size(); i++)
        imread(argv[i + 1], IMREAD_GRAYSCALE).copyTo(mat[i]);

    calcHist(&mat[0], 1, 0, Mat(), hist[0],
        1, &histSize, &histRange, true, false);

    for (int i = 1; i < mat.size(); i++)
    {
        calcHist(&mat[i], 1, 0, Mat(), hist[1],
            1, &histSize, &histRange, true, false);

        double r = compareHist(hist[0], hist[1], HISTCMP_CORREL);
        cout << argv[i + 1] << ", r = " << r << endl;
        if (dMax < r)
```

```
        {
            dMax = r;
            pos = i + 1;
        }
    }
    cout << "[" << argv[1] << "]"
        << "に近い画像は、[" << argv[pos] << "]です。" << endl;
      ⋮
```

　引数で渡された画像をグレイスケールに変換し、mat へ読み込みます。まず、原画像のヒストグラムを calcHist 関数で hist[0] へ求めます。次に比較対象に指定された画像分だけループします。まず、比較対象画像のヒストグラムを calcHist 関数で hist[1] へ求めます。このヒストグラムと原画像のヒストグラムを compareHist 関数で比較します。このプログラムでは、compareHist 関数に HISTCMP_CORREL を採用します。このため、compareHist 関数が返す値が大きいほど、似た画像と判断します。以降に実行例を示します。比較対象画像に、原画像を含めた例を示します。

```
C:\test>compHists Lenna.bmp Mandrill.bmp Lenna.bmp Parrots.bmp
Mandrill.bmp, r = 0.763725
Lenna.bmp, r = 1
Parrots.bmp, r = 0.426379
[Lenna.bmp]に近い画像は、[Lenna.bmp]です。
```

図14.23●原画像

図14.24●比較される画像群

　当然ですが、原画像と同じ「Lenna.bmp」が近いと判断しています。

　今度は、原画像とまったく異なる画像、そして原画像にノイズを加えた2つの画像を与えた例を示します。

14.5 ヒストグラムを用いて複数の画像から探す

```
C:¥test>compHists Lenna.bmp Girl.bmp LennaNoise1.bmp LennaNoise2.bmp
Girl.bmp, r = 0.0107533
LennaNoise1.bmp, r = 0.9576
LennaNoise2.bmp, r = 0.852126
[Lenna.bmp]に近い画像は、[LennaNoise1.bmp]です。
```

図14.25●原画像

図14.26●比較される画像群

プログラムは、「LennaNoise1.bmp」が近いと判断します。

次に、原画像とまったく異なる画像、そして原画像を時計方向に180°回転した画像を与えた例を示します。

```
C:\test>compHists Lenna.bmp Mandrill.bmp Parrots.bmp Lenna180.bmp
Mandrill.bmp, r = 0.763725
Parrots.bmp, r = 0.426379
Lenna180.bmp, r = 1
elapsed time = 0.007
[Lenna.bmp]に近い画像は、[Lenna180.bmp]です。
```

図14.27●原画像

図14.28●比較される画像群

プログラムは、「Lenna180.bmp」が近いと判断します。

このようにヒストグラムを用いて比較すると、ゆがみなどには強いですが、ヒストグラムが同じ傾向であると、まったく異なる画像を近い画像と錯覚します。画素同士の差分を求める方法では、若干の傾きや変形があると、まったく異なった画像と認識します。画像を比較するのは、いろいろな方法がありますが、複数の方法を組み合わせ、それらの結果から判断するのが良いでしょう。

14.5 ヒストグラムを用いて複数の画像から探す

cv::calcHist

複数の画像（行列）に対するヒストグラムを求めます。

```
void calcHist( const Mat*    images,
               int           nimages,
               const int*    channels,
               InputArray    mask,
               SparseMat &   hist,
               int           dims,
               const int*    histSize,
               const float** ranges,
               bool          uniform=true,
               bool          accumulate=false )
```

引数

images   入力画像（行列）です。各画像（行列）は、すべて同じビット深度で
            CV_8U または CV_32F、そして同じサイズです。各画像（行列）は、それ
            ぞれは任意のチャンネル数で構いません。

nimages   入力画像（行列）の数です。

channels   ヒストグラムを求めるために利用するチャンネルの次元数リストです。
            1 番目の配列のチャンネルは、0 ～ arrays[0].channels()–1 まで、2 番目
            の チャンネル は、arrays[0].channels() ～ arrays[0].channels()+arrays[1].
            channels()–1 までです。以降も同様です。

mask   オプションのマスクです。この行列が空ではない場合、8 ビットの配列で
            arrays[i] と同じサイズでなければなりません。0 以外の要素がヒストグラ
            ムの対象となります。

hist   出力されるヒストグラムです。

dims   ヒストグラムの次元数です。正の値で、CV_MAX_DIMS を超えてはなりま
            せん。

histSize   各次元の、ヒストグラムサイズの配列です。

ranges   各次元におけるヒストグラムのビンの境界を表す dims 個の配列の配列で
            す。少々、複雑ですので、詳細については、OpenCV のドキュメントを参
            照してください。

uniform   ヒストグラムが一様か、そうでないかを示します。

283

accumulate　累積フラグです。これが設定されると、最初にヒストグラムのクリアが行われません。これによって複数の画像（行列）集合に対する 1 つのヒストグラムができます。また、各画像（行列）のヒストグラムを求めることができます。

説明

複数の画像（行列）に対するヒストグラムを求めます。ヒストグラムのビンの値を増加させるタプル要素は、対応する（複数の）入力画像（行列）の同じ位置から取り出されます。

cv::compareHist

指定の手法を用いて 2 つのヒストグラム同士を比較します。

```
double compareHist( InputArray H1, InputArray H2, int method )
```

引数

H1　　　　比較される 1 番目のヒストグラムです。

H2　　　　比較される 2 番目のヒストグラムで、H1 と同じサイズです。

method　　比較手法です。次の値のいずれかです。HISTCMP_CORREL、HISTCMP_CHISQR、HISTCMP_INTERSECT、HISTCMP_BHATTACHARYYA、HISTCMP_HELLINGER、あるいは HISTCMP_CHISQR_ALT です。詳細については、OpenCV のドキュメントを参照してください。

説明

　指定の手法を用いて 2 つのヒストグラムを比較します。詳細については、OpenCV のドキュメントを参照してください。

第 15 章

画像検索

　大きな画像内に存在する画像断片を検索するプログラムを紹介します。OpenCV の関数を使用せず純粋に C++ で検索する方法、画素の絶対差分から検索する方法、ヒストグラムを利用して検索する方法、OpenCV の MatchTemplate 関数などを使って、大きな画像内に存在する画像断片を検索します。

15.1 C++

　小さな画像が大きな画像に含まれ、渡された小さな画像と一致すると思われる座標を表示するプログラムを紹介します。まず、純粋な C++ のみで記述したプログラムを示します。本章で紹介するプログラムの基本的な概念を説明します。以降に、処理の概念を図で示します。

15 画像検索

図15.1●処理の概念図

ソースリストは、いくつかに分けられています。

15.2 ビットマップクラス

　C++からビットマップファイルを扱うため、ビットマップをサポートするクラスを開発します。

■ビットマップファイルの構造■

　本章で使用するビットマップファイルの構造を解説します。ビットマップファイルに関する構造体は、各処理系が標準で用意していることもあります。しかし、ソースコードのポータビリティを高めたかったため、処理系に依存しない純粋なC/C++言語のデータ型を使用して、あらためてビットマップ関係の構造体を定義しました。

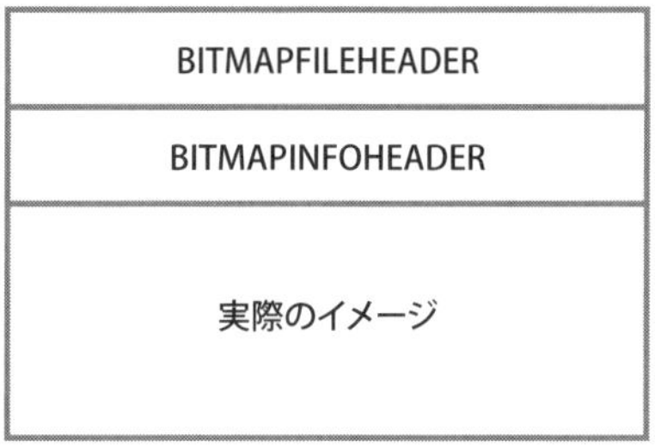

15.2　ビットマップクラス

```
┌─────────────────────────────────┐
│        BITMAPFILEHEADER         │
├─────────────────────────────────┤
│        BITMAPINFOHEADER         │
├─────────────────────────────────┤
│                                 │
│          実際のイメージ           │
│                                 │
└─────────────────────────────────┘
```

図15.2●ビットマップファイルの構造

以降にヘッダの定義ファイルを示します。

リスト15.1●ヘッダリスト（Cbmp/bitmapStruct.h）

```c
#ifndef __BITMAPSTRUCT__
#define __BITMAPSTRUCT__


#pragma pack(push, 1)

typedef struct
{
    unsigned short  bfType;
    unsigned int    bfSize;
    unsigned short  bfReserved1;
    unsigned short  bfReserved2;
    unsigned int    bfOffBits;
}
bmpFileHdr, *pBmpFileHdr;

typedef struct
{
    unsigned int    biSize;
    int             biWidth;
    int             biHeight;
    unsigned short  biPlanes;
    unsigned short  biBitCount;
    unsigned int    biCompression;
    unsigned int    biSizeImage;
    int             biXPelsPerMeter;
    int             biYPelsPerMeter;
```

287

```
    unsigned int    biClrUsed;
    unsigned int    biClrImportant;
}
bmpInfoHdr, *pBmpInfoHdr;



#pragma pack(pop)


#define BMTFMT_16_555      1
#define BMTFMT_16_565      2
#define BMTFMT_24_888      3
#define BMTFMT_32_BGRA     4
#define BMTFMT_32_BGRX     5
#define BMTFMT_32_101010   6
#define BMTFMT_UNKNOWN    -1


#define SAFE_DELETE(p)    if(p!=0) { delete(p); p=0; }
#define SAFE_FREE(p)      if(p!=0) { free(p);   p=0; }

#endif // __BITMAPSTRUCT__
```

■ ビットマップファイルヘッダ ■

ビットマップファイルヘッダを構造体宣言したものを示します。

```
typedef struct
{
    unsigned short   bfType;        // 'BM'であること
    unsigned int     bfSize;        // ファイルサイズ(バイト)
    unsigned short   bfReserved1;   // 予約
    unsigned short   bfReserved2;   // 予約
    unsigned int     bfOffBits;     // イメージ実体までのオフセット
}
bmpFileHdr, *pBmpFileHdr;
```

各メンバを説明します。

表15.1●構造体のメンバ

メンバ名	説明
bfType	ビットマップファイルを示す 'BM' が入っている。
bfSize	ファイルのサイズが入っている、画像実体の大きさを求めるのに使用する。
bfReserved1	予約領域。
bfReserved2	予約領域。
bfOffBits	画像実体までのオフセットが入っている、本体の位置を求めるのに使用する。

■ ビットマップヘッダ ■

ビットマップヘッダを構造体宣言したものを示します。

```
typedef struct
{
    unsigned int   biSize;        // 構造体の大きさ(バイト)
    int            biWidth;       // イメージの幅
    int            biHeight;      // イメージの高さ
    unsigned short biPlanes;      // プレーンの数，必ず"1"
    unsigned short biBitCount;    // 色数
    unsigned int   biCompression; // 圧縮タイプ
    unsigned int   biSizeImage;   // イメージのサイズ
    int            biXPelsPerMeter; // 水平解像度
    int            biYPelsPerMeter; // 垂直解像度
    unsigned int   biClrUsed;     // 重要なカラーインデックス数
    unsigned int   biClrImportant; // 使用されるインデックス数
}
bmpInfoHdr, *pBmpInfoHdr;
```

各メンバを説明します。

表15.2●構造体のメンバ

メンバ名	説明
biSize	本構造体の大きさがバイト数で格納されている。
biWidth	ビットマップの幅がピクセル単位で格納されている。
biHeight	ビットマップの高さがピクセル単位で格納されている。
biPlanes	プレーン数が入っている，この値は必ず1である。
biBitCount	1ピクセルあたりのビット数が格納されている。
biCompression	使用されている圧縮タイプが入っている。

メンバ名	説明
biSizeImage	イメージのサイズがバイト単位で格納されている。非圧縮 RGB ビットマップの場合 0 が格納されている。
biXPelsPerMeter	ビットマップの水平解像度が格納されている。単位は 1 メートルあたりのピクセルである。
biYPelsPerMeter	ビットマップの垂直解像度が格納されている。単位は 1 メートルあたりのピクセルである。
biClrUsed	カラーテーブル内の実際に使用する数が格納されている。
biClrImportant	ビットマップを表示するために重要とみなされるカラーインデックス数が格納されている。0 が入っている場合、すべての色が重要である。

■ クラスのヘッダと本体のソース ■

次に、クラスのヘッダと本体のソースリストを示します。

リスト15.2●クラスのヘッダファイル（Cbmp/Cbmp.h）

```
#ifndef __CBMPH__
#define __CBMPH__

#include "bitmapStruct.h"

//-----------------------------------------------------------------
class Cbmp
{
private:
    // ----- Methods -----
    int readHeader(FILE* fp);
    int readDib(FILE* fp);
    int writeHeader(FILE* fp);
    int writeDib(FILE* fp);
    void setBmpInfoHdr(const int width, const int height);
    void setBmpFileHdr(const int width, const int height);


    // ----- Members -----------------------------
    bmpFileHdr  mBmpFileHdr;                    // ヘッダ
```

```
public:
    // ----- Constructor/Destructor ----------------
    Cbmp();                                 // コンストラクタ
    virtual ~Cbmp();                        // デストラクタ

    // ----- Methods -----
    void loadFromFile(const char* bmpFName);
    int getWidth(void) const { return (mPdib==0 ? 0 : mPdib->biWidth); }
    int getHeight(void) const { return (mPdib==0 ? 0 : mPdib->biHeight); }
    int getAbsHeight(void) const { return (mPdib==0 ? 0 : mAbsHeight); }
    pBmpInfoHdr getPdib(void) const { return mPdib;}
    unsigned char* getPbitmapBody(void) const {
            return (unsigned char*)(mPdib==0 ? 0 : mPbitmap); }
    unsigned char* getScanRow(const int rowNo) const;
    int getBitsPerPixcel(void) const { return mPdib->biBitCount; }
    void saveToFile(const char* bmpFName);
    void getGSData(unsigned char* gs) const;
    void getBgraData(unsigned char* dataBgra) const;
    void gs2bgra(unsigned char* gs) const;
    int create24Dib(const int width, const int height);
    int easyFmtAna(void) const;


    // ----- Members -----------------------------
    pBmpInfoHdr mPdib;                      // pointer to BITMAP(DIB)
    unsigned char* mPbitmap;                // pointer to image
    int mDibSize;                           // size of BITMAP(DIB)
    int mRowPitch;                          // row per bytes
    int mPixelPitch;                        // pixel per bytes
    int mImageSize;                         // size of image
    int mAbsHeight;                         // absolute height
};
//----------------------------------------------------------------

#endif  /* __CBMPH__ */
```

15 画像検索

リスト15.3●クラスの本体ファイル（Cbmp/Cbmp.cpp）

```cpp
#define _CRT_SECURE_NO_WARNINGS
#include <stdio.h>
#include <stdlib.h>
#include <string.h>
#include <assert.h>
#include <sys/stat.h>          // for SIDBA
#include "bitmapStruct.h"
#include "Cbmp.h"


//------------------------------------------------------------------
// コンストラクタ
Cbmp::Cbmp()
: mPdib(NULL), mPbitmap(NULL), mDibSize(0), mRowPitch(0),
                      mPixelPitch(0), mImageSize(0), mAbsHeight(0)
{
    assert(sizeof(char) ==1);
    assert(sizeof(short)==2);
    assert(sizeof(int)  ==4);
}


//------------------------------------------------------------------
// デストラクタ
Cbmp::~Cbmp()
{
    SAFE_FREE(mPdib);                                   // free bmp
}


//=============== vvvvvv private vvvvvv ========================

//------------------------------------------------------------------
// read bitmap file header
//
// return true :0
//        false:!0=error #
int
Cbmp::readHeader(FILE* fp)
{
```

```
    if(fread(&mBmpFileHdr, sizeof(bmpFileHdr), 1, fp)!=1)
        return -1;

    if(mBmpFileHdr.bfType!='B'+'M'*256)
        return -2;                                 // not bitmap file

    return 0;
}


//------------------------------------------------------------------
// read bitmap body
int
Cbmp::readDib(FILE* fp)
{
    if(fread(mPdib , mDibSize, 1, fp)!=1)           // read body
        return -1;

    if(mPdib->biBitCount!=16
                    && mPdib->biBitCount!=24
                            && mPdib->biBitCount!=32)
        return -2;                                 // not 16/24/32bpp

    return 0;
}


//------------------------------------------------------------------
// write bitmap file header
int
Cbmp::writeHeader(FILE* fp)
{
    if(fwrite(&mBmpFileHdr, sizeof(bmpFileHdr), 1, fp)!=1)
        return -1;

    return 0;
}


//------------------------------------------------------------------
// write bitmap file body
int
```

```
Cbmp::writeDib(FILE* fp)
{
    if(fwrite(mPdib , mDibSize, 1, fp)!=1)              // write bitmap body
        return -1;

    return 0;
}



//-----------------------------------------------------------------
// set bitmap file header
void
Cbmp::setBmpInfoHdr(const int width, const int height)
{
    mPdib->biSize          =sizeof(bmpInfoHdr);
    mPdib->biWidth         =width;
    mPdib->biHeight        =height;
    mPdib->biPlanes        =1;
    mPdib->biBitCount      =24;                          // 24 bpp
    mPdib->biCompression   =0;
    mPdib->biSizeImage     =0;
    mPdib->biXPelsPerMeter=0;
    mPdib->biYPelsPerMeter=0;
    mPdib->biClrUsed       =0;
    mPdib->biClrImportant =0;
}



//-----------------------------------------------------------------
// set bitmap info header
//
// set bitmap file header
// set mAbsHeight
// set mPixelPitch
// set mRowPitch
//
void
Cbmp::setBmpFileHdr(const int width, const int height)
{
    mAbsHeight=height>0 ? height : -(height);          //abs

    mPixelPitch=3;                                      // 24 bpp
```

15.2 ビットマップクラス

```cpp
    mRowPitch=width*mPixelPitch;                    // to 4byte boundary
    if(mRowPitch%4)
        mRowPitch=mRowPitch+(4-(mRowPitch%4));

    mBmpFileHdr.bfType='B'+'M'*256;
    mBmpFileHdr.bfSize=(mRowPitch*mAbsHeight)+sizeof(bmpFileHdr)+sizeof(bmpInfoHdr);
    mBmpFileHdr.bfReserved1=0;
    mBmpFileHdr.bfReserved2=0;
    mBmpFileHdr.bfOffBits=sizeof(bmpFileHdr)+sizeof(bmpInfoHdr);
}



//=============== ^^^^^^ private ^^^^^^ ===================================




//-----------------------------------------------------------------
// load bitmap image from file
void
Cbmp::loadFromFile(const char* bmpFName)
{
    FILE* fp;
    struct stat statbuf;                        // for SIDBA

    SAFE_FREE(mPdib);                           // delete image

    if ((fp = fopen(bmpFName, "rb")) == 0)      // open bitmap file
        throw "input file open failed.";

    if (stat(bmpFName, &statbuf) != 0)          // for SIDBA
        throw "function stat() failed.";        // for SIDBA

    if (readHeader(fp) != 0)                     // read file header
    {
        fclose(fp);
        throw "failed to read bitmap file header.";
    }

    //mDibSize=mBmpFileHdr.bfSize-sizeof(bmpFileHdr); // size of dib
    mDibSize = statbuf.st_size - sizeof(bmpFileHdr);  // for SIDBA
```

15 画像検索

```cpp
    mPdib = (bmpInfoHdr *)malloc(mDibSize);        // alloc dib memory

    if (readDib(fp) != 0)                          // read dib
    {
        SAFE_FREE(mPdib);
        fclose(fp);
        throw "failed to read bitmap file body.";
    }
    fclose(fp);                                    // close bitmap file

    mPbitmap = (unsigned char *)(mPdib)            // move pos. to body
        +mBmpFileHdr.bfOffBits
        - sizeof(bmpFileHdr);

    mPixelPitch = mPdib->biBitCount / 8;

    mRowPitch = (mPdib->biWidth*mPixelPitch);      // clac. row pitch by bytes
    if (mRowPitch % 4 != 0)
        mRowPitch += (4 - (mRowPitch % 4));

    mAbsHeight = mPdib->biHeight > 0 ? mPdib->biHeight : -(mPdib->biHeight); //abs
    mImageSize = mRowPitch*mAbsHeight;
}


//-----------------------------------------------------------------
// get mem addr of specified scanrow#
unsigned char*
Cbmp::getScanRow(const int rowNo) const
{
    int absrowNo;

    if(mPdib==0)
        return 0;

    absrowNo=rowNo;
    if(mPdib->biHeight<0)
        absrowNo=mPdib->biHeight-rowNo-1;

    return (mPbitmap+(absrowNo*mRowPitch));
}
```

```
//------------------------------------------------------------------
// save to bitmap file
void
Cbmp::saveToFile(const char* bmpFName)
{
    FILE* fp;

    if((fp=fopen(bmpFName, "wb"))!=0)               // open file
    {
        if(writeHeader(fp)==0)                      // write header
        {
            if(writeDib(fp)!=0)                     // write dib
                throw "failed to write dib.";
        }
        else
            throw "failed to write header.";
    }
    else
        throw "failed to open file.";

    fclose(fp);
    SAFE_FREE(mPdib);
}


//------------------------------------------------------------------
// convert color to gray scale
void
Cbmp::getGSData(unsigned char* gs) const
{
    unsigned char* pRow=mPbitmap;
    unsigned char* pDest=gs;

    for(int y=0 ; y<mAbsHeight ; y++)
    {
        for(int x=0; x<getWidth(); x++)
        {
            float m=  (float)pRow[(x*mPixelPitch)+0]*0.114478f  // blue
                    + (float)pRow[(x*mPixelPitch)+1]*0.586611f  // green
                    + (float)pRow[(x*mPixelPitch)+2]*0.298912f; // red
```

```
                *pDest=(unsigned char)m;                        // gray scale
                pDest++;
            }
            pRow+=mRowPitch;
        }
    }


//----------------------------------------------------------------
// get BGRA
void
Cbmp::getBgraData(unsigned char* dataBgra) const
{
    if(mPdib->biBitCount==32)
        memcpy(dataBgra, mPbitmap, mImageSize);         // copy BGRA to dest.
    else
    {
        int index=0;                                    // cnvert 24bpp to BGRA
        for(int i=0; i<mImageSize; i+=3)
        {
            dataBgra[index++]=mPbitmap[i+0];    // B
            dataBgra[index++]=mPbitmap[i+1];    // G
            dataBgra[index++]=mPbitmap[i+2];    // R
            dataBgra[index++]=255;              // A
        }
    }
}


//----------------------------------------------------------------
// gray scale to 24bpp RGB or 32bpp BGRA
void
Cbmp::gs2bgra(unsigned char* gs) const
{
    for(int y=0; y<mAbsHeight; y++)
    {
        int rowOffset=y*mRowPitch;
        for(int x=0; x<mPdib->biWidth; x++)
        {
            mPbitmap[rowOffset+(mPixelPitch*x)+0]=gs[(y*mPdib->biWidth)+x];  // B
            mPbitmap[rowOffset+(mPixelPitch*x)+1]=gs[(y*mPdib->biWidth)+x];  // G
            mPbitmap[rowOffset+(mPixelPitch*x)+2]=gs[(y*mPdib->biWidth)+x];  // R
```

15.2 ビットマップクラス

```
                                                                  // A
        }
    }
}


//------------------------------------------------------------------
// create 24 bit DIB
int
Cbmp::create24Dib(const int width, const int height)
{
    setBmpFileHdr(width, height);

    SAFE_FREE(mPdib);                                // delete bmp
    mDibSize=mBmpFileHdr.bfSize-sizeof(bmpFileHdr); // size of dib
    mPdib=(bmpInfoHdr *)malloc(mDibSize);           // alloc dib memory

    setBmpInfoHdr(width, height);

    mPbitmap=(unsigned char *)(mPdib)               // move pos. to body
                        +mBmpFileHdr.bfOffBits
                                -sizeof(bmpFileHdr);

    mImageSize=mRowPitch*mAbsHeight;

    memset(mPbitmap, 0xFF, mImageSize);             // init. image data

    return 0;
}


//------------------------------------------------------------------
// easy format analyzer
int
Cbmp::easyFmtAna(void) const
{
    if(mPdib==NULL)
        return BMTFMT_UNKNOWN;

    if(mPdib->biBitCount<16)
        return BMTFMT_UNKNOWN;
```

299

```cpp
    if(mPdib->biBitCount==16 )
    {
        if(mPdib->biCompression==0)
            return BMTFMT_16_555;
        else
            return BMTFMT_16_565;
    }

    if(mPdib->biBitCount==24 && mPdib->biCompression==0)
        return BMTFMT_24_888;

    if(mPdib->biBitCount==32)
    {
        if(mPdib->biCompression==0)
            return BMTFMT_32_BGRA;
        else
            return BMTFMT_32_BGRX;
    }

    return BMTFMT_UNKNOWN;
}
```

クラスの概要を、表15.3〜表15.6に示します.

表15.3●publicメソッド

public メソッド	説明
Cbmp(void)	コンストラクタです。
~Cbmp(void)	デストラクタです。
void loadFromFile(　const char* bmpFName)	ビットマップファイルを読み込みます。
unsigned int getWidth(void)	画像の幅を取得します。
unsigned int getHeight(void)	画像の高さを取得します（マイナスの値の場合もあります）。
int getAbsHeight(void)	画像の高さの絶対値を取得します。
pBmpInfoHdr getPdib(void)	ビットマップヘッダを指すポインタを取得します。
unsigned char* 　getPbitmapBody(void)	画像データを指すポインタを取得します。
unsigned char* getScanRow(　const int rowNo)	指定したラインの先頭アドレスを取得します。
int getBitsPerPixcel(void)	1 ピクセルのビット数を取得します。

public メソッド	説明
void saveToFile(　const char* bmpFName)	ビットマップをファイルへ保存します。
void getGSData(　unsigned char* gs)	読み込んだビットマップをグレイスケール画像へ変換した画像データを取得します。
void getBgraData(　unsigned char* dataBgra)	読み込んだビットマップから BGRA へ変換した 32bpp の画像データを取得します。
void gs2bgra(　unsigned char* gs)	グレイスケール画像データを BGRA 形式へ変換します。
int create24Dib(　const int width, 　const int height)	指定したサイズの 24bpp ビットマップファイルを生成します。
int easyFmtAna(void)	読み込んだビットマップのフォーマットを簡易な方法で解析します。

表15.4●publicメンバ

private メンバ	説明
pBmpInfoHdr mPdib	ビットマップ（DIB）を指すポインタです。
unsigned char* mPbitmap	画像データを指すポインタです。
int mDibSize	ビットマップ（DIB）のサイズです。
int mImageSize	画像データのサイズです。
int mRowPitch	1 ラインのバイト数です。
int mPixelPitch	1 ピクセルのバイト数です。
int mAbsHeight	画像の高さです。ビットマップファイルは高さがマイナスの値で格納されている場合がありますので、絶対値を保持します。

表15.5●privateメソッド

private メソッド	説明
int readHeader(FILE* fp)	ビットマップファイルヘッダを読み込みます。
int readDib(FILE* fp)	ビットマップ本体を読み込みます。
int writeHeader(FILE* fp)	ビットマップファイルヘッダを書き込みます。
int writeDib(FILE* fp)	ビットマップ本体を書き込みます。
void setBmpInfoHdr(const int width, const int height)	ビットマップ情報を設定します。
void setBmpFileHdr(const int width, const int height)	ビットマップファイルヘッダ情報を設定します。

15 画像検索

表15.6●private メンバ

private メンバ	説明
bmpFileHdr mBmpFileHdr	ビットマップファイルヘッダの構造体です。

　クラスの説明をソースコードと対応させながら説明します。

　Cbmp はコンストラクタです。まず、主要なメンバを初期化します。また、各データ型のサイズが想定したサイズであるかチェックします。本クラスは複数のプラットフォームへ対応させるので、C/C++ 言語のデータ型が想定したサイズであるかチェックします。

　~Cbmp はデストラクタです。メモリが割り付けられていたら、それを解放します。メモリの解放は SAFE_FREE マクロで行います。このマクロはメモリが割り当てられていたときのみメモリ解放を行い、解放後にポインタに NULL を設定します。

■ private メソッド

　readHeader メソッドは、fread 関数で bmpFileHdr 構造体のサイズ分だけファイルから読み込みます。読み込みが成功したら先頭に 'BM' という文字が入っているかチェックします。もし、'BM' が入っていない場合、ビットマップファイルではないため呼び出し元に 0 以外を返し、正常に読み込めたら 0 を返します。

　readDib メソッドは、mPdib メンバが指すアドレスへビットマップ本体を読み込みます。mPdib が指すメモリは呼び出し元が割り付けます。また、読み込むサイズ mDibSize も、本メソッド呼び出し前に設定されています。ビットマップファイルを正常に読み込めたら 0 を返します。

　writeHeader メソッドは、渡されたファイルポインタを指定し、fwrite 関数でビットマップファイルヘッダを保持する mBmpFileHdr 構造体をファイルへ書き込みます。

　writeDib メソッドは、mPdib メンバが指すメモリから mDibSize が表すバイト数を、fwrite 関数でファイルへ書き込みます。書き込みに失敗した場合、呼び出し元に 0 以外を返し、正常に書き込めたら 0 を返します。

　setBmpInfoHdr メソッドは、引数で渡された画像の幅と高さを使用して、mPdib がポイントする bmpInfoHdr 構造体を初期化します。このとき、ビットマップファイルは必ず 24bpp として初期化します。

　setBmpFileHdr メソッドは、引数で渡された画像の幅と高さを使用して mBmpFileHdr 構造体やクラスのメンバを初期化します。このとき、ビットマップファイルは必ず 24bpp として初期化します。

■ public メソッド

loadFromFile メソッドは、引数で受け取ったファイル名を使用して、ディスクなどから
ビットマップファイルを読み込みます。読み込みに先立ち、mPdib にすでにメモリが割り付
けられている場合が考えられるので、SAFE_FREE マクロでメモリを解放します。次に fopen
関数でビットマップファイルを読み込みモードでオープンします。

次に stat 関数で、ファイルサイズを取得します。通常は、bmpFileHdr 構造体の bfSize メ
ンバにファイルサイズが格納されています。ところが、一部のファイルで bfSize メンバに正
常値が格納されていないことが分かり、stat 関数を使用することにしました。もし、正常な
ビットマップファイルしか扱わない場合、stat 関数を使用せず、コメントアウトしたコードを
生かせば良いでしょう。

まず、readHeader メソッドを呼び出し、bmpFileHdr を読み込みます。そして、先ほどの
stat 関数で得たファイルサイズから、bmpFileHdr の大きさを減算し、ビットマップ全体のサ
イズ（ビットマップヘッダ＋画像データ）を mDibSize へ求めます。この値を malloc 関数に
指定し、メモリを確保すると共に、割り付けたメモリのアドレスを mPdib メンバへ格納しま
す。そして readDib メソッドで、bmpInfoHdr 構造体以降を、先ほど確保したメモリへ読み込
みます。もし、読み込みに失敗したら、確保したメモリを解放し、ファイルを閉じた後、例外
をスローします。正常に、読み込みが完了したら、ファイルを閉じます。

ビットマップファイルを正常に読み込めたら、各メンバを初期化します。まず、メンバ
mPbitmap には画像データが格納されている先頭アドレスを設定します。mPixelPitch メンバ
には 1 ピクセルが占めるバイト数を格納します。mRowPitch メンバには、1 ラインのバイト
数を格納します。mRowPitch はビットマップファイルの特徴である 4 バイト境界にバウンダ
リ調整するためのダミーデータ長を含みます。mAbsHeight メンバには、画像の高さの絶対値
（ピクセル単位）を格納します。bmpInfoHdr 構造体の biHeight メンバにはマイナスの値で画
像の高さが格納されている場合があります。このため mAbsHeight メンバには、絶対値を格
納します。

最後に、mImageSize メンバに画像データのサイズを格納します。先ほど説明した画像デー
タがダミーデータを含んでいる場合、それも含めたサイズを格納します。

getWidth メソッドは、画像の幅をピクセル値で返します。ビットマップファイルが読み込
まれていない場合 0 を返します。

getHeight メソッドは、画像の高さをピクセル値で返します。ビットマップファイルが読み
込まれていない場合 0 を返します。高さはマイナスの値で格納されている場合はマイナスで、

プラスの値で格納されている場合プラスで返します。

　getAbsHeight メソッドは、画像の高さをピクセル値で返します。ビットマップファイルが読み込まれていない場合 0 を返します。ビットマップヘッダの高さが、プラス値であろうがマイナスの値であろうが絶対値を返します。

　getPdib メソッドは、bmpInfoHdr 構造体を含むビットマップ全体の先頭アドレスを返します。

　getPbitmapBody メソッドは、画像データが格納されている先頭アドレスを返します。ビットマップファイルが読み込まれていない場合、NULL を返します。getPdib メソッドと getPbitmapBody メソッドが返すアドレスを、下図に示します。

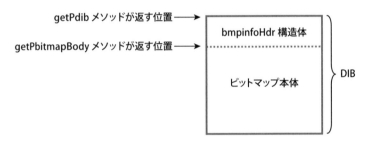

図15.3●getPdibメソッドとgetPbitmapBodyメソッドの返すアドレス

　getScanRow メソッドは、引数 rowNo に対応するラインの先頭アドレスを返します。ビットマップファイルが読み込まれていない場合、NULL を返します。引数で渡される rowNo は、画面に表示したときの最上位を 0 として処理します。表示上のスキャンラインとメモリ位置は、bmpInfoHdr 構造体の biHeight メンバの正負によって並びが異なります。biHeight メンバの値が正の場合、メモリと表示の関係は下図に示す通りです。図の上ほどメモリアドレスが若い（低い）と想定して記述しています。

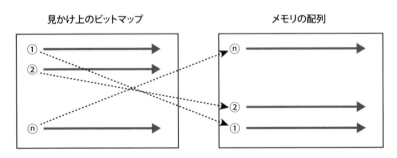

図15.4●biHeightメンバの値が正の場合のメモリと表示の関係

bmpInfoHdr 構造体の biHeight メンバが負の場合、メモリと表示の関係は下図に示すように配置されます。表示とメモリの並びは先ほどと同じで、図の上ほどメモリアドレスが若い（低い）と想定して記述しています。

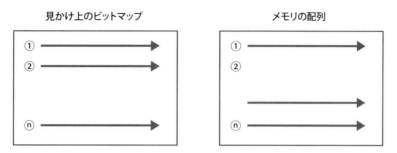

図15.5●biHeightメンバの値が負の場合のメモリと表示の関係

このように、メモリ配置と表示上の配置が bmpInfoHdr 構造体の biHeight メンバの符号によって異なります。このため、本メソッドは、biHeight メンバの符号によって返すアドレスを変更します。

また、ビットマップファイルのサイズは見かけ上の大きさと同じとは限りません。ビットマップの 1 ラインの総バイト数が 4 バイトの整数倍でない場合、強制的に 4 バイトの倍数になるようなダミーのデータが埋め込まれます。各ラインの先頭を探すには、ダミーの部分をスキップしなければなりません。図 15.6 にダミーデータが含まれる概念図を示します。メンバ mRowPitch には、ダミーデータを含んだ 1 ラインのバイト数が入っています。本メソッドは、この mRowPitch を使用して、rowNo が指す先頭アドレスを求めます。

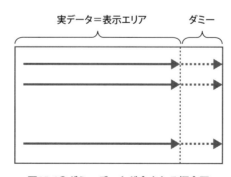

図15.6●ダミーデータが含まれる概念図

saveToFile メソッドは、クラス（オブジェクト）が管理しているビットマップを、渡された

ファイル名でディスクへ格納します。指定された名前でファイルをオープンし、writeHeader メソッド、writeDib メソッドでビットマップ全体を書き込みます。正常に書き込みが完了したらファイルを閉じると共に、ビットマップを読み込んでいたメモリを解放します。このことから、ファイルを保存した後、ビットマップはメモリに存在しません。処理中にエラーが発生した場合、例外をスローします。

　getGSData メソッドは、画像データをグレイスケールに変換して返します。読み込んだビットマップファイルは 24/32bpp でなければなりません。なお、24bpp のビットマップファイルを読み込んでいた場合、返されるデータ量は**約 1/3** へ、32bpp を読み込んでいた場合、返されるデータ量は 1/4 へ減ります。24bpp の場合、**約**という表現になるのは、横幅のピクセル数によってダミーデータが含まれるためです。なお、グレイスケールへ変換した画像データを格納するメモリは、呼び出し元で割り付けておく必要があります。

　getBgraData メソッドは、画像データを 32bpp BGRA に変換して返します。24bpp のビットマップファイルを読み込んでいた場合、返されるデータ量は約 4/3 へ増加します。これはアルファチャンネルが付加されるためです。約 4/3 へ増加すると書いたのは、元データにダミーデータが存在する可能性があるためです。なお、BGRA へ変換した画像データを格納するメモリは、呼び出し元で割り付けておく必要があります。

　gs2bgra メソッドは、渡されたグレイスケール画像をフォーマットだけ 24bpp か 32bpp BGRA へ変換します。つまり、ビットマップとしてはカラー形式ですが、RGB 各色成分に同じ値を設定するため、表示するとグレイスケールです。

　create24Dib メソッドは、24bpp のビットマップファイルを生成します。まず、setBmpFileHdr メソッドを呼び出し、mBmpFileHdr 構造体を初期化します。すでに mPdib にメモリを割り付けている場合が考えられるので、SAFE_FREE でメモリを解放します。次に、bmpInfoHdr 構造体から画像データを格納するのに必要なサイズを求め、ビットマップに必要なメモリを割り付けます。割り付けたメモリのアドレスはメンバ mPdib へ格納します。その他必要なメンバを設定した後、画像データ全体を 0xFF で初期化します。

　easyFmtAna メソッドは、読み込んだビットマップファイルのフォーマットを簡易にフォーマット解析します。そしてフォーマットの種別を返します。

　これで、ビットマップファイルに関するファイルの説明は終了です。

15.3 プログラム本体

クラスの説明が終わりましたので、実際に画像検索を行うプログラムの本体を説明します。以降にソースリストを示します。

リスト15.4●ソースリスト（42imgSrch/Sources/imgSrchCpp.cpp）

```cpp
#include <stdio.h>
#include <stdlib.h>
#include <limits.h>
#include <iostream>
#include "../../Cbmp/Cbmp.h"
#include "../../common/CStopwatch.hpp"

using namespace std;

#pragma pack(push, 1)
typedef struct
{
    int smlHeight;
    int smlWidth;
    int bigRowPitch;
    int smlRowPitch;
    int pixelPitch;
    int sumArrayWidth;
    int sumArrayHeight;
} paramType;
#pragma pack(pop)

//----------------------------------------------------------------
// search image each position
static void
search(const int x, const int y,
    const paramType *p, const unsigned char* inBigImg,
                const unsigned char* inSmlImg, int* sumArray)
{
    int bigOffset = (y*p->bigRowPitch) + (x*p->pixelPitch);
    int smlOffset = 0;
```

15 画像検索

```
        int sum = 0;
        for (int dy = 0; dy < p->smlHeight; dy++)
        {
            for (int dx = 0; dx < (p->smlWidth)*(p->pixelPitch); dx++)
            {
                sum += abs(inBigImg[bigOffset + dx]
                    - inSmlImg[smlOffset + dx]);
            }
            bigOffset += (p->bigRowPitch);
            smlOffset += (p->smlRowPitch);
        }
        sumArray[y*p->sumArrayWidth + x] = sum;
}


//----------------------------------------------------------------
// search image
static void
search(const Cbmp bmp[])
{
    int diff = INT_MAX, xPos = 0, yPos = 0;
    paramType param;

    param.smlHeight = bmp[1].mAbsHeight;                // set param
    param.smlWidth = bmp[1].mPdib->biWidth;
    param.bigRowPitch = bmp[0].mRowPitch;
    param.smlRowPitch = bmp[1].mRowPitch;
    param.pixelPitch = bmp[0].mPixelPitch;
    param.sumArrayHeight = bmp[0].mAbsHeight - param.smlHeight + 1;
    param.sumArrayWidth = bmp[0].mPdib->biWidth - param.smlWidth + 1;

    int *sumArray = new int[param.sumArrayHeight*param.sumArrayWidth];

    for (int y = 0; y < param.sumArrayHeight; y++)
    {
        for (int x = 0; x < param.sumArrayWidth; x++)
        {
            search(x, y, &param, bmp[0].mPbitmap,
                bmp[1].mPbitmap, sumArray);
        }
    }
```

308

```
    //srch diff
    for (int y = 0; y < param.sumArrayHeight; y++)
    {
        for (int x = 0; x < param.sumArrayWidth; x++)
        {
            if (sumArray[y*param.sumArrayWidth + x] < diff)
            {
                diff = sumArray[y*param.sumArrayWidth + x];
                yPos = y;
                xPos = x;
            }
        }
    }

    delete[] sumArray;

    if (bmp[1].mPdib->biHeight > 0)
        yPos = bmp[0].mAbsHeight - yPos - bmp[1].mAbsHeight;

    cout << "pos, x=" << xPos << " y=" << yPos
        << ", diff=" << diff << endl;
}


//------------------------------------------------------------------
// evalate bitmap format
static int
evalBmp(const Cbmp bmp[])
{
    cout << "検索先画像 = " << bmp[0].getWidth() << " x "
        << bmp[0].getHeight() << ", " << bmp[0].getBitsPerPixcel()
        << "/ pixel" << endl;

    cout << "探す画像　 = " << bmp[1].getWidth() << " x "
        << bmp[1].getHeight() << ", " << bmp[1].getBitsPerPixcel()
        << "/ pixel" << endl;

    if (bmp[0].mPdib->biWidth < bmp[1].mPdib->biWidth
        || bmp[0].mAbsHeight < bmp[1].mAbsHeight)
        throw "元画像ファイルの幅や高さが探す画像より小さい.";

    if ((bmp[0].mPdib->biHeight < 0 && bmp[1].mPdib->biHeight>0)
```

```
            || (bmp[0].mPdib->biHeight>0 && bmp[1].mPdib->biHeight < 0))
            throw "y軸の昇順が異なる.";

    if (bmp[0].mPixelPitch != bmp[1].mPixelPitch)
        throw "元画像ファイルと画像のbits/pixelが異なる.";

    if (bmp[0].getBitsPerPixcel() != 24 && bmp[0].getBitsPerPixcel() != 32)
        throw "bmp must be 24/32bits per pixcel.";

    return 0;
}


//-----------------------------------------------------------------
// main
int
main(int argc, char* argv[])
{
    try
    {
        if (argc < 3)
            throw "引数に以下の値を指定してください.\n" \
            "   <元画像ファイル>  <小さな探す画像>";

        CStopwatch sw;
        Cbmp bmp[2];
        bmp[0].loadFromFile(argv[1]);              // load bitmap
        bmp[1].loadFromFile(argv[2]);              // load bitmap

        evalBmp(bmp);                              // evalate bitmap format

        sw.Start();

        search(bmp);                               // search image

        sw.StopAndAccumTime();
        cout << "elapsed time = " << sw.getElapsedTime() << endl;
    }
    catch (const char* str)
    {
        cerr << str << endl;
    }
```

```
    return 0;
}
```

　main 関数を説明します。本プログラムは引数に 2 つのビットマップファイルを要求します。最初のビットマップファイルが検索対象となる大きな画像です。第 2 引数は、その大きな画像に含まれるであろうと思われる画像です。まず、引数の数をチェックし、問題なければ 2 つのビットマップファイルを Cbmp オブジェクトの配列に loadFromFile メソッドで読み込みます。次に、evalBmp 関数を呼び出し、2 つのビットマップフォーマットに相違がないことを調べます。最後に、search 関数を呼び出して、小さな画像が大きな画像の、どの位置に存在するか探します。

　evalBmp 関数は、2 つの画像のフォーマットなどが一致しているか検査します。例えば、片方が 32bpp で片方が 24bpp のような組み合わせは許可しません。どのようなチェックがなされるかはソースコードを参照してください。相違が見つかった場合、例外をスローします。

　search 関数が、小さな画像が大きな画像のどこに存在するか探す関数です。画像の検索方法の概念を図で示します。小さな画像を、大きな画像に重ねて、透かしをみるような感じで探します。

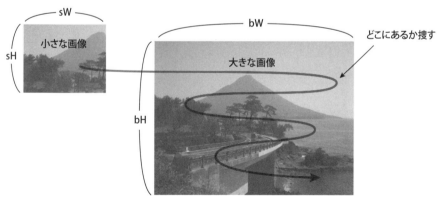

図15.7●画像の検索方法の概念

　小さな画像を左上から右下に向かって 1 ピクセルずらしながら、順次、小さな画像全画素の差分を求めます。各画素の RGB 成分の差分を計算します。そして、その差分の絶対値の総和を求めます。以降に、小さな画像を大きな画像上で、どのように比較していくか、図で概念を示します。

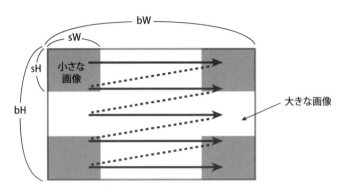

図15.8●小さな画像を大きな画像上で比較する概念

　図から分かるように、小さな画像の幅を sW、高さを sH とし、大きな画像の幅を bW、高さを bH とした場合、探す範囲の幅は bW − sW + 1、高さは bH − sH + 1 となります。

　以降に実行例を示します。まず、大きな画像を示します。この画像は 1000 × 750 ピクセルの画像です。

図15.9●大きな画像

　この画像から、一部切り取った画像を示します。この画像位置をプログラムで検索します。この画像は 100 × 100 ピクセルの画像です。図のサイズを相対的に同じサイズにすると、小さな画像が見づらくなるため、大きめに示します。

図15.10●一部を切り取った画像

以降に、コマンドラインの入力例を示します。プログラムに続き、1番目に検索対象となる画像ファイル名、次に大きな画像に含まれる画像を指定します。

```
C:¥test>imgSrchCpp minami.bmp minami_700_430_100x100.bmp
検索先画像 = 1000 x 750, 24/ pixel
探す画像   = 100 x 100, 24/ pixel
pos, x=700 y=430, diff=0
elapsed time = 6.641
```

プログラムは、各画像の大きさやビット深度を表示します。そして、プログラムが検出した画像の位置と、演算結果を表示します。このプログラムでは、画像の絶対差分を求め、最も小さい値を得られた画像位置と、その値を表示します。この例ではx座標=700、y座標=430に位置に、まったく同じ画像を検出しています。差分が0ですので、まったく同じ画像が存在したということを表します。

次に、輝度を20％増したものと、30％減じた画像を検索させます。

図15.11●輝度を変えた画像

```
C:¥test>imgSrchCpp minami.bmp minami1brite20p.bmp
検索先画像 = 1000 x 750, 24/ pixel
探す画像   = 100 x 100, 24/ pixel
pos, x=700 y=430, diff=596637
elapsed time = 6.657
```

```
C:¥test>imgSrchCpp minami.bmp minami1dark30p.bmp
検索先画像 = 1000 x 750, 24/ pixel
探す画像   = 100 x 100, 24/ pixel
pos, x=700 y=430, diff=890418
elapsed time = 6.672
```

　輝度が異なるため、差分は0となりません。ただ、本来の座標位置の絶対差分が最も小さな値を示すため、画像検索は正常に動作しています。

　さらに、ガンマ補正、モザイク、ポスタライズそしてエッジ強調を行った画像を検索させました。問題なく正確な位置を検出できます。

図15.12●ガンマ補正、モザイク、ポスタライズそしてエッジ強調を行った画像

　次に画像にノイズを乗せたものを試してみます。

図15.13●ノイズを乗せた画像

　以降に、実行結果を示します。2種類試しました。

```
C:¥test>imgSrchCpp minami.bmp minami1rakugaki1.bmp
検索先画像 = 1000 x 750, 24/ pixel
探す画像   = 100 x 100, 24/ pixel
pos, x=601 y=421, diff=879371
elapsed time = 6.641
```

```
C:\test>imgSrchCpp minami.bmp minami1rakugaki3.bmp
検索先画像 = 1000 x 750, 24/ pixel
探す画像   = 100 x 100, 24/ pixel
pos, x=700 y=430, diff=73058
elapsed time = 6.66
```

両方とも位置を検出できるのではないだろうかと考えたのですが、画像の特性上、似た画素が別の位置にもあるため、最初の画像は位置を誤認識しています。背景が、もう少し変化に富んだ画像であれば正確に認識された可能性が高いです。2番目のノイズを乗せたものは、ノイズの量が少ないためか正確に位置を検出できました。

今度は回転した画像を検索させてみましょう。

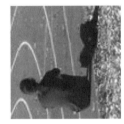

図15.14●回転した画像

以降に実行結果を示します。2種類試しました。

```
C:\test>imgSrchCpp minami.bmp minami1_090.bmp
検索先画像 = 1000 x 750, 24/ pixel
探す画像   = 100 x 100, 24/ pixel
pos, x=215 y=435, diff=1205704
elapsed time = 6.641


C:\test>imgSrchCpp minami.bmp minami1_180.bmp
検索先画像 = 1000 x 750, 24/ pixel
探す画像   = 100 x 100, 24/ pixel
pos, x=651 y=432, diff=1125358
elapsed time = 6.641


C:\test>imgSrchCpp minami.bmp minami1_270.bmp
検索先画像 = 1000 x 750, 24/ pixel
```

15 画像検索

```
探す画像   = 100 x 100, 24/ pixel
pos, x=663 y=413, diff=1150929
elapsed time = 6.64


C:\test>imgSrchCpp minami.bmp minami1_033.3.bmp
検索先画像 = 1000 x 750, 24/ pixel
探す画像   = 100 x 100, 24/ pixel
pos, x=697 y=399, diff=1142585
elapsed time = 6.64
```

このアルゴリズムは回転に対し、まったく歯が立たないようです。

本アルゴリズムの結果を次の表にまとめてみます。

表15.7●本アルゴリズムの結果

入力画像	実行結果
回転などの変形	×
輝度の変化	◎
モザイク、ポスタルなど	◎
大きなノイズ	△
小さなノイズ	◎

15.4 | absdiff

前節のプログラムを OpenCV の absdiff 関数で書き換えます。画像検索のアルゴリズムとしては同じです。以降にソースリストを示します。

リスト15.5●ソースリスト（42imgSrch/Sources/imgSrchAbsdiff.cpp）

```cpp
#include "../../common/common.h"
#include "../../common/CStopwatch.hpp"

using namespace cv;
using namespace std;
```

316

```cpp
//-------------------------------------------------------------------
// evalation images
template<typename T_n>
static void evalMat(const T_n mat[])
{
    cout << "検索先画像 = " << mat[0].cols << " x " << mat[0].rows << endl;
    cout << "探す画像    = " << mat[1].cols << " x " << mat[1].rows << endl;

    if (mat[0].cols < mat[1].cols || mat[0].rows < mat[1].rows)
        throw "元画像ファイルの幅や高さが探す画像より小さい.";
}


//-------------------------------------------------------------------
// show/write result
static void
drawPos(char* argv[], const Point pos)
{
    Mat big, sml;

    cout << "pos, x=" << pos.x << " y=" << pos.y << endl;

    imread(argv[1]).copyTo(big);
    imread(argv[2]).copyTo(sml);

    Point pos2 = Point(pos.x + sml.cols, pos.y + sml.rows);
    rectangle(big, pos, pos2, Scalar(0, 0, 255), 2);
    imwrite("result.jpg", big);    // write images

    imshow("search image", sml);
    imshow("result image", big);
}


//-------------------------------------------------------------------
// search image
template<typename T_n>
static float search(const T_n mat[], Point* pos)
{
    T_n dst;
    double fMin = FLT_MAX;

    //srch
```

```
    int srchCols = mat[0].cols - mat[1].cols + 1;
    int srchRows = mat[0].rows - mat[1].rows + 1;
    for (int y = 0; y < srchRows; y++)
    {
        for (int x = 0; x < srchCols; x++)
        {
            Rect roi = Rect(x, y, mat[1].cols, mat[1].rows);
            T_n  tgtRoi(mat[0], roi);

            absdiff(tgtRoi, mat[1], dst);
            double r = sum(dst)[0];

            if (fMin > r)
            {
                fMin = r;
                pos->y = y;
                pos->x = x;
            }
        }
    }
    return (float)fMin;
}

//-----------------------------------------------------------------
// main
int
main(int argc, char* argv[])
{
    try
    {
        CStopwatch sw;
        Mat src[2];
        //UMat src[2];
        Point pos = Point(-1, -1);

        if (argc < 3)
            throw "few parameters.";

        imread(argv[1], IMREAD_GRAYSCALE).copyTo(src[0]);
        imread(argv[2], IMREAD_GRAYSCALE).copyTo(src[1]);

        evalMat(src);
```

```
        sw.Start();

        float r = search(src, &pos);      // search image

        sw.StopAndAccumTime();

        cout << "elapsed time = " << sw.getElapsedTime() << endl;
        cout << "result = " << r << endl;

        drawPos(argv, pos);

        if (argc == 3)
            waitKey(0);
    }
    catch (const char* str)
    {
        cerr << str << endl;
    }
    return 0;
}
```

2つの画像ファイルをimreadで読み込みます。imreadの第2引数にIMREAD_GRAYSCALEを指定し、必ずグレイスケールとして読み込みます。

evalMat関数は、2つの画像のサイズを検査します。ついでに、両方の画像のサイズを表示します。

search関数が、小さな画像が大きな画像のどこに存在するか探す関数です。先のプログラムは自身で絶対差分を求めましたが、本プログラムではOpenCVのabsdiff関数を使用します。このため先のプログラムに比べ簡単に実装できます。evalMat関数とsearch関数は、MatあるいはUMatを受け取れるようにテンプレート関数とします。呼び出し側のmain関数で、画像をMatで保持してもUMatで保持しても問題なく処理できるようにします。

drawPos関数は、検出した座標を元に、大きな画像に検出位置を描き、画像として格納します。

以降に実行例を示します。まず、大きな画像から一部を切り取って画像検索させた結果を示します。小さな画像と、処理結果の画像を示します。画像のサイズは相対的に同じサイズではありません。相対的に同じ比率で示すと、見づらくなるため、小さな画像は大きめに示します。検索結果はコンソールに表示されますが、処理結果の画像も保管されます。その画像には検索結果が四角形で描かれます。

図15.15●入力と結果画像

以降に、コマンドラインの入力例を示します。プログラムに続き、1番目に検索対象となる画像ファイル名、次に大きな画像に含まれる画像を指定します。

```
C:\test>imgSrchAbsdiff minami.bmp minami_700_430_100x100.bmp
検索先画像 = 1000 x 750
探す画像   = 100 x 100
elapsed time = 2.054
result = 0
pos, x=700 y=430
```

プログラムは、各画像の大きさや処理時間、プログラムが検出した画像の座標を表示します。このプログラムでは、画像の絶対差分を求め、最も小さい値を得られた座標と、その値を表示します。この例ではx座標=700、y座標=430に位置に、まったく同じ画像を検出しています。差分が0ですので、まったく同じ画像が存在したということを表します。処理速度は、先のプログラムに比べ向上しています。

次に、輝度を変更したもの、ガンマ補正、モザイク、ポスタライズそしてエッジ強調を行っ

たものを試しましたが正確に位置を検出できます。例として、エッジ強調を入力とした場合を示します。

図15.16●入力と結果画像

以降に、コマンドラインの入力例を示します。

```
C:\test>imgSrchAbsdiff minami.bmp minami1sharpen18.bmp
検索先画像 = 1000 x 750
探す画像   = 100 x 100
elapsed time = 2.104
result = 345487
pos, x=700 y=430
```

先の例に比べresultに大きな値が示されますが、正確な位置を検出しています。

今度は回転した画像を検索させてみましょう。例として、33.3°回転した画像を入力とした場合を示します。

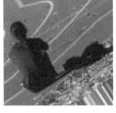

図15.17●入力と結果画像

以降に、プログラムの表示を示します。

```
C:\test>imgSrchAbsdiff minami.bmp minami1_033.3.bmp
検索先画像 = 1000 x 750
探す画像   = 100 x 100
elapsed time = 2.151
result = 378887
pos, x=193 y=448
```

　本プログラムのように、各画素の絶対差分を求める方法は、画像の回転やゆがみに弱いです。少しでも画素位置が異なると、画素間の差分が大きくなるためです。この例でも、まったく異なる位置を検出しています。

　ノイズに対しても同様の傾向を示します。ノイズが大きいと、画素間の差分が大きくなり正確に座標を検索できません。しかし、わずかなノイズや背景色に近い色むらなどのノイズに対しては強く、正確な座標を検索できます。

　本アルゴリズムの結果を次の表にまとめてみます。本節の方法も前節同様、画素間の差分を計算し、その総和を求め最も小さな座標を選択する方法を採用しています。このため、前節と同様の特性を示します。

表15.8●本アルゴリズムの結果

入力画像	実行結果
回転などの変形	×
輝度の変化	◎
モザイク、ポスタルなど	◎
大きなノイズ	△
小さなノイズ	◎

15.5 | matchTemplate

　前節のプログラムを変更し、matchTemplate 関数を使用して画像検索します。画像検索を行う search 関数以外は前節と同じですので変更部分のみを示します。

リスト15.6●ソースリストの一部（42imgSrch/Sources/imgSrchMatchTemplate.cpp）

```cpp
    ⋮
template<typename T_n>
static float search(const T_n mat[], Point* pos)
{
    Mat rMat;

    // テンプレートマッチング
    matchTemplate(mat[0], mat[1], rMat, TM_CCOEFF_NORMED);

    double maxVal;
    minMaxLoc(rMat, NULL, &maxVal, NULL, pos);

    return (float)maxVal;
}
    ⋮
```

　search 関数のみを説明します。まず matchTemplate 関数を使用し、大きな画像内に存在する（であろう）小さな画像を探します。この例では探す手法に TM_CCOEFF_NORMED を採

用します。得られた行列をminMaxLoc関数に与え、最大値と、その座標を求めます。この関数以外は前節と同様です。

以降に実行例を示します。自身でいろいろ記述するより素直にOpenCVを利用する方が良好な結果を得られます。輝度を変更したもの、ガンマ補正、モザイク、ポスタライズそしてエッジ強調を行ったものを試しましたが正確に位置を検出できます。例として、モザイク加工した画像を検索した例を示します。結果画像とともに、matchTemplate関数が返すマップも視覚化して示します。輝度が高い位置が検出位置です。

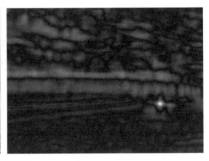

図15.18●入力と結果画像、そして比較結果のマップ

結果画像と比較結果のマップを合成した画像を示します。輝度の最も高い部分が検索位置です。

図15.19●結果画像と比較結果マップの合成

しかし、回転した画像や大きいノイズが乗った画像の検索はそれほど強力な性能を発揮しません。以降に回転した画像を検索させた例を示します。例として、33.3°回転した画像を入力

とした場合を示します。

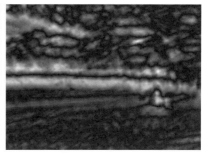

図15.20●入力と結果画像、そして比較結果のマップ

　この例でも、まったく異なる位置を検出しています。ついでに、90°回転した画像を指定したときの例も示します。このような直角の回転にも強くありません。近い部分を検索できていますが、それでも正確と呼ぶには不十分です。

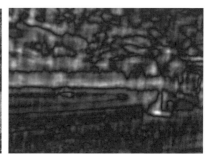

図15.21●入力と結果画像、そして比較結果のマップ

　以降に、プログラムの表示を示します。

```
C:\test>imgSrchMatchTemplate minami.bmp minami1_090.bmp
検索先画像 = 1000 x 750
探す画像   = 100 x 100
elapsed time = 0.06
result = 0.380035
pos, x=687 y=468
```

　本プログラムの結果を次の表にまとめます。

表15.9●本アルゴリズムの結果

入力画像	実行結果
回転などの変形	×
輝度の変化	◎
モザイク、ポスタルなど	◎
大きなノイズ	△
小さなノイズ	◎

　かなり良好な結果を得られましたが、回転に関しては良好な結果を得ることはできませんでした。

cv::matchTemplate

テンプレートと、それに重なった画像領域を比較します。

```
void matchTemplate( InputArray  image,
                    InputArray  templ,
                    OutputArray result,
                    int         method,
                    InputArray  mask=noArray() )
```

引数

image 　　　探索対象となる画像です。8ビット、または32ビットの浮動小数点型でなければなりません。

templ 　　　探索されるテンプレートです。探索対象となる画像より小さく、かつ同じデータ型でなければいけません。

result 　　　比較結果のマップです。データ型はシングルチャンネルで32ビットの浮動小数点です。imageのサイズがW×Hで、templのサイズがw×hとすると、このサイズは$(W - w + 1) \times (H - h + 1)$です。

method 　　　比較手法です。詳細はOpenCVの仕様（cv::TemplateMatchModes）を参照してください。

mask 　　　オプションの処理マスクです。templと同じデータ型で同じサイズでなければなりません。デフォルトでは設定されません。

15.5 matchTemplate

説明

この関数は templ を image 全体に対してスライドさせながら、w × h の領域を指定された方法で比較します。その結果を result に保存します。手法には、TM_SQDIFF、TM_SQDIFF_NORMED、TM_CCORR、TM_CCORR_NORMED、TM_CCOEFF、 そ し て TM_CCOEFF_NORMED があります。詳細については OpenCV の仕様（cv::TemplateMatchModes）を参照してください。

cv::minMaxLoc

行列内の大域最小値および大域最大値を求めます。

```
void minMaxLoc( InputArray src,
                double*    minVal,
                double*    maxVal=0,
                Point*     minLoc=0,
                Point*     maxLoc=0,
                InputArray mask=noArray() )
```

引数

src   シングルチャンネルの入力行列（画像）です。

minVal   最小値が返される変数へのポインタです。最小値が必要ない場合 NULL を指定します。

maxVal   最大値が返される変数へのポインタです。最大値が必要ない場合 NULL を指定します。

minLoc   最小値位置が返される変数へのポインタです。本情報が必要ない場合 NULL を指定します。

maxLoc   最大値位置が返される変数へのポインタです。本情報が必要ない場合 NULL を指定します。

mask   オプションの処理マスクです。

説明

最小値、最大値そして、それらの位置を探します。マスクが指定された場合、該当する領域を探します。マスクが指定されない場合、あるいは空のマスクが指定された場合、全体を探します。この関数は、マルチチャンネルでは動作しません。各チャンネルの最大値、最小値を探したい場合、Mat::reshape や各チャンネルを分離して、シングルチャンネルに変更してから、それぞれの最大値・最小値を探してください。

15 画像検索

15.6 | compareHist

前節のプログラムを変更し、compareHist 関数を使用して画像検索します。absdiff 関数や matchTemplate 関数を使うと回転や歪みに対して画像検索を行うことが困難でした。ヒストグラムの比較を行うと、曖昧な検索が可能になるであろうと思い、ヒストグラムを比較する方法を試します。search 関数以外は前節と同じですのでソースリストの一部を示します。

リスト15.7●ソースリストの一部（42imgSrch/Sources/imgSrchHist.cpp）

```cpp
    ⋮
template<typename T_n>
static float search(const T_n mat[], Point* pos)
{
    double dMax = DBL_MIN;

    T_n hist[2];
    Mat dst[2];
    const int histSize = 256;            // number of bins
    const float range[] = { 0, 256 };    // Set the ranges
    const float* histRange = { range };

    calcHist(&mat[1], 1, 0, T_n(), hist[1],
        1, &histSize, &histRange, true, false);

    //srch
    int srchCols = mat[0].cols - mat[1].cols + 1;
    int srchRows = mat[0].rows - mat[1].rows + 1;
    for (int y = 0; y < srchRows; y++)
    {
        for (int x = 0; x < srchCols; x++)
        {
            Rect roi = Rect(x, y, mat[1].cols, mat[1].rows);
            T_n  tgtRoi(mat[0], roi);
            tgtRoi.copyTo(dst[0]);

            calcHist(&dst[0], 1, 0, T_n(), hist[0],
                1, &histSize, &histRange, true, false);

            double r = abs(compareHist(hist[0], hist[1], HISTCMP_CORREL));
```

328

```
            if (dMax < r)
            {
                dMax = r;
                pos->y = y;
                pos->x = x;
            }
        }
    }
    return (float)dMax;
}
 ⋮
```

　search 関数のみを説明します。まず、小さな画像のヒストグラムを calcHist 関数で使用し求めます。大きな画像の座標をズラしながら、そのヒストグラムを求めます。そしてそれぞれのヒストグラムを compareHist 関数で比較します。得られた結果の最小値と、その座標を求めます。この関数以外は前節と同様です。

　これまでのプログラムは、回転した画像の位置を探すのは困難でした、そこで本プログラムに回転した画像を与えた実行例を示します。

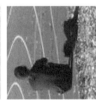

図15.22●回転した画像

　90°、180°、そして 270°回転した画像を検索してみます。正確に画像位置を検出できます。ヒストグラムで比較しますので、画素の位置に関係なく、ヒストグラムが一致する位置を同一と見なしますので、このような結果となります。次に 33.3°回転させた例を示します。

図15.23●33.3°回転した画像と結果

　誤差はありますが、ほぼ正確な位置を検出しています。参考のために先のmatchTemplate関数とabsdiff関数を使用したプログラムで画像検索した2つの結果を示します。

図15.24●matchTemplateとabsdiffを使用した結果

　両方とも、まったく異なる位置を検出しています。ついでに、これらのmatchTemplate関数とabsdiff関数を使用したプログラムに、90°回転した画像を指定してみました。これらのプログラムは、90°の回転にも強くありません。近い部分を検索できていますが、それでも正確と呼ぶには不十分です。
　このように、ヒストグラムを利用した本プログラムは回転や歪みには強いですが、輝度やノイズなどに強くありません。これを解決するには、ノイズに対しては極端に突出した部分を削除したヒストグラムで比較し、輝度に関しては前記に加えヒストグラムを平滑化してノーマラ

イズして比較すると良いでしょう。

表15.10●本アルゴリズムの結果

入力画像	実行結果
回転などの変形	◎
輝度の変化	×
モザイク、ポスタルなど	×
大きなノイズ	×
小さなノイズ	◎

かなり良好な結果を得られましたが、輝度変化やモザイクなどの加工に関しては良好な結果を得ることはできませんでした。

15.7 画像検索高速化

今度は、検索速度を速くする方法を考察してみましょう。先に示したabsdiff関数を使用したプログラムを高速化する例を紹介します。

OpenCVには、画像ピラミッドを生成する関数が用意されています。画像ピラミッドは、解像度の異なる同一画像の集合から構成されます。画像検索などでは、最初に低解像度に対する荒い処理を行い、徐々に高解像度へ処理を移して行き、高精度化します（coarse-to-fine手法）。このような画像ピラミッドを構成するのも良いのですが、ピラミッドが何層にも渡ると却って速度低下を招く場合もあります。そこで、単純に2段階のピラミッドを自身で作成し、速度と精度を向上させる方法を考えてみます。

以降に処理の概念図を示します。一般の画像ピラミッドは以降に示すように、多数の解像度から成り立ちます。

15 画像検索

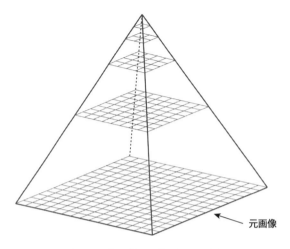

↙ 元画像

図15.25●一般の画像ピラミッド

今回は、小さい画像の最小解像度を決めておき、2層のピラミッドを使用します。

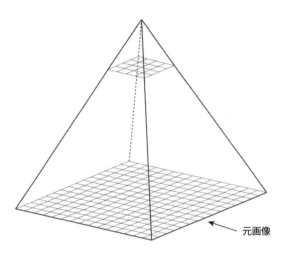

↙ 元画像

図15.26●2層の画像ピラミッド

　まず、小さい方の最小解像度を決定し、その解像度に合わせて小さい画像のピラミッドを作成します。その際に、画像の縮小比率が決まります。大きい画像も同じ比率で縮小し、2層のピラミッドを生成します。まず、解像度の低い画像で検索を行います。このような方法を採用することによって性能が大幅に向上します。以降に概念図を示します。

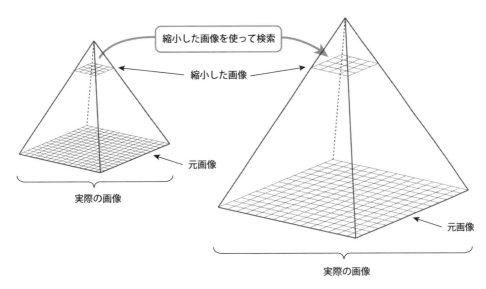

図15.27●小さい画像ピラミッドを作成

　解像度の低い画像で検索を行い、目的の位置を検出できたら、その座標が本来の原画像のどこに位置するか計算します。そして、xy軸ともに、ある程度のマージンを持たせ、その範囲を再検索することによって精度を向上させます。以降に概念図を示します。左側が低解像度の画像で検索、その結果を原画像にマップし、該当する範囲に余裕を持たせ、本来の画像で再検索します。

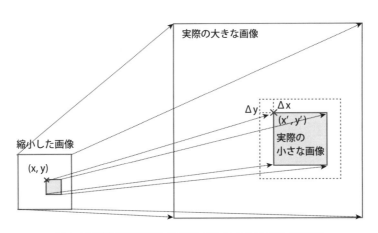

図15.28●低解像度画像で検索してから本来の画像で再検索

15 画像検索

以降にソースリストを示します。

リスト15.8●ソースリスト（42imgSrch/Sources/imgSrchAbsdiffResize.cpp）

```cpp
#include "../../common/common.h"
#include "../../common/CStopwatch.hpp"

using namespace cv;
using namespace std;

struct pos_t
{
    float   val;
    int     x;
    int     y;
};
class LessPos
{
public:
    bool operator()(const pos_t& a, const pos_t& b)
    {
        return a.val < b.val;
    }
};
class GraterPos
{
public:
    bool operator()(const pos_t& a, const pos_t& b)
    {
        return a.val > b.val;
    }
};

//----------------------------------------------------------------
// evalation images
template<typename T_n>
static void evalMat(const T_n mat[])
{
    cout << "検索先画像 = " << mat[0].cols << " x " << mat[0].rows << endl;
    cout << "探す画像   = " << mat[1].cols << " x " << mat[1].rows << endl;

    if (mat[0].cols < mat[1].cols || mat[0].rows < mat[1].rows)
```

```
            throw "元画像ファイルの幅や高さが探す画像より小さい.";
}


//----------------------------------------------------------------
// show/write result
static void
drawPos(char* argv[], const Point pos)
{
    Mat big, sml;

    cout << "pos, x=" << pos.x << " y=" << pos.y << endl;

    imread(argv[1]).copyTo(big);
    imread(argv[2]).copyTo(sml);

    Point pos2 = Point(pos.x + sml.cols, pos.y + sml.rows);
    rectangle(big, pos, pos2, Scalar(0, 0, 255), 2);
    imwrite("result.jpg", big);    // write images

    imshow("search image", sml);
    imshow("result image", big);
}


//----------------------------------------------------------------
// cut image
template<typename T_n>
static T_n cutTgtMat(const T_n mat[], const Point* pos, Point* offsetPos,
                     const int divider)
{
    cout << "pos->x = " << pos->x << endl;
    cout << "pos->y = " << pos->y << endl;

    int marginX = divider * 2;
    int marginY = divider * 2;

    int srchX = max(0, pos->x - marginX);
    int srchY = max(0, pos->y - marginY);

    int width = mat[1].cols + marginX * 2 > mat[0].cols ?
        srchX - mat[0].cols : mat[1].cols + marginX * 2;

    int height = mat[1].rows + marginY * 2 > mat[0].rows ?
        srchY - mat[0].rows : mat[1].rows + marginY * 2;
```

15 画像検索

```cpp
        cout << "srchArea X = " << srchX << " - " << srchX + marginX * 2 << endl;
        cout << "srchArea Y = " << srchY << " - " << srchY + marginY * 2 << endl;
        cout << "width  = " << width << endl;
        cout << "height = " << height << endl;

        offsetPos->x = srchX;
        offsetPos->y = srchY;

        Rect roi = Rect(srchX, srchY, width, height);
        T_n  tgtRoi(mat[0], roi);

        return tgtRoi;
    }

    //----------------------------------------------------------------
    // search image
    template<typename T_n>
    static void search(const T_n mat[], vector<pos_t> &vp)
    {
        pos_t srchPos;
        T_n dst;

        vp.clear();

        //srch
        int srchCols = mat[0].cols - mat[1].cols + 1;
        int srchRows = mat[0].rows - mat[1].rows + 1;
        for (int y = 0; y < srchRows; y++)
        {
            for (int x = 0; x < srchCols; x++)
            {
                Rect roi = Rect(x, y, mat[1].cols, mat[1].rows);
                T_n  tgtRoi(mat[0], roi);

                absdiff(tgtRoi, mat[1], dst);

                srchPos.val = (float)sum(dst)[0];
                srchPos.x = x;
                srchPos.y = y;

                vp.push_back(srchPos);
                sort(vp.begin(), vp.end(), LessPos());
```

```
                if (vp.size() > 5)
                    vp.erase(--vp.end());
            }
        }
    }


    //------------------------------------------------------------------
    // main
    int
    main(int argc, char* argv[])
    {
        try
        {
            CStopwatch sw;
            const int minWidthHeight = 30;
            Mat src[2], tSrc[2], cutSrc;
            //UMat src[2], tSrc[2], cutSrc;
            Point pos = Point(-1, -1);
            int divider = 0;
            vector<pos_t> vp;

            if (argc < 3)
                throw "few parameters.";

            imread(argv[1], IMREAD_GRAYSCALE).copyTo(src[0]);
            imread(argv[2], IMREAD_GRAYSCALE).copyTo(src[1]);
            tSrc[0] = src[0].clone();
            tSrc[1] = src[1].clone();
            evalMat(src);

            if (argc >= 4)
                divider = stoi(argv[3]);
            if (divider <= 1)
            {   // Q=N/D, QはminWidthHeightを採用する、
                // D=N/minWidthHeight, Nは短い方を使う
                int shortSide = min(src[1].cols, src[1].rows);
                divider = shortSide / minWidthHeight;   //切捨て
            }
            cout << "divider = " << divider << endl;

            sw.Start();

            resize(tSrc[0], src[0], Size(tSrc[0].cols / divider, tSrc[0].rows / divider));
```

15 画像検索

```
        resize(tSrc[1], src[1], Size(tSrc[1].cols / divider, tSrc[1].rows / divider));

        search(src, vp);                    // search image

        pos.y = vp.begin()->y * divider;    // org addr
        pos.x = vp.begin()->x * divider;    // org addr

        Point offsetPos;
        tSrc[0] = cutTgtMat(tSrc, &pos, &offsetPos, divider);

        search(tSrc, vp);                   // search image

        sw.StopAndAccumTime();

        for (vector<pos_t>::const_iterator it = vp.begin();
            it != vp.end(); it++)
        {
            cout << "x=" << it->x + offsetPos.x
                << ", y=" << it->y + offsetPos.y << ", val=" << it->val << endl;
        }
        cout << endl;

        cout << "elapsed time = " << sw.getElapsedTime() << endl;
        cout << "result = " << vp.begin()->val << endl;

        pos.y = offsetPos.y + vp.begin()->y;
        pos.x = offsetPos.x + vp.begin()->x;
        drawPos(argv, pos);

        if (argc < 5)
            waitKey(0);
    }
    catch (const char* str)
    {
        cerr << str << endl;
    }
    return 0;
}
```

　まず main 関数から説明を始めます。2 つの画像ファイルを imread で読み込みます。
imread の第 2 引数に IMREAD_GRAYSCALE を指定し、必ずグレイスケールとして読み込みま

す。evalMat 関数で画像の指定などに矛盾がないか検査します。

　第 3 引数には縮小値を指定できます。この値は原画像の縮小率です（n を与えると 1 / n へ縮小します）。値が大きいほど速度向上が望めますが、あまりにも大きな値を指定すると検索に失敗します。本プログラムは基本的に、この引数は指定しません。ただ、縮小の最適解を求めたい場合、この値を変更しながら最適な縮小率を探すことができます。

　縮小率は画像サイズ、大きな画像と小さな画像の相対的なサイズ、そして画像の特性によって変わりますので、自身で最適な縮小率を探したいときに、この引数は大きな武器になるでしょう。この引数が指定されていない場合、あるいは 1 未満が指定された場合、プログラムは自動で縮小率を算出します。本プログラムは、縦横小さい方が、30 ピクセル以下にならない値を求めます。minWidthHeight に縮小時の最低ピクセルを保持します。この値によって縮小率が計算されます。divider に画像の縮小率が求められます。この値をコンソールに表示します。

　この divider を使用し、画像を縮小します。縮小した画像を引数に、search 関数を呼び出して画像検索します。得られた画像位置は縮小した画像内の位置です。そこで、得られた画像位置に縮小率（divider）を乗算し、原画像の位置を pos に求めます。

　次に、cutTgtMat 関数を呼び出し、縮小した画像で検索した位置の周辺を切り出します。切り出した画像を使用して、再度 search 関数を呼び出し、検索の精度を高めます。以降に切り出しの概念と、その後の検索の様子を概念図で示します。

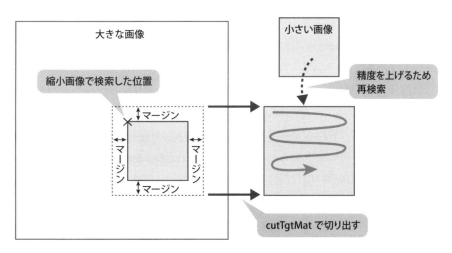

図15.29●縮小画像で検索した位置の周辺を切り出す

search 関数の引数は、これまでと変更し pos_t の vector で返します。これによって、検索した結果順にいくつかの座標を返すようにしました。このため、検索終了後に search 関数が探した結果をスコアの良い順にいくつか表示します。いくつ返すかは search 関数が決定します。

最後に、検索位置を描画した画像を保存します。いくつか冗長なコードがありますが、これらは、これまで使用した関数を変更したくなかったためです。もし、冗長なコードが気になるなら自身で最適化してください。

search 関数は、小さな画像が大きな画像のどこに存在するか探す関数です。これまでのプログラムは第一候補だけ返しましたが、本プログラムは pos_t 構造体の vector を最大 5 個返します。検索自体は absdiff を使用したプログラムと同様です。push_back し、val の値でソートし、一番可能性の低い座標を削除します。検索した画像位置は引数で返すため、本関数は void 型とします。

cutTgtMat 関数は、画像（mat）と検索した座標位置（pos）そして縮小率（divider）を元に、大きな画像から検索位置が存在すると思われる周辺を切り出します。切り出した左上の座標を offsetPos へ格納します。周辺をどこまで含めるかは重要です。ここでは縮小率の 2 倍の値をマージンとして採用します。他にも小さな画像の数割を採用するなど、もっと広く切り出す方法もあるでしょう。広く切り出せば精度良く検索できる可能性が増しますが、代わりに性能を犠牲にします。

drawPos 関数は、検出した座標を元に、大きな画像に検出位置を描き、画像として格納します。

evalMat 関数は、2 つの画像のサイズを検査します。ついでに、両方の画像のサイズを表示します。

画像を保持するのに Mat、あるいは UMat を使用できるように、いくつかの関数はテンプレート関数とします。詳細については、ソースリストを参照してください。

本プログラムは、最初に縮小を行わないプログラムに比べ格段に性能が向上します。以降に、両方の実行結果を示します。まず、本プログラムでノイズの乗った画像を検索した結果を示します。

図15.30●入力と結果画像

以降に、コマンドラインの入力例を示します。

```
C:\test>imgSrchAbsdiffResize minami.bmp minami1rakugaki2.bmp
検索先画像 = 4000 x 3000
探す画像  = 600 x 600
divider = 20
検索先画像 = 200 x 150
探す画像  = 30 x 30
pos->x = 2600
pos->y = 1600
srchArea X = 2560 - 2640
srchArea Y = 1560 - 1640
width  = 680
height = 680
x=2600, y=1600, val=2.6728e+006
x=2599, y=1600, val=3.93734e+006
x=2601, y=1600, val=3.94552e+006
x=2600, y=1599, val=4.58215e+006
x=2600, y=1601, val=4.58602e+006

elapsed time = 0.562
result = 2.6728e+006
pos, x=2600 y=1600
```

表示から分かるように、入力画像のサイズが表示されます。この例では、600 × 600 ピクセルの画像を、4000 × 3000 ピクセルの画像から探します。まず、自動で縮小率を計算します。この例では縮小率に 1/20 が採用されます。1 回目の検索は、それぞれの画像を縮小し 30 × 30 ピクセルの画像を、200 × 150 ピクセルの画像から探します。この例では、検索位置を元の位置にマップすると (2600,1600) の位置に存在すると表示しています。ただ、これは 1/20 に縮小して検索した結果ですので、最大 20 ピクセルの誤差が入り込む余地があります。この例では、切り出した位置が縮小サイズの境界に一致したため、最終の結果と同じになりましたが、これは偶然です。

次に、精度を上げるため縮小した画像で検索できた周辺を、原画像で検索します。先ほど説明しましたが、縮小率が 1/20 ですので、20 ピクセルが 1 ピクセルに変換されています。本プログラムはマージンに縮小率の 2 倍を採用します。ですので、x 軸は 2560 ～ 2640、y 軸は 1560 ～ 1640 の範囲を原画像で再検索します。検索の範囲は縦横ともに 680 ピクセルの範囲を対象とします。結果は、スコアの良い順に表示します。最もスコアの高かった座標は (2600,1600) です。つまり、結果として検索画像は、この位置に存在するとプログラムは判断します。処理に要した時間も表示します。この例では、0.562 秒で検索が完了しています。

同じ画像を、最初に紹介した単純に absdiff を使用するプログラムでも処理してみましょう。同じ位置を検出していますが、処理時間が異常に長いです。先のプログラムは、0.562 秒で検索が完了していますが、このプログラムでは、634.455 秒も消費しています。

```
C:¥test>imgSrchAbsdiff minami.bmp minami1rakugaki2.bmp
検索先画像 = 4000 x 3000
探す画像   = 600 x 600
elapsed time = 636.586
result = 2.6728e+006
pos, x=2600 y=1600
```

つまり、先のプログラムに比べ、約 1,129 倍も低速です。

本プログラムの結果を次の表にまとめてみます。回転以外には非常に良好な結果が得られます。

表15.11●本アルゴリズムの結果

入力画像	実行結果
回転などの変形	×
輝度の変化	◎
モザイク、ポスタルなど	◎
大きなノイズ	◎
小さなノイズ	◎

　本節で紹介した手法をヒストグラムで検索する方法へ適用すれば、高速でありながら、回転や歪みにも効果的な結果を得られる可能性があります。

第 16 章

応 用

16.1 自動トリミング

　画面ダンプを取得した際に、周辺に余計な背景が含まれる場合があります。本節で紹介するプログラムは、そのような周辺の画像を自動判別し、目的の矩形画像を取り出します。以降に、実行例を示します。

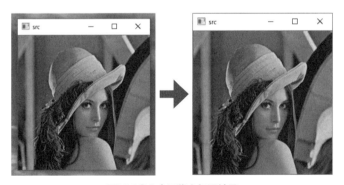

図16.1●入力画像と処理結果

　入力画像に含まれる余計な背景を除去します。以降に、ソースリストを示します。

16 応用

リスト16.1●ソースリスト（50apps/Sources/autoTrim.cpp）

```cpp
#include "../../common/common.h"

using namespace cv;
using namespace std;


// horizontal
// 一水平ラインの隣り合うピクセルの輝度成分比較差異がdelta以上あった
//    場合true(境界である)を返す。そうでなければfalse(境界でない)を返す。
bool
cmpHpix1(const Mat src, const int y)
{
    const int delta = 16;

    for (int x = 1; x < src.cols; x++)
    {
        int p0 = src.at<unsigned char>(y, x - 1);
        int p1 = src.at<unsigned char>(y, x);

        int diff = abs(p0 - p1);
        if (diff > delta)
        {
            return true;
        }
    }
    return false;
}


// vertical
// 一垂直ラインの隣り合うピクセルの輝度成分比較差異がdelta以上あった
//    場合true(境界である)を返す。そうでなければfalse(境界でない)を返す。
bool
cmpVpix1(const Mat src, const int x)
{
    const int delta = 16;

    for (int y = 1; y < src.rows; y++)
    {
        int p0 = src.at<unsigned char>(y - 1, x);
        int p1 = src.at<unsigned char>(y, x);
```

```
            int diff = abs(p0 - p1);
            if (diff > delta)
            {
                return true;
            }
        }
        return false;
}


// horizontal
// 一水平ラインの全ピクセルの輝度分布を調べる輝度をグルーピングし、
//    最も集中したグループが全体のcmpPct%以上ならtrue(境界である)を返す。
//    そうでなければfalse(境界でない)を返す。
bool
cmpHpix2(const Mat src, const int y)
{
    int delta = 1 << 3;
    vector<int> rLevel(256 / delta, 0);
    float cmpPct = .60f;

    for (int x = 1; x < src.cols; x++)
    {
        int c = src.at<unsigned char>(y, x);
        rLevel[c / delta]++;
    }
    int max = *max_element(rLevel.begin(), rLevel.end());
    float pcnt = (float)max / (float)src.cols;
    if (pcnt > cmpPct)
    {
        return true;
    }

    return false;
}

// vertical
// 一垂直ラインの全ピクセルの輝度分布を調べる輝度成分をグルーピングし、
//    最も集中したグループが全体のcmpPct%以上ならtrue(境界である)を返す。
//    そうでなければfalse(境界でない)を返す。
bool
```

```cpp
cmpVpix2(const Mat src, const int x)
{
    int delta = 1 << 3;
    vector<int> rLevel(256 / delta, 0);
    float cmpPct = .60f;

    for (int y = 1; y < src.rows; y++)
    {
        int c = src.at<unsigned char>(y, x);
        rLevel[c / delta]++;
    }
    int max = *max_element(rLevel.begin(), rLevel.end());
    float pcnt = (float)max / (float)src.rows;
    if (pcnt > cmpPct)
    {
        return true;
    }
    return false;
}


Rect
detectEidge(const Mat src,
    bool(*hFunc)(const Mat, const int), bool(*vFunc)(const Mat, const int))
{
    int topPos = 0;                     // Top
    for (int y = 0; y < src.rows; y++)
    {
        if (hFunc(src, y))
        {
            topPos = y;
            break;
        }
    }

    int bottomPos = src.rows - 1;       // bottom
    for (int y = src.rows - 1; y >= 0; y--)
    {
        if (hFunc(src, y))
        {
            bottomPos = y;
            break;
```

```
            }
        }

        int leftPos = 0;                        // left
        for (int x = 0; x < src.cols; x++)
        {
            if (vFunc(src, x))
            {
                leftPos = x;
                break;
            }
        }

        int rightPos = src.cols - 1;         // right
        for (int x = src.cols - 1; x >= 0; x--)
        {
            if (vFunc(src, x))
            {
                rightPos = x;
                break;
            }
        }

        int width = rightPos - leftPos + 1;
        int height = bottomPos - topPos + 1;

        return Rect(leftPos, topPos, width, height);
}

// main
int main(int argc, char* argv[])
{
        try
        {
            Mat src, gry;

            if (argc < 3)
                throw "few parameters.";

            src = imread(argv[1]);
            if (src.empty())
                throw "failed to open the input file!";
```

16 応用

```
        cvtColor(src, gry, COLOR_RGB2GRAY);

        Rect rect1 = detectEidge(gry, &cmpHpix1, &cmpVpix1);
        Rect rect2 = detectEidge(gry, &cmpHpix2, &cmpVpix2);

        Rect rect = rect1;
        if (rect1.width > rect2.width)
            rect = rect2;

        if (rect.width == src.cols && rect.height == src.rows)
            throw "error: trim failure!";

        cout << "src(0, 0, " << src.cols << ", " << src.rows << ") = ";
        cout << "dst(" << rect.x << ", " << rect.y << ", "
            << rect.width << ", " << rect.height << ")" << endl;

        Mat dst(src, rect);

        imwrite(argv[2], dst);

        imshow("src", src);
        imshow(argv[2], dst);

        waitKey(0);
    }
    catch (const char* str)
    {
        cerr << str << endl;
    }
    return 0;
}
```

　本プログラムは、画像に含まれる余計な背景を除去します。背景が単色やグラデーションなど穏やかに変化する場合と、背景がランダムな模様の場合がありますので、両方に対応できるようにします。

　cmpHpix1 関数は、横方向のトリミング境界を検出する関数です。本関数は、隣り合うピクセルの輝度成分の差異が、ある一定の値以上であると、そのラインがトリミング対象の境界で

あると判断します。

　cmpVpix1 関数は、縦方向のトリミング境界を検出する関数です。本関数は、縦方向の上下ピクセルの輝度成分の差異が、ある一定の値以上であると、そのラインがトリミング対象の境界であると判断します。

　この 2 つの関数は、トリミング対象画像の背景が単色やグラデーションの場合に機能します。つまり、ある位置で、極端に輝度が変わる部分を検出します。以降に具体的な例を示します。

図16.2●入力画像

　このように背景が単色の場合、画像の上辺から順に横方向の輝度変化を調べていくと、ウィンドウの上辺が見つかったとき、背景とウィンドウの縁で大きな輝度変化を観察できます。このような各ラインの相関は detectEidge 関数が管理しており、cmpHpix1 関数は純粋に、引数で渡された画像の y 軸をスキャンします。以降に、cmpHpix1 関数がサーチしてウィンドウの上辺と判断した 10 番目のラインの輝度変化をグラフで示します。

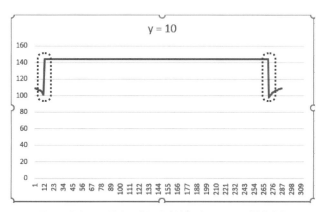

図16.3●ウィンドウの上辺と判断したラインの輝度変化

図 16.3 に示すように、スキャンの途中で想定した以上の大きな輝度変化（枠で囲んだ部分）を観察したため、関数は true を返します。true を返すというのは、トリミングの境界であることを示します。引数で与えられた y の位置がトリミングの境界と判断します。本プログラムでは、輝度変化が 16 以上あると、true を返します。輝度変化の値をいくつにするかは画像の種類に依存しますのでアダプティブな手法を研究するのも良いでしょう。背景が単色の画像では、背景部の輝度変化 0 ですので検出は簡単です。しかし、背景が全くの単色であるとは限らないため、このような一定の範囲以上とすることによって、グラデーションのような背景にも対応できます。

同様の方法で、今度は縦方向にスキャンする cmpVpix1 関数が検出した位置の輝度を示します。

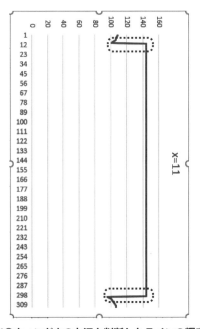

図16.4●ウィンドウの左辺と判断したラインの輝度変化

図 16.4 に示すように、スキャンの途中で想定した以上の大きな輝度変化（枠で囲んだような部分）を観察したため、関数は true を返します。

cmpHpix2 関数は、横方向のトリミング境界を検出する関数です。本関数は、1 水平ラインの全ピクセルの輝度をグルーピングし、最も集中したグループが一定以上であると、そのライ

ンがトリミング対象の境界であると判断します。

　cmpVpix2 関数は、縦方向のトリミング境界を検出する関数です。本関数は、1 垂直ラインの全ピクセルの輝度をグルーピングし、最も集中したグループが一定以上であると、そのラインがトリミング対象の境界であると判断します。

　この 2 つの関数は、トリミング対象画像の背景がランダムな模様の場合に機能します。つまり、ウィンドウの縁が、ある一定の輝度で形成されていることを利用します。以降に具体的な例を示します。

図16.5●入力画像

　このように背景がランダムな画像である場合、先の関数ではウィンドウの縁を検出するのは難しくなります。つまり背景の任意の位置で大きな輝度変化が存在するためです。背景がランダムな場合、画像の上辺から順に横方向の輝度変化を調べていくと、ウィンドウの上辺が見つかったとき、ある一定の輝度を持つ画素が全体の大勢を占めるのを利用します。各ラインの相関は detectEidge 関数が管理しており、cmpHpix2 関数は純粋に、引数で渡された画像の y 軸をスキャンします。以降に、cmpHpix2 関数がサーチしてウィンドウの上辺と判断した 12 番目のラインの輝度と、その前の 11 番目のラインの輝度変化をグラフで示します。

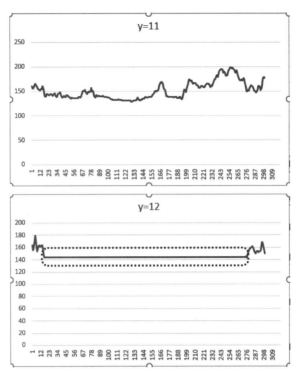

図16.6●ウィンドウの上辺と判断したライン（y=12）とその直前のライン（y=11）の輝度変化

　上の図は、ウィンドウ直前の背景の輝度です。本関数は、1水平ラインの全ピクセルの輝度をグルーピングし、最も集中したグループが一定以上であると、そのラインがトリミング対象の境界であると判断します。このように輝度がランダムであると、輝度がある範囲に集まる可能性が低く、トリミングの境界と判断しません。しかし、下の図では、左右のランダムな輝度が含まれますが、ほとんどはウィンドウの境界の輝度となり（枠で囲んだ部分）、輝度でグルーピングすると一定の輝度に画素値が集中しトリミングの境界と判断します。つまり、この例では、関数は y=11 では false を返し、y=12 で true を返します。このプログラムでは、ある範囲で輝度をグルーピングし、あるグループが全体の 60 % を超えていたら、トリミングの境界と判断します。いくつにグルーピングするか、何 % を超えたら境界と判断するかは画像を学習するような機能を埋め込むのも良いでしょう。さらに、本プログラムはグルーピングの範囲を全輝度 0 〜 255 としていますが、対象画素の最低値と最高値を調べ、その範囲でグループを形成するのも良いでしょう。

　同様の方法で、今度は縦方向にスキャンする cmpVpix2 関数が検出した位置の輝度を示します。以降に、cmpVpix2 関数がサーチしてウィンドウの左辺と判断した 15 番目のラインの

輝度と、その左の 14 番目のラインの輝度変化をグラフで示します。

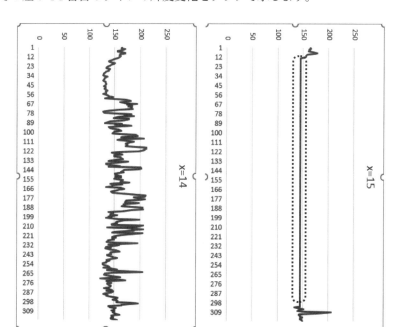

図16.7●ウィンドウの左辺と判断したライン（x=15）とその直前のライン（x=14）の輝度変化

　図に示すように、右の図では、上下にランダムな輝度が含まれますが、ほとんどはウィンドウの境界の輝度となり（枠で囲んだ部分）、輝度でグルーピングすると一定の輝度に画素値が集中しトリミングの境界と判断します。つまり、この例では、関数は x=14 では false を返し、x=15 で true を返します。

　detectEidge 関数は、先の cmpHpix1 関数、cmpVpix1 関数、あるいは cmpHpix2 関数、cmpVpix2 関数を使用し、画像からトリミング範囲を探し、探し出した範囲を Rect で呼び出し元へ返します。
　まず、上辺のトリミング位置を探します。y の値を 0 から画像の底辺まで変化させ、hFunc 関数の引数として渡し、トリミング境界を探します。境界が見つかると、hFunc 関数は true を返しますので、そのときの y の値を topPos へ格納します。hFunc は関数ポインタで、実際の関数は cmpHpix1 か cmpHpix2 です。
　同様に、底辺のトリミング位置を探します。y の値を画像の底辺から 0 まで変化させ、hFunc 関数の引数として渡し、トリミング境界を探します。境界が見つかると、そのときの y

の値を bottomPos へ格納します。これで、上辺と底辺の境界が見つかります。

次に、左辺のトリミング位置を探します。x の値を 0 から画像の右端まで変化させ、vFunc 関数の引数として渡し、トリミング境界を探します。境界が見つかると、vFunc 関数は true を返しますので、そのときの x の値を rightPos へ格納します。vFunc は関数ポインタで、実際の関数は cmpVpix1 か cmpVpix2 です。

同様に、右端のトリミング位置を探します。x の値を画像の右端から 0 まで変化させ、vFunc 関数の引数として渡し、トリミング境界を探します。境界が見つかると、そのときの x の値を rightPos へ格納します。これで、上辺と底辺の境界が見つかります。

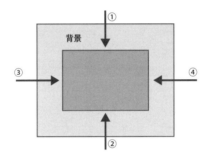

図16.8●4辺のトリミング境界を探す

いくつか実行例を示します。

図16.9●入力画像と処理結果

図16.10●入力画像と処理結果

図16.11●入力画像と処理結果

16.2 マウスを使おう

　OpenCVのユーザインタフェースは十分といえません。それでも、マウスなどを利用できますので、本節では、マウスを使用したプログラムを紹介します。

■ マウスで指定した範囲を切り取る ■

　本プログラムは、マウスを使用して切り出したい範囲を指定します。最も初歩的なマウスを利用するプログラムです。画像のある範囲を、マウスを使って切り取るプログラムです。以降に実行中の様子を示します。

図16.12●切り取り範囲を指定中の様子

以降に、ソースリストを示します。

リスト16.2●ソースリスト（50apps/Sources/mcutter.cpp）

```cpp
#include "../../common/common.h"

using namespace cv;
using namespace std;

// parameters
struct eventParam_t {
    Point   org;
    Rect    rect;
    bool    mouseDown;

    String  iName;
    Mat     src;
    Mat     dst;
};

// callback
void onMouseEvent(int event, int x, int y, int flags, void* uData)
{
    eventParam_t *ev = static_cast<eventParam_t*>(uData);

    int width  = abs(ev->org.x - x);
    int height = abs(ev->org.y - y);
```

```
    switch (event)
    {
    case EVENT_LBUTTONDOWN:
        ev->mouseDown = true;
        ev->org = Point(x, y);
        ev->rect = Rect(ev->org.x, ev->org.y, 0, 0);
        ev->src.copyTo(ev->dst);
        imshow(ev->iName, ev->dst);
        break;

    case EVENT_MOUSEMOVE:
        if (!ev->mouseDown)
            break;

        ev->rect.x = ev->org.x > x ? x : ev->rect.x;
        ev->rect.y = ev->org.y > y ? y : ev->rect.y;

        ev->rect = Rect(ev->rect.x, ev->rect.y, width, height);
        ev->src.copyTo(ev->dst);
        rectangle(ev->dst, ev->rect, Scalar(255));
        imshow(ev->iName, ev->dst);
        break;

    case EVENT_LBUTTONUP:
        ev->mouseDown = false;
        break;
    }
}

// adjust area
Rect adjRect(Rect rect, Size size)
{
    Rect newRect = rect;
    if (newRect.x < 0)
    {
        newRect.width = rect.width + rect.x;
        newRect.x = 0;
    }
    if (newRect.y < 0)
    {
        newRect.height = rect.height + rect.y;
```

```
            newRect.y = 0;
        }
    if (newRect.x + newRect.width > size.width)
        newRect.width = size.width - newRect.x;
    if (newRect.y + newRect.height > size.height)
        newRect.height = size.height - newRect.y;

    return newRect;
}

// usage
void usage()
{
    cout << "usege:" << endl;
    cout << "    c: cut" << endl;
    cout << "    q: quit" << endl;
}

// main
int main(int argc, char* argv[])
{
    try
    {
        eventParam_t ev = {
            Point(0, 0),
            Rect(0, 0, 0, 0),
            false
        };

        if (argc < 2)
            throw "no parameter.";

        ev.iName = argv[1];
        ev.src = imread(ev.iName);
        if (ev.src.empty())
            throw "no input file.";

        usage();

        imshow(ev.iName, ev.src);

        setMouseCallback(ev.iName, onMouseEvent, (void *)&ev);
```

```
    while (1)
    {
        int key = waitKey(1);
        if (key == 'Q' || key == 'q')
            break;

        if (key == 'C' || key == 'c')
        {
            if (ev.rect.width == 0 || ev.rect.height == 0)
                continue;

            Rect tempRect = adjRect(ev.rect, ev.src.size());
            Mat dst(ev.src, tempRect);
            imwrite("cutter.jpg", dst);
            destroyWindow("dst");
            imshow("dst", dst);
        }
    }
}
catch (const char* str)
{
    cerr << str << endl;
}
return 0;
}
```

　main 関数から説明します。eventParam_t 構造体 ev は、main 関数とウィンドウに対する
マウスイベントで呼び出される onMouseEvent 関数で情報を共通するための構造体です。本
プログラムは、引数に画像ファイルを要求します。このため、十分な引数があるかチェック
し、引数が与えられていなければ例外をスローし、プログラムを終了させます。次に、構造体
ev に必要な値を設定します。

　usage 関数を呼び出し、使用法を表示したのち、入力画像のウィンドウを表示します。この
ウィンドウに対するコールバック関数を setMouseCallback 関数で設定します。この例では、
コールバック関数は onMouseEvent、そして、その関数に構造体 ev のアドレスを渡し、main
関数と setMouseCallback 関数で情報を共有できるようにします。面倒であれば、必要な変数
などを外部変数にしても同じことを行えますが、カプセル化が損なわれるため、このような方

法を採用します。

　これ以降は、表示ウィンドウに対する何らかの操作がウィンドウに行われるまでループします。「Q」キーが押されたら、プログラムを終了させます。「C」キーが押されたら、マウスで指定した範囲を切り出し、表示するとともにファイルとして保存します。adjRect 関数は、マウスで指定した範囲がウィンドウ外まで含んでいる場合、ウィンドウ内にクリップします。

　adjRect 関数は、Rect 構造体 rect と Size 構造体 size を受け取ります。rect にはマウスが指定した領域、size には画像のサイズが格納されています。本関数は、rect の範囲が size に収まるようにクリップし、Rect 構造体を呼び出し元へ返します（図 16.13）。

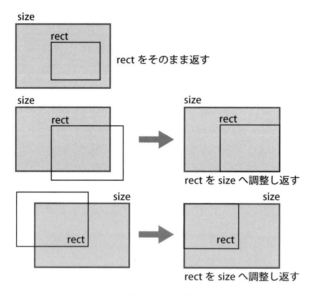

図16.13●adjRect関数の処理

　onMouseEvent 関数は、画像を表示したウィンドウに対するコールバック関数です。画像を表示したウィンドウへ何らかの操作を行うと、この関数が呼び出されます。本関数は main 関数内の setMouseCallback 関数で登録されます。引数は、先頭からマウスのイベントタイプ（MouseEventTypes）、マウスの x 座標、マウスの y 座標、マウスのイベントフラグ（MouseEventFlags）、そしてオプションの引数です。このオプションの引数は、setMouseCallback 関数の最後の引数で指定されたものと対応します。渡された eventParam_t 構造体 ev のメンバを表で説明します。

表16.1●eventParam_t構造体のメンバ

メンバ	説明
Point org	マウスの左ボタンが押された時の座標を格納します。
Rect rect	マウスで指定した範囲を保持する Rect です。
bool mouseDown	マウスの左ボタンの状態を管理します。true で押されている状態、false で離されている状態を示します。
String inName	入力画像のファイル名を保持します。これは、ウィンドウのタイトルにも使用されます。
Mat src	入力画像を保持する Mat です。
Mat dst	出力（表示）画像を保持する Mat です。

　まず、最初に width と height に、マウスの左ボタンを押した位置と受け取った座標から指定範囲のサイズを求めます。次に、引数の event を調べ、EVENT_LBUTTONDOWN（マウスの左ボタンダウン）であれば、マウスボタンの状態を管理する mouseDown に true を設定します。org には、渡された座標（開始点の座標）を格納し、入力画像を出力画像にコピーし、それを表示します。

　EVENT_MOUSEMOVE（マウスが移動）であれば、マウスボタンが押されている状態か調べ、押されていなかったら、すぐに関数を抜けます。そうでなければ、入力画像を出力画像にコピーし、その画像へマウスの指定範囲を描き、表示を行います。これによって、画像の上でマウスの左ボタンを押しながらドラッグすることによって、切り出す範囲を指定できます。マウスで指定した範囲を保持する ev->rect の x、y は必ず左上を指す必要があります。ところが、利用者が必ず始点を左上に置くとは限りません。このため、本関数は ev->rect の x、y と ev->org の x、y が一致するとは限りません。一見、ev->org と ev->rect の x、y は冗長なデータのように感じますが、それぞれ異なった情報を保持します。詳細についてはプログラムを参照してください。

　EVENT_LBUTTONUP（マウスの左ボタンアップ）であれば、マウスボタンの状態を管理する mouseDown に false を設定します。

　以降に実行例を示します。

```
C:\test>mcutter face05.jpg
usege:
    c: cut
    q: quit
```

起動すると、コマンドとその説明が簡単に表示されます。まず、開始点でマウスの左ボタンを押します。そのまま、ドラッグすると四角形が現れますので、切り取りたい範囲を指定します。

図16.14●マウスを使って切り取りたい範囲を指定

範囲を確定できたらボタンを離し、画面に向かって「C」キーを押します。すると切り取り範囲が別ウィンドウに表示されるとともに、ファイルとして保存されます。

図16.15●切り取り時の様子（左）とファイルに保存された画像（右）

選択範囲を変更したい場合は、再びマウスの左ボタンを押してください。すると、先に選択した範囲はクリアされます。

16.2 マウスを使おう

cv::setMouseCallback

指定されたウィンドウに対するマウスのイベントハンドラを登録します。

```
void setMouseCallback (
    const String & winname,
    MouseCallback  onMouse,
    void *         userdata = 0
)
```

引数

winname　　ウィンドウの名前です。

onMouse　　マウスイベントのコールバック関数です。

userdata　　コールバック関数に渡されるオプションの引数です。

説明

指定されたウィンドウに対するマウスのイベントハンドラを登録します。

setMouseCallback で登録するイベントハンドラの形式

マウスイベントのコールバック関数。cv::setMouseCallback を参照してください。

```
typedef void(* cv::MouseCallback) (
    int   event,
    int   x,
    int   y,
    int   flags,
    void  *userdata
)
```

引数

event　　cv::MouseEventTypes 定数の 1 つです。以降に表で示します。

event	説明
EVENT_MOUSEMOVE	マウスポインタがウィンドウ上を移動したことを示します。
EVENT_LBUTTONDOWN	マウスの左ボタンが押されたことを示します。

16

365

event	説明
EVENT_RBUTTONDOWN	マウスの右ボタンが押されたことを示します。
EVENT_MBUTTONDOWN	マウスの中央ボタンが押されたことを示します。
EVENT_LBUTTONUP	左マウスボタンが離されたことを示します。
EVENT_RBUTTONUP	マウスの右ボタンが離されたことを示します。
EVENT_MBUTTONUP	中マウスボタンが離されたことを示します。
EVENT_LBUTTONDBLCLK	左マウスボタンがダブルクリックされたことを示します。
EVENT_RBUTTONDBLCLK	マウスの右ボタンがダブルクリックされたことを示します。
EVENT_MBUTTONDBLCLK	マウスの中ボタンがダブルクリックされたことを示します。
EVENT_MOUSEWHEEL	正と負の値は、順方向スクロールと逆方向スクロールをそれぞれ意味します。
EVENT_MOUSEHWHEEL	正と負の値は、それぞれ右スクロールと左スクロールを意味します。

x　　　　　マウスイベント発生時の x 座標です。

y　　　　　マウスイベント発生時の y 座標です。

flags　　　cv::MouseEventFlags 定数の 1 つです。以降に表で示します。

flags	説明
EVENT_FLAG_LBUTTON	マウスの左ボタンが押されていることを示します。
EVENT_FLAG_RBUTTON	マウスの右ボタンが押されたことを示します。
EVENT_FLAG_MBUTTON	マウスの中央ボタンが押されていることを示します。
EVENT_FLAG_CTRLKEY	Ctrl キーが押されたことを示します。
EVENT_FLAG_SHIFTKEY	Shift キーが押されたことを示します。
EVENT_FLAG_ALTKEY	Alt キーが押されたことを示します。

userdata　オプションの引数です。

■ マウスで複数範囲を指定しオブジェクトを除去・複数範囲対応 ■

　マウスで複数の範囲を指定する例を示します。基本的に先のプログラムと同様ですが、複数の範囲を保持しなければなりません。また、本プログラムは、Undo をサポートします。本プログラムは、マウスで複数のエリアを指定し、その部分のオブジェクトを除去します。実際の処理例を示します。6 か所を指定し、オブジェクトを除去した様子を示します。ここでは、古い写真のノイズ除去に利用します。

16.2 マウスを使おう

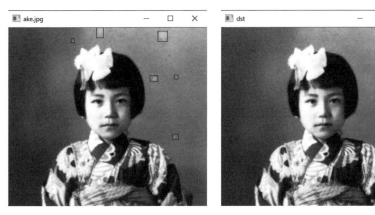

図16.16●除去範囲の指定（左）と除去後の様子（右）

リスト16.3●ソースリスト（50apps/Sources/elimObjsMM.cpp）

```
#include "../../common/common.h"

using namespace cv;
using namespace std;

// parameters
struct eventParam_t {
    Point  org;
    Rect   rect;
    bool   mouseDown;

    String iName;
    Mat src;
    Mat intrim;
    Mat areaFixed;
    Mat dst;

    vector<Rect> list;
};

// redraw
Mat redraw(vector<Rect> list, Mat src)
{
    Mat mat;
```

16 応用

```cpp
    src.copyTo(mat);

    vector<Rect>::const_iterator it = list.begin();
    for (; it != list.end(); ++it)
    {
        rectangle(mat, *it, Scalar(255));
    }
    return mat;
}
```

```cpp
// call back
void onMouseEvent(int event, int x, int y, int flags, void* uData)
{
    eventParam_t *ev = static_cast<eventParam_t*>(uData);

    int width = abs(ev->org.x - x);
    int height = abs(ev->org.y - y);

    switch (event)
    {
    case EVENT_LBUTTONDOWN:
        ev->mouseDown = true;
        ev->org = Point(x, y);
        ev->rect = Rect(ev->org.x, ev->org.y, 0, 0);
        ev->areaFixed.copyTo(ev->intrim);
        imshow(ev->iName, ev->intrim);
        break;

    case EVENT_MOUSEMOVE:
        if (!ev->mouseDown)
            break;

        ev->rect.x = ev->org.x > x ? x : ev->rect.x;
        ev->rect.y = ev->org.y > y ? y : ev->rect.y;

        ev->rect = Rect(ev->rect.x, ev->rect.y, width, height);
        ev->areaFixed.copyTo(ev->intrim);
        rectangle(ev->intrim, ev->rect, Scalar(255));
        imshow(ev->iName, ev->intrim);
        break;

    case EVENT_LBUTTONUP:
```

368

```
            ev->intrim.copyTo(ev->areaFixed);
            ev->list.push_back(ev->rect);
            ev->mouseDown = false;
            break;
    }
}

// adjust area
Rect adjRect(Rect rect, Size size)
{
    Rect newRect = rect;
    if (newRect.x < 0)
    {
        newRect.width = rect.width + rect.x;
        newRect.x = 0;
    }
    if (newRect.y < 0)
    {
        newRect.height = rect.height + rect.y;
        newRect.y = 0;
    }
    if (newRect.x + newRect.width > size.width)
        newRect.width = size.width - newRect.x;
    if (newRect.y + newRect.height > size.height)
        newRect.height = size.height - newRect.y;

    return newRect;
}

// usage
void usage()
{
    cout << "usege:" << endl;
    cout << "    e: eliminate objects" << endl;
    cout << "    u: undo" << endl;
    cout << "    l: list rectangle" << endl;
    cout << "    q: quit" << endl;
}

// main
int main(int argc, char* argv[])
{
```

```
try
{
    eventParam_t ev = {
        Point(0, 0),
        Rect(0, 0, 0, 0),
        false
    };

    if (argc < 2)
        throw "no parameter.";

    ev.iName = argv[1];
    ev.src = imread(ev.iName);
    if (ev.src.empty())
        throw "no input file.";

    usage();

    imshow(ev.iName, ev.src);

    ev.src.copyTo(ev.areaFixed);
    setMouseCallback(ev.iName, onMouseEvent, (void *)&ev);

    while (1)
    {
        int key = waitKey(1);
        if (key == 'Q' || key == 'q')
            break;

        if (key == 'U' || key == 'u')
        {
            if (ev.list.empty())
                continue;

            ev.list.pop_back();

            ev.areaFixed = redraw(ev.list, ev.src);
            imshow(ev.iName, ev.areaFixed);
        }

        if ((key == 'L' || key == 'l') && !ev.list.empty())
        {
```

```
            cout << "list:" << endl;
            vector<Rect>::const_iterator it = ev.list.begin();
            for (; it != ev.list.end(); ++it)
            {
                cout << "  Rect(" << it->x << ", " << it->y << ", "
                    << it->width << ", " << it->height << ")" << endl;
            }
        }

        if ((key == 'E' || key == 'e') && !ev.list.empty())
        {
            Mat mask(ev.src.size(), CV_8UC1, Scalar(0));

            vector<Rect>::const_iterator it = ev.list.begin();
            for (; it != ev.list.end(); ++it)
            {
                Rect tempRect = adjRect(
                    Rect(it->x, it->y, it->width, it->height), ev.src.size());
                rectangle(mask, tempRect, Scalar(255), FILLED);
            }
            inpaint(ev.src, mask, ev.dst, 1, INPAINT_TELEA);

            imwrite("eliminate.jpg", ev.dst);
            destroyWindow("dst");
            imshow("dst", ev.dst);
        }
    }
}
catch (const char* str)
{
    cerr << str << endl;
}
return 0;
}
```

本プログラムは、画像に含まれる余計なオブジェクトを除去します。

main 関数と onMouseEvent 関数で使用する eventParam_t 構造体 ev のメンバを以降に示します。

表16.2●eventParam_t構造体のメンバ

メンバ	説明
Point org	前節と同じ。
Rect rect	前節と同じ。
bool mouseDown	前節と同じ。
String inName	前節と同じ。
Mat src	前節と同じ。
Mat intrim	マウスで領域指定中の画像を保持します。
Mat areaFixed	領域を確定し、マウスの左ボタンが離された時の画像を保持します。
Mat dst	前節と同じ。
vector\<Rect\> list	利用者が指定した複数の領域を保持します。複数の領域を保持するため、vector を使用します。

redraw は、新規に追加した関数です。引数で受け取った vector\<Rect\> list を画像（src）へ描画し、結果の画像（Mat オブジェクト）を返します。

onMouseEvent 関数は、画像を表示したウィンドウに対するコールバック関数です。先ほどのプログラムに近いですが、少し拡張しています。

画像を表示したウィンドウへ何らかの操作を行うと、この関数が呼び出されます。本関数は main 関数内の setMouseCallback 関数で登録されます。引数は、先頭からマウスのイベントタイプ（MouseEventTypes）、マウスの x 座標、マウスの y 座標、マウスのイベントフラグ（MouseEventFlags）、そしてオプションの引数です。このオプションの引数は、setMouseCallback 関数の最後の引数で指定されたものと対応します。

まず、最初に width と height に、マウスの左ボタンを押した位置と受け取った座標から指定範囲のサイズを求めます。次に、引数の event を調べ、EVENT_LBUTTONDOWN（マウスの左ボタンダウン）であれば、マウスボタンの状態を管理する mouseDown に true を設定します。org には、渡された座標（開始点の座標）を格納し、すでに確定していた画像を保持する areaFixed を intrim へコピーし、それを表示します。

EVENT_MOUSEMOVE（マウスが移動）であれば、マウスボタンが押されている状態か調べ、押されていなかったら、すぐに関数を抜けます。そうでなければ、すでに確定していた画像を保持する areaFixed を intrim へコピーし、その画像へマウスの指定中の範囲を描き、表示を行います。これによって、画像の上でマウスの左ボタンを押しながらドラッグすることによって、過去に確定した範囲に加え、新しく指定中の範囲を表示します。

EVENT_LBUTTONUP（マウスの左ボタンアップ）であれば、範囲の指定が確定したと

みなし、intrim を areaFixed へコピーします。さらに、マウスボタンの状態を管理する mouseDown に false を設定します。

　adjRect 関数は、前節と同様です。また、usage 関数はメッセージ内容が変わるだけです。

　main 関数の前半部分は、ほぼ前節と同様です。ウィンドウを表示後、while ループへ入りますが、ここからが先のプログラムと異なります。「Q」キーが押されたらプログラムを終了させるのは、先のプログラムと同様です。「U」キーが押されたら、最後に指定された範囲の指定が Undo されます。「L」キーが押されたら、現在の指定範囲がリストとして表示されます。この機能はデバッグにも役立つでしょう。

　「E」キーが押されたら、マウスで指定した範囲のオブジェクトを除去します。オブジェクトの除去は 10.2 節「オブジェクト除去（1）」と同じ方法を採用しますが、この例と違いマスク画像を自身で生成します。入力画像に、このマスク画像を与えてオブジェクトを除去します。オブジェクトの除去は、除去したいオブジェクトの近傍から補完します。マスク画像は、マウスで指定した範囲から生成します。まず、入力画像と同じサイズで値が 0 の Mat を生成します。次に、ev のメンバである list が保持する Rect を使って、この生成した Mat へ rectangle 関数で値が 255 の塗りつぶされた四角形を描きます。つまり、これがマスク画像です。そして、inpaint 関数に入力画像とマスク画像を指定し、オブジェクトの除去を行います。最後に、これを表示するとともにファイルとして保存します。

　以降に実行例を示します。

```
C:\test>elimObjsMM ake.jpg
usege:
    e: eliminate objects
    u: undo
    l: list rectangle
    q: quit
```

起動すると、コマンドとその説明が簡単に表示されます。まず、開始点でマウスの左ボタンを押します。そのまま、ドラッグすると四角形が現れますので、除去したいオブジェクトの範囲を指定します。

図16.17●除去したいオブジェクトの範囲を指定

この状態で、画像を表示しているウィンドウで「L」キーを押すと、現在の指定範囲がリストとして表示されます。

```
C:¥test>elimObjsMM ake.jpg
usege:
    e: eliminate objects
    u: undo
    l: list rectangle
    q: quit
list:
  Rect(118, 20, 11, 10)
  Rect(269, 89, 14, 12)
  Rect(167, -6, 15, 27)
  Rect(280, 6, 23, 21)
  Rect(309, 196, 11, 13)
```

表示を参照するとわかりますが、最も上部の指定を行う際に、ウィンドウのクライアント外まで指定しているのが分かります。これはオブジェクトの除去を指定されたときに調整されます。

「E」キーを押し、指定した範囲のオブジェクトが除去される様子を示します。ここでは、写真の汚れを除去します。

図16.18●オブジェクト除去

きれいに汚れが除去されています。比較しやすいように、入力の画像と処理後の画像を並べて示します。

図16.19●入力画像と処理後の画像

Undo 機能も試してみましょう。まず、4 か所の領域を適当に選びます。

図16.20●4つの領域を指定

この状態で、画像を表示しているウィンドウで「L」キーを押すと、現在の指定範囲がリストとして表示されます。

```
C:¥test>elimObjsMM ake.jpg
usege:
    e: eliminate objects
    u: undo
    l: list rectangle
    q: quit
list:
  Rect(69, 39, 51, 66)
  Rect(230, 42, 58, 84)
  Rect(89, 154, 100, 87)
  Rect(245, 159, 98, 120)
```

そして、「U」キーを 2 回押すと、指定順の最後の方から 2 か所が解除されます。

図16.21●2つの領域の指定が解除される

この状態で「L」キーを押すと、現在の指定範囲がリストとして表示されます。

```
C:\test>elimObjsMM ake.jpg
usege:
    e: eliminate objects
    u: undo
    l: list rectangle
    q: quit
list:
  Rect(69, 39, 51, 66)
  Rect(230, 42, 58, 84)
  Rect(89, 154, 100, 87)
  Rect(245, 159, 98, 120)
list:
  Rect(69, 39, 51, 66)
  Rect(230, 42, 58, 84)
```

16.3 透視投影

2つの透視投影を行うプログラムを紹介します。最初のプログラムは、傾いたまま撮影した画像を、自動認識し正面から撮影したように透視投影するプログラムです。次のプログラムは、自動認識では難しい画像をマウスで指定し、投資投影するプログラムです。

■ 自動で透視投影 ■

本プログラムは、斜めに撮影された名刺や印刷物などを自動認識し、正面から撮影した画像へ変換します。プログラムの説明から始めると説明が分かりにくくなるため、実行例を先に示します。プログラムを起動すると、起動したコンソールに操作法の案内メッセージが現れるとともに、処理結果のウィンドウが表示されます。

```
C:\test>persObj pers01.jpg 300 200
usege:
    f: flip image
    q: save & quit
```

まず入力画像を示します。入力となった画像は「src」ウィンドウで表示されます。同時に、自動で検出した矩形を透視投影し、正面から撮影したように表示する「pers」ウィンドウが現れます。このウィンドウは、引数で与えたサイズで表示します。

図16.22●入力画像と透視投影の結果

入力画像からアスペクト比などを判別できないため、パラメータで入力させるようにしました。検出した矩形の傾きや、各角度から自動でアスペクト比を導き出すこともできそうですから、時間のある人は挑戦するのも悪くないでしょう。

　さて、これ以外に2つのウィンドウを表示します。1つは、「findContours」ウィンドウです。これはfindContours関数で検出したコーナーを表示したものです。

図16.23●コーナーの検出

　この例では、目的の矩形と、右上の三角形を囲むようにコーナーを検出しています。この状態では輪郭を検出していますが、まだたくさんのエリアの集合にすぎません。そこで、これから輪郭を直線近似化し、頂点が4つのものだけを選出すると、矩形を検出できます。それを、「detectObjs」ウィンドウに表示します。このウィンドウには矩形の頂点を直線で結んだ線が描かれます。

図16.24●矩形の検出

　後半の「findContours」ウィンドウと「detectObjs」ウィンドウは表示する必要性はないのですが、どのように処理されたか示すため表示しています。これらが不要と考える人は、該当のimshow関数をコメントアウトするとよいでしょう。

　さて、それではプログラムの説明を行います。以降に、ソースリストを示します。

リスト16.4●ソースリスト（50apps/Sources/ persObj.cpp）

```
#include "../../common/common.h"

using namespace cv;
using namespace std;

inline bool
x2small(const Point2f& left, const Point2f& right)
{
    return left.x < right.x;
}

inline bool
```

```
y2small(const Point2f& left, const Point2f& right)
{
    return left.y < right.y;
}

inline bool
y2big(const Point2f& left, const Point2f& right)
{
    return left.y > right.y;
}

// usage
void usage()
{
    cout << "usege:" << endl;
    cout << "    f: flip image" << endl;
    cout << "    q: save & quit" << endl;
}

int
main(int argc, char* argv[])
{
    try
    {
        Mat src, gray;
        int persWidth, persHeight;

        if (argc > 1)
        {
            src = imread(argv[1]);
            if (src.empty())
                throw "no input file.";
        }
        else
            throw "no input parameter.";

        usage();

        persWidth = src.cols;
        persHeight = src.rows;
        if (argc == 4)
        {
```

```cpp
        persWidth = stoi(argv[2]);
        persHeight = stoi(argv[3]);
    }

    cvtColor(src, gray, COLOR_RGB2GRAY);

    threshold(gray, gray, 128, 255, THRESH_BINARY);
    //threshold(gray, gray, 0, 255, THRESH_BINARY | THRESH_OTSU);

    vector<vector<Point>> contours;
    vector<Vec4i> hierarchy;
    findContours(gray, contours, hierarchy, RETR_EXTERNAL, CHAIN_APPROX_TC89_L1);

    int maxLevel = 0;
    Mat findContours = src.clone();
    for (int i = 0; i < contours.size(); i++)
    {
        drawContours(findContours, contours, i,
            Scalar(255, 0, 0), 1, LINE_AA, hierarchy, maxLevel);
    }
    imshow("findContours", findContours);


    Mat detectObjs = src.clone();
    maxLevel = 0;
    vector<vector<Point>> tmpContours;
    for (int i = 0; i < contours.size(); i++)
    {
        double a = contourArea(contours[i], false);
        if (a > 50 * 50)              // only an area of 50 x 50 or more
        {
            vector<Point> approx;   // contour to a straight line
            approxPolyDP(Mat(contours[i]), approx,
                0.01 * arcLength(contours[i], true), true);
            if (approx.size() == 4) // rectangle only
            {
                tmpContours.push_back(approx);
                drawContours(detectObjs, tmpContours, 0,
                    Scalar(0, 0, 255), 1, LINE_AA, hierarchy, maxLevel);
            }
        }
    }
```

```cpp
        imshow("detectObjs", detectObjs);

        // sort
        //                |
        //       0        |       3
        //                |
        //    ---------+--------
        //                |
        //       1        |       2
        //                |
        //
        vector<Point2f> sortContours;
        for (int i = 0; i < 4; i++)
        {
            sortContours.push_back((Point2f)tmpContours[0][i]);
        }
        sort(sortContours.begin(), sortContours.end(), x2small);
        sort(sortContours.begin(), sortContours.begin() + 2, y2small);
        sort(sortContours.begin() + 2, sortContours.end(), y2big);

        Point2f psrc[4];                    // perspective source
        for (int i = 0; i < 4; i++)
        {
            psrc[i] = (Point2f)sortContours[i];
        }

        Point2f pdst[] =                    // perspective destination
        {
            {0.0f, 0.0f},
            {0.0f, (float)(persHeight - 1)},
            {(float)(persWidth - 1), (float)(persHeight - 1)},
            {(float)(persWidth - 1), 0.0f}
        };

        Mat persMatrix = getPerspectiveTransform(psrc, pdst);

        Mat pers(persHeight, persWidth, CV_8UC3);
        warpPerspective(src, pers, persMatrix, pers.size(), INTER_LINEAR);

        imshow("src", src);
        imshow("pers", pers);
```

16 応用

```
        while (1)
        {
            int key = waitKey(1);

            if (key == 'Q' || key == 'q')
                break;

            if (key == 'F' || key == 'f')
            {
                Point2f tmpDst = pdst[3];
                for (int i = 3; i > 0; i--)
                {
                    pdst[i] = pdst[i - 1];
                }
                pdst[0] = tmpDst;

                persMatrix = getPerspectiveTransform(psrc, pdst);
                warpPerspective(src, pers, persMatrix, pers.size(), INTER_LINEAR);

                imshow("pers", pers);
            }
        }
        imwrite("pers.jpg", pers);
    }
    catch (const char* str)
    {
        cerr << str << endl;
    }
    return 0;
}
```

　本プログラムは３つの引数を使用します。最初の引数は入力画像、次の２つはオプションの引数で、透視投影後のピクセルサイズです。横ピクセル数、縦ピクセル数の順番で与えます。

　x2small 関数、y2small 関数、そして y2big 関数は、各頂点を並び替えるときに使用する関数です。これらは、各頂点を並び替えるときに説明します。

　まず、変数 persWidth と persHeight に透視投影後の画像のピクセルサイズを設定します。もし、オプションで指定されなかった場合、入力画像のサイズを適用します。

輪郭検出に findContours 関数を使用しますが、この関数は入力画像に 2 値画像を期待します。findContours 関数に先立ち、まず cvtColor 関数でカラー画像をグレイスケール画像に変換します。そして、threshold 関数で閾値処理を行い輪郭の検出が行いやすい画像へ変換します。この例では、threshold(gray, gray, 128, 255, THRESH_BINARY); を指定し、輝度 128 で2 値化します。コメントアウトしてありますが、THRESH_OTSU などを利用しアダプティブな 2 値化を試してみるのも良いでしょう。いずれにしても、閾値や 2 値化の手法は、いろいろ試して、自身が処理対象とする画像に合わせた方法を選択してください。

この 2 値化した画像を findContours 関数に与え、輪郭を検出します。検出した輪郭は、引数の contours へ格納されます。各輪郭は点のベクトルとして格納されます(std::vector<std::vector<cv::Point>>)。輪郭を求める際に、各種パラメータを与えることができます。詳細については findContours 関数の説明を参照してください。求めた輪郭を使用し、drawContours 関数で輪郭を描きます。この輪郭を描いた画像を、「findContours」ウィンドウへ表示します。一見すると、矩形の輪郭を検出したように見えますが、まだたくさんの領域の集合で、このままで透視投影には使用できません。そこで、contourArea 関数を使用し、領域の面積を求め、小さなものは排除します。ここでは、50 × 50 = 2500 以下のものは排除しました。この面積も自身の使用する画像に合わせて適当に調整してください。小さすぎると目的外のオブジェクトを検出し、大きすぎると目的のオブジェクトを検出できなくなってしまいます。

ある程度以下のものを排除し、approxPolyDP 関数で輪郭を直線近似化します。approxPolyDP 関数は、指定され引数で与えられた精度で多角形曲線を近似します。近似した結果が approx へ格納されます。この approx を調べ、頂点が 4 つのものだけを選出すると、矩形が検出できたことになります。ソースリストから分かるように、本プログラムは、複数の矩形を検出します。検出した矩形を、drawContours 関数で入力画像に描き、それをウィンドウで表示します。

これ以降は、以前の章で説明した透視投影に近いですが、若干の工夫が必要です。まず、矩形の頂点を保持している tmpContours を sortContours へコピーしたのち、頂点の並び替えを行います。本プログラムでは、この並び替え処理は必須ではありませんが、次のプログラムでは必須です。このため、本プログラムでも、頂点の並び替えを行うこととします。以降に、並び替えについて図に示します。まず、投影先の頂点の並びは固定です。図 16.25 に、0 から 3 までの並びを示します。

図16.25●投影先の頂点の並び

図 16.26 に、正常に透視投影される入力の頂点の並びを示します。

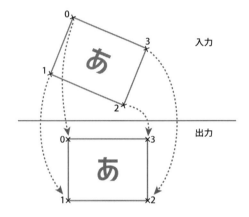

図16.26●正常に透視投影される例

図 16.27 に、うまく透視投影できない入力の頂点の並びを示します。

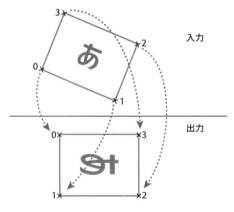

図16.27●うまく透視投影できない例

今回のプログラムでは発生しませんが、透視投影自体がうまくいかない例も示します。このように、輪郭の外周を各頂点が順番に保持していない場合の例も示します。次節で紹介するプログラムでは、このような現象も発生します。

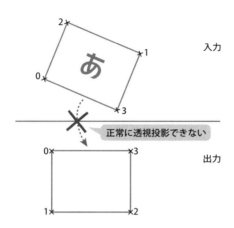

図16.28●透視投影自体がうまくいかない例

では、入力の頂点の並び替えの方法を示します。

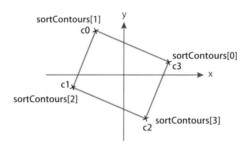

c0 〜 c3 の座標が vector<Point2f> sortContours へ上図のように格納されているとします。

sortContours[]	0	1	2	3
①初期の格納値	c3	c0	c1	c2
②x 座標の小さい順にソート	c1	c0	c2	c3
③最初の 2 つを y 軸の小さい順に並び替え	c0	c1		
④最後の 2 つを y 軸の大きい順に並び替え			c2	c3
⑤最終結果	c0	c1	c2	c3

sortContours[] の保持する座標が投影先の頂点の並びと一致する

図16.29●入力の頂点の並び替え

sortContours に格納された座標 c0 ～ c3 を、図 16.25 で示した順に並び替えます。初期の状態では、sortContours[0] に c3、sortContours[1] に c0、sortContours[2] に c1、そして sortContours[3] に c2 が格納されています。

　まず、各頂点を x 座標の小さい順にソートします。ソートは std::sort を使用します。std::sort の最終の引数に x2small を指定することによって、座標 x の小さい順に並び替えます。次に、最初の 2 つを y 軸の小さい順にソートします。最後に、最後の 2 つを y 軸の大きい順にソートします。詳細についてはソースリストを参照してください。このようにすることによって、各頂点が保持する座標は、図 16.25 に示すように並び替えられます。なお、ソースリストからわかりますが、本プログラムは、複数の矩形を検出します。しかし、透視投影を行うのは最初に見つかった矩形のみです。もし、複数の矩形に対応したければ、透視投影を行う部分を拡張してください。

　以降は、実際の透視投影を行います。getPerspectiveTransform 関数や warpPerspective 関数で透視投影を行います。

　これ以降は、表示ウィンドウに対する何らかの操作がウィンドウに行われるまでループします。「Q」キーが押されたら、処理結果をファイルに保存後プログラムを終了させます。「F」キーが押されたら、透視投影画像をフリップします。

　プログラムの実行例を示します。一般的な例はすでに示しました。ここでは、別の例を示します。まず入力画像を示します。入力となった画像は「src」ウィンドウで表示されます。

図16.30●入力画像

図からわかるように、斜めに撮影しているだけでなく、逆さまから撮影しています。コーナーを検出した「findContours」ウィンドウを示します。これはfindContours関数で検出したコーナーを表示したものです。

図16.31●コーナーの検出

　この例では、目的の矩形と、右下の三角形を囲むようにコーナーを検出しています。この状態では輪郭を検出しています。これから輪郭を直線近似化し、頂点が4つのものだけを選出すると、矩形を検出できます。それを、「detectObjs」ウィンドウに表示します。このウィンドウには矩形の頂点を直線で結んだ線が描かれます。

図16.32●矩形の検出

自動で検出した矩形を透視投影し、正面から撮影したように表示するのが、「pers」ウィンドウです。このウィンドウは、引数で与えたサイズで表示します。しかし、このように逆さまから撮影された画像の透視投影結果は逆さまになります。

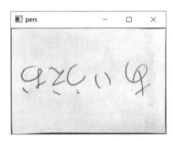

図16.33●透視投影の結果は逆さま

このような場合のために、「F」キーを押したら透視投影画像をフリップする機能を用意します。以降に、「F」キーを2回押して正常に透視投影した結果を示します。

図16.34●フリップし透視投影結果を得る

以降に入力画像と得られた結果の画像を示します。

 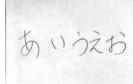

図16.35●入力画像と得られた結果

もう1つの実行例を示します。ここでは、個々のウィンドウや画像の説明は省略します。

図16.36●入力画像とコーナーの検出

図16.37●矩形の検出と透視投影の結果（逆さま）

この例でも結果は逆さまになります、「F」キーを2回押して正常に透視投影した結果を示します。

図16.38●フリップし透視投影結果を得る

以降に入力画像と得られた結果の画像を示します。

図16.39●入力画像と得られた結果

　かなりうまく動作していますが、このように本に厚みがあり、表紙をうまく検出できないときは、次節で紹介するマウスで指定する方法を使うと良いでしょう。

16.3　透視投影

cv::findContours

画像に含まれる輪郭を検索します。

```
void cv::findContours (
    InputArray         image,
    OutputArrayOfArrays contours,
    OutputArray        hierarchy,
    int                mode,
    int                method,
    Point              offset = Point()
)
```

引数

image　　8 ビットのシングルチャンネルの入力画像（行列）です。ゼロでないピク
　　　　　セルは 1 として扱われ、画像は 2 値として扱われます。グレイスケール
　　　　　やカラー画像から 2 値画像を得るには、compare、inRange、threshold、
　　　　　adaptiveThreshold、Canny 関数などを用いることができます。mode が
　　　　　RETR_CCOMP または RETR_FLOODFILL の場合、入力はラベルの 32 ビット
　　　　　整数イメージ（CV_32SC1）でも構いません。

contours　検出された輪郭が、点のベクトルとして格納されます
　　　　　（std::vector<std::vector<cv::Point>>）。

hierarchy　オプションの画像トポロジーに関する情報を含む出力ベクトルです
　　　　　（std::vector<cv::Vec4i>）。これは、輪郭の数と同じ要素数を持ちます。各
　　　　　輪郭 contours[i] に対し、hierarchy[i][0]、hierarchy[i][1]、hierarchy[i][2]、
　　　　　hierarchy[i][3] にはそれぞれ、同じ階層レベルに存在する前後の輪郭や最
　　　　　初の子の輪郭、および親輪郭の contours のインデックスが設定されま
　　　　　す。輪郭 i の前後や親そして子の輪郭が存在しない場合、これに対応する
　　　　　hierarchy[i] の要素は負の値になります。

mode　　等高線検索モードです。詳細は RetrievalModes を参照してください、以降
　　　　　に抜粋して示します。

method	説明
RETR_EXTERNAL	極端な外側の輪郭のみを取得します。すべての輪郭に対して hierarchy[i][2]=hierarchy[i][3]=-1 が設定されます。
RETR_LIST	すべての輪郭を抽出しますが、一切の階層関係を考慮しません。

method	説明
RETR_CCOMP	すべての輪郭を検索し、それらを 2 レベルの階層に編成します。上のレベルには連結成分の外側の境界線が、下のレベルには連結成分の内側に存在する穴の境界線が属します。ある連結成分の穴の内側に、別の輪郭が存在する場合、その穴は上のレベルに配置されます。
RETR_TREE	すべての輪郭を取得し、入れ子になった輪郭の完全な階層を再構築します。

method 　等高線法、ContourApproximationModes を参照してください、以降に抜粋して示します。

mode	説明
CHAIN_APPROX_NONE	すべての輪郭点を完全に格納します。この手法により格納された任意の隣り合う 2 点は、互いに 8 近傍に存在します。
CHAIN_APPROX_SIMPLE	水平、垂直、および対角線の線分を圧縮し、それらの端点のみを残します。たとえば、右上の長方形の輪郭は 4 点でエンコードされます。
CHAIN_APPROX_TC89_L1	Teh-Chin チェーン近似アルゴリズムの 1 つを適用します。詳細は、TehChin89 を参照してください。
CHAIN_APPROX_TC89_KCOS	Teh-Chin チェーン近似アルゴリズムの 1 つを適用します。詳細は、TehChin89 を参照してください。

offset 　オプションの輪郭点がシフトされるオプションのオフセットです。各輪郭点はこの値の分だけシフトします。これは、ROI の中で抽出された輪郭を画像全体に対して位置づけて解析する場合に役立ちます。

説明

この関数はアルゴリズム [183] を使用して画像から輪郭を検索します。輪郭は、形状解析や物体の検出と認識に役立ちます。

注記

opencv 3.2 以降、この関数によって入力画像は変更されません。

16.3 透視投影

cv::drawContours

輪郭線、または内側が塗りつぶされた輪郭を描画します。

```
void cv::drawContours (
    InputOutputArray    image,
    InputArrayOfArrays  contours,
    int                 contourIdx,
    const Scalar &      color,
    int                 thickness = 1,
    int                 lineType  = LINE_8,
    InputArray          hierarchy = noArray(),
    int                 maxLevel  = INT_MAX,
    Point               offset    = Point()
)
```

引数

image   出力画像（行列）です。

contours   すべての入力輪郭です。各輪郭は点のベクトルとして格納されています。

contourIdx   描画する輪郭の値です。この値が負値の場合、すべての輪郭が描画されます。

color   輪郭の色です。

thickness   輪郭が描かれる線の太さです。この値が負値の場合（たとえば、thickness = FILLED）、輪郭の内部が塗りつぶされます。以降に表で示します。

thickness	説明
FILLED	塗りつぶす。
LINE_4	4-connected ライン。
LINE_8	8-connected ライン。
LINE_AA	アンチエイリアスライン。

lineType   輪郭線の種類です。詳細は OpenCV のドキュメントを参照してください。

hierarchy   階層に関するオプションの情報です。特定の輪郭だけを描画したい場合に必要です（maxLevel を参照）。

maxLevel   描画される輪郭の最大レベルです。この値が 0 なら、指定された輪郭だけが描画されます。1 の場合、指定された輪郭とそれの入れ子になったすべての輪郭を描画します。2 の場合、指定された輪郭と、それに入れ

395

子になったすべての輪郭、さらにそれに入れ子になったすべての輪郭が
描画されます。このパラメータは、hierarchy が有効な場合のみ考慮され
ます。

offset　　　　オプションの輪郭点がシフトされるオプションのオフセットです。各輪郭
点は、指定された offset=(dx,dy) 分だけ、すべての描画輪郭がシフトされ
ます。

説明

この関数は、thickness ≧ 0 なら輪郭線を描き、thickness < 0 なら輪郭で囲まれた領域を塗
りつぶします。

cv::approxPolyDP

指定された精度で多角形曲線を近似します。

```
void cv::approxPolyDP (
    InputArray    curve,
    OutputArray   approxCurve,
    double        epsilon,
    bool          closed
)
```

引数

curve　　　　　std::vector または Mat に格納された 2D 点の入力ベクトルです。

approxCurve　　近似の結果です。型は入力曲線と同じです。

epsilon　　　　近似精度を指定する引数です。これは、元の曲線とその近似値との間の
最大距離です。

closed　　　　 true の場合、近似された曲線が閉じられます（最初と最後の頂点が接続
されます）。そうでない場合、開いた曲線になります。

説明

関数 cv::approxPolyDP は、頂点の少ない曲線やポリゴンを、それらの間の距離が指定
された精度以下になるように、より少ない頂点数の曲線やポリゴンで近似します。これ
は、Douglas-Peucker アルゴリズムが利用されます（http://en.wikipedia.org/wiki/Ramer-
Douglas-Peucker_algorithm）。

■ マウスで指定し透視投影 ■

マウスで範囲を指定し透視投影を行うプログラムを紹介します。本プログラムは、斜めに撮影された名刺や印刷物などを、マウスを利用し4隅を指定することによって、正面から撮影した画像へ変換します。プログラムの説明から始めると説明が分かりにくくなるため、実行例を先に示します。プログラムを起動すると、起動したコンソールに操作法の案内メッセージが現れるとともに、処理結果のウィンドウが表示されます。

```
C:¥test>persObjM pers01.jpg 300 200
usege:
 left  mouse button: specify the four corners of the object.
 right mouse button: undo
 p                 : perspective
 f                 : flip image
 q                 : save & quit
```

まず入力画像を示します。入力となった画像は「src」ウィンドウで表示されます。

図16.40●入力画像

マウスで対象領域の4隅をクリックすると矩形が描かれます。クリックする順番はランダムで構いません。やり直したくなったら、マウスの右ボタンをクリックすると指定はリセットされます。以降に、4隅を指定した後に、「P」キーを押して透視投影した様子を示します。

図16.41●4隅の指定（左）と透視投影の結果（右）

さて、それではプログラムの説明を行います。以降に、ソースリストを示します。

リスト16.5●ソースリスト（50apps/Sources/persObjM.cpp.cpp）

```cpp
#include "../../common/common.h"
#include <math.h>

using namespace cv;
using namespace std;

// parameters
struct eventParam_t {
    vector<Point> contours;

    String iName;
    String pers;
    Mat src;
    Mat dst;
};

// redraw
Mat redraw(vector<Point> list, Mat src)
{
    Mat mat;
    int npt[1];
    Point point[1][4];
    const Point *ppt[] = { point[0] };
```

```
    src.copyTo(mat);

    npt[0] = (int)list.size();
    for (int i = 0; i < list.size(); i++)
    {
        point[0][i] = list[i];
    }
    polylines(mat, ppt, npt, 1, true, cv::Scalar(0, 0, 255), 1, 8);

    return mat;
}


inline bool
x2small(const Point& left, const Point& right)
{
    return left.x < right.x;
}

inline bool
y2small(const Point& left, const Point& right)
{
    return left.y < right.y;
}

inline bool
y2big(const Point& left, const Point& right)
{
    return left.y > right.y;
}

// sort
//                |
//      0         |    3
//                |
// --------+--------
//                |
//      1         |    2
//                |
//
void sortPoint(vector<Point> &contours)
{
```

```cpp
        sort(contours.begin(), contours.end(), x2small);
        sort(contours.begin(), contours.begin() + 2, y2small);
        sort(contours.begin() + 2, contours.end(), y2big);
}


// call back
void onMouseEvent(int event, int x, int y, int flags, void* uData)
{
    eventParam_t *ev = static_cast<eventParam_t*>(uData);

    switch (event)
    {
    case EVENT_LBUTTONDOWN:
        if (ev->contours.size() > 3)
            break;
        ev->contours.push_back(Point(x,y));

        if (ev->contours.size() == 4)
            sortPoint(ev->contours);

        ev->dst = redraw(ev->contours, ev->src);          // redraw
        imshow(ev->iName, ev->dst);
        break;

    case cv::EVENT_RBUTTONDOWN:
        ev->contours.clear();
        ev->src.copyTo(ev->dst);
        imshow(ev->iName, ev->dst);
        destroyWindow(ev->pers);
        break;
    }
}


// usage
void usage()
{
    cout << "usege:" << endl;
    cout << " left  mouse button: specify the four corners of the object." << endl;
    cout << " right mouse button: undo" << endl;
    cout << " p                 : perspective" << endl;
    cout << " f                 : flip image" << endl;
    cout << " q                 : save & quit" << endl;
}
```

```
int
main(int argc, char* argv[])
{
    try
    {
        eventParam_t ev;
        int persWidth, persHeight;

        if (argc > 1)
        {
            ev.iName = argv[1];
            ev.src = imread(ev.iName);
            if (ev.src.empty())
                throw "no input file.";
        }
        else
            throw "no input parameter.";

        ev.pers = "pers";

        persWidth = ev.src.cols;
        persHeight = ev.src.rows;
        if (argc == 4)
        {
            persWidth = stoi(argv[2]);
            persHeight = stoi(argv[3]);
        }

        usage();

        Point2f pdst[] =                    // 変換先
        {
            {0.0f, 0.0f},
            {0.0f, (float)(persHeight - 1)},
            {(float)(persWidth - 1), (float)(persHeight - 1)},
            {(float)(persWidth - 1), 0.0f}
        };

        Mat perspective_matrix;
        Mat pers(persHeight, persWidth, CV_8UC3);

        ev.dst = ev.src.clone();
```

```
        imshow(ev.iName, ev.dst);

        setMouseCallback(ev.iName, onMouseEvent, (void *)&ev);

        while (1)
        {
            int key = waitKey(1);

            if (key == 'Q' || key == 'q')
                break;

            if ((key == 'P' || key == 'p') && ev.contours.size() == 4)
            {
                Point2f psrc[] = {
                    (Point2f)ev.contours[0],
                    (Point2f)ev.contours[1],
                    (Point2f)ev.contours[2],
                    (Point2f)ev.contours[3]
                };
                perspective_matrix = getPerspectiveTransform(psrc, pdst);
                warpPerspective(ev.src, pers, perspective_matrix, pers.size(),
                                                        INTER_LINEAR);

                imshow(ev.pers, pers);
            }

            if ((key == 'F' || key == 'f') && ev.contours.size() == 4)
            {
                Point2f tmpDst = pdst[3];
                for (int i = 3; i > 0; i--)
                {
                    pdst[i] = pdst[i - 1];
                }
                pdst[0] = tmpDst;
                key = 'P';
            }
        }
        imwrite(ev.pers + ".jpg", pers);
    }
    catch (const char* str)
    {
        cerr << str << endl;
    }
```

```
        return 0;
}
```

　本プログラムは 3 つの引数を使用します。最初の引数は入力画像、次の 2 つはオプション
の引数で、透視投影後のピクセルサイズです。横ピクセル数、縦ピクセル数の順番で与えま
す。

　redraw 関数は、引数の vector<Point> である list を使用して、渡された src に polylines 関
数で線を引きます。

　x2small 関数、y2small 関数、そして y2big 関数は、各頂点を並び替えるときに使用する関
数です。前節と同様ですが、引数が Point2f から Point へ変わります。これらは、各頂点を並
び替えるときに説明します。

　sortPoint 関数は前節で説明した矩形の頂点を並び替える部分を関数化したものです。前節
では、矩形の頂点は、矩形の外周を回るように格納されますが、本章のプログラムでは使用者
がマウスで指定するため、どのような順番で格納されるかは不定です。

　onMouseEvent 関数は、画像を表示したウィンドウに対するコールバック関数です。画
像を表示したウィンドウへ何らかの操作を行うと、この関数が呼び出されます。本関数
は main 関数内の setMouseCallback 関数で登録されます。引数は、先頭からマウスのイ
ベントタイプ（MouseEventTypes）、マウスの x 座標、マウスの y 座標、マウスのイベン
トフラグ（MouseEventFlags）、そしてオプションの引数です。このオプションの引数は、
setMouseCallback 関数の最後の引数で指定されたものと対応します。渡された eventParam_
t 構造体 ev のメンバを表で説明します。

表16.3●eventParam_t構造体のメンバ

メンバ	説明
String iName	引数で渡された入力画像のファイル名を保持します。これは、ウィンドウのタイトルにも使用されます。
String pers	透視投影後の画像を表示するウィンドウのタイトルです。これは、結果を保存する際にファイル名としても使用されます。エクステンションは含まないため、ファイル名は必ず "pers.jpg" と命名されます。
Mat src	入力画像を保持する Mat です。
Mat dst	透視投影された画像を保持する Mat です。

　引数の event を調べ、EVENT_LBUTTONDOWN（マウスの左ボタンダウン）であれば、頂
点を管理する contours を調べ、すでに 4 か所以上が設定されていたら、何もせず関数を抜け

ます。そうでなければ、マウスボタンが押された座標を、contours へ追加します。本イベントが 4 つ目の頂点の設定であった場合、sortPoint 関数で頂点の並び替えを行います。頂点の指定が 1 か所から 3 か所の場合、並び替える必要はありません。この頂点を引数に、redraw 関数を呼び出して、線を引いた画像を dst に求め、これを表示します。

event が EVENT_LBUTTONUP（マウスの左ボタンアップ）であれば、contours の clear メソッドを呼び出し、全頂点を削除します。そして、線のない入力画像を表示するとともに、透視投影の結果を表示しているウィンドウを破棄します。

main 関数を説明します。eventParam_t 構造体 ev は、main 関数とウィンドウに対するマウスイベントで呼び出される onMouseEvent 関数で情報を共通するための構造体です。

本プログラムは、引数に画像ファイルを要求します。このため、十分な引数があるかチェックし、引数が与えられていなければ例外をスローし、プログラムを終了させます。次に、変数 persWidth と persHeight に透視投影後の画像のピクセルサイズを指定します。もし、引数で指定されなかった場合、入力画像のサイズを適用します。そして、usage 関数を呼び出し、使用法を表示したのち、pdst に透視投影先の座標を設定します。入力画像のウィンドウを表示するとともに、このウィンドウに対するコールバック関数を setMouseCallback 関数で設定します。この例では、コールバック関数は onMouseEvent、そして、その関数に構造体 ev のアドレスを渡し、main 関数と setMouseCallback 関数で情報を共有できるようにします。

これ以降は、表示ウィンドウに対する何らかの操作がウィンドウに行われるまでループします。「Q」キーを押したら、透視投影後の画像を保存したのち、プログラムを終了させます。なお、このプログラムは透視投影を行ったかチェックしていませんので、プログラム起動後すぐに「Q」キーを押すと、格納される画像は生成した Mat オブジェクトの内容が、そのまま書き込まれます。

「P」キーが押されたら、getPerspectiveTransform 関数や warpPerspective 関数で透視投影を行います。そして、処理結果を表示します。

「F」キーを押したら透視投影画像をフリップします。例えば、逆さまから撮影された画像の透視投影結果は逆さまになります。あるいは 90°回転した状態で表示される場合がありますので、この機能を用意します。

前節のプログラムで、書籍の透視投影で表紙の認識が正確にできず、透視投影が若干歪む例がありました。ここでは、その画像を人間に判断させて透視投影する例を示します。

```
C:\test>persObjM pers04.jpg 300 400
usege:
 left  mouse button: specify the four corners of the object.
```

```
right mouse button: undo
p                : perspective
f                : flip image
q                : save & quit
```

　マウスを使用し、透視投影元の頂点を4か所クリックします。マウスをクリックするごとに線が描かれます。対象画像が、逆方向のため透視投影結果は逆さまになっています。

図16.42●4隅の指定（左）と透視投影の結果（右）

　このような場合のために用意した「F」キーを押して、透視投影画像をフリップします。以降に、「F」キーを2回押して正常に透視投影した結果を示します。

図16.43●フリップし透視投影結果を得る

　以降に入力画像と得られた結果の画像を示します。

図16.44●入力画像（左）と得られた結果（右）

ついでに、画像の一部を透視投影した例を示します。

図16.45●4隅の指定（左）と透視投影の結果（右）

16.4 オブジェクトのサイズを変更

オブジェクトのサイズを変更するプログラムを紹介します。

■ 自動でオブジェクトを検出し大きくする ■

　本プログラムは、画像に含まれる、ある特定のオブジェクトを自動で検出し、それを拡大します。どのオブジェクトを検出するかは、引数で決定します。オブジェクトの検出は 10.4 節「オブジェクト検出」と同じ手法を採用します。オブジェクトの拡大は、つなぎ目が不自然にならないよう 8.1 節「2つの画像を加算」の重みテーブルを使って、2つの画像を合成するプログラムを拡張します。このように2つのプログラムを応用して本プログラムを開発します。
　プログラムの説明から始めると説明が分かりにくくなるため、実行例を先に示します。

```
C:¥test>toBigObjs lady400x380.jpg haarcascade_eye.xml
```

　本プログラムは、引数に入力画像と OpenCV に含まれるオブジェクト検出に必要な学習ファイルを指定します。ここでは、目を検出するファイルを指定します。これらのファイルは、OpenCV をインストールしたフォルダの「/sources/data/haarcascades/」に含まれます。プログラムを起動すると、入力画像と検出したオブジェクトを拡大した画像が現れます。図 16.46 のように、目が大きくなっているのを確認できるでしょう。

図16.46●入力画像（左）と、目を拡大した画像（右）

　さて、それではプログラムの説明を行います。本プログラムは3つのソースファイルから成

16 応用

り立っており、重みテーブルを生成する createCosMat 関数は、createCosMat.cpp ファイルに、画像の各画素を乗算する mulMat 関数は mulMatWtbl.cpp ファイルに格納されています。以降に、これらのソースリストを示します。

リスト16.6●ソースリスト（common/createCosMat.cpp）

```cpp
#include "common.h"

using namespace cv;
using namespace std;

// create cos k mat
Mat createCosMat(const int rows, const int cols)
{
    Mat mat(rows, cols, CV_8UC3, Scalar(0));
    Point center = Point(cols / 2, rows / 2);
    double radius = sqrt(pow(center.x, 2) + pow(center.y, 2));

    for (int y = 0; y < mat.rows; y++)
    {
        for (int x = 0; x < mat.cols; x++)
        {
            // distance from center
            double distance = sqrt(pow(center.x - x, 2) + pow(center.y - y, 2));
            // radius=π, current radian
            double radian = (distance / radius) * (double)CV_PI;
            // cosθ, normalize -1.0~1.0 to  0~1.0
            double Y = (cos(radian) + 1.0) / 2.0;
            // normalize (Y) 0~1.0 to 0.0~255.0
            mat.at<Vec3b>(y, x)[0] =
                mat.at<Vec3b>(y, x)[1] =
                mat.at<Vec3b>(y, x)[2] = (unsigned char)(Y*255.0f);
        }
    }
    return mat;
}
```

408

16.4 オブジェクトのサイズを変更

リスト16.7●ソースリスト（common/mulMatWtbl.cpp）

```cpp
#include "common.h"

using namespace cv;
using namespace std;

// mulMask
Mat mulMat(const Mat mat, const Mat table)
{
    Mat dst, mat32f, table32f, dst32f;

    mat.convertTo(mat32f, CV_32FC3);
    table.convertTo(table32f, CV_32FC3);
    table32f /= 255.0f;
    multiply(mat32f, table32f, dst32f);
    dst32f.convertTo(dst, CV_8UC3);

    return dst;
}
```

createCosMat 関数と mulMat 関数については、8.1 節「2 つの画像を加算」の重みテーブルを使って、2 つの画像を合成するプログラムを参照してください。

リスト16.8●ソースリスト（50apps/Sources/toBigObjs.cpp）

```cpp
#include "../../common/common.h"

using namespace cv;
using namespace std;

Mat createCosMat(const int rows, const int cols);   // create cos k mat
Mat mulMat(const Mat mat, const Mat table);         // mulMask


int main(int argc, char* argv[])
{
    try
    {
```

409

```
if (argc < 3)
    throw "few parameters.";

Mat src, gray, equalize, dst;

src = imread(argv[1]);
if (src.empty())
    throw "no input file.";

cvtColor(src, gray, COLOR_RGB2GRAY);
equalizeHist(gray, equalize);

CascadeClassifier objDetector(argv[2]); // create detector

vector<Rect> objs;                       // search objects
objDetector.detectMultiScale(equalize, objs,
    1.2, 2, CASCADE_SCALE_IMAGE, Size(50, 50));

src.copyTo(dst);
vector<Mat> srcobjs, dstobjs;

vector<Rect>::const_iterator it = objs.begin();
for (; it != objs.end(); ++it)
{
    //入力切り出し
    Rect srcrect(it->x, it->y, it->width, it->height);
    Mat srcroi(src, srcrect);
    srcobjs.push_back(srcroi);

    //出力切り出し、少し大きくする、範囲外のチェック省略
    int deltaW = it->width / 8;
    int deltaH = it->height / 8;

    Rect dstrect(it->x - deltaW, it->y - deltaH,
        it->width + deltaW * 2, it->height + deltaH * 2);
    Mat dstroi(dst, dstrect);
    dstobjs.push_back(dstroi);
}

    // DO NOT REMOVE BELLOW CODE
    //// eliminate it
    //inpaint(dst, mask, dst, 1, INPAINT_TELEA);
```

```
        // 大きさを合わせる
        for (int i = 0; i < srcobjs.size(); i++)
        {
            resize(srcobjs[i], srcobjs[i], Size(dstobjs[i].cols, dstobjs[i].rows));
        }

        // マージ、重みづけ加算
        for (int i = 0; i < srcobjs.size(); i++)
        {
            Mat weightMat = createCosMat(srcobjs[i].rows, srcobjs[i].cols);
            Mat iWeightMat = Scalar::all(255) - weightMat;

            Mat srcWeight = mulMat(srcobjs[i], weightMat);
            Mat dstWeight = mulMat(dstobjs[i], iWeightMat);
            add(dstWeight, srcWeight, dstobjs[i]);
        }

        imshow("src", src);
        imshow("dst", dst);

        imwrite("dst.jpg", dst);

        waitKey(0);
    }
    catch (const char* str)
    {
        cerr << str << endl;
    }
    return 0;
}
```

　本プログラムは 2 つの引数を使用します。最初の引数は入力画像、次の引数はオブジェクト
検出に必要な学習ファイルです。引数が不足している場合は、例外を送出してプログラムは終
了します。顔検出や、いろいろなオブジェクト検出に必要な学習ファイルは OpenCV に含ま
れています。本プログラムは、これらのオブジェクト検出に必要な学習ファイルを引数で渡す
ことによってオブジェクトを検出します。オブジェクト検出用の学習ファイルは、OpenCV を
インストールしたディレクトリの「sources/data/haarcascades」フォルダなどに含まれます。

まず、処理用の画像を Mat オブジェクト src へ読み込みます。オブジェクト検出に用いる画像は、輝度平滑化を行います。そのため、読み込んだ画像を、cvtColor 関数でグレイスケールへ変換します。そして equalizeHist 関数を使用し、輝度平滑化後の画像を Mat オブジェクト equalize へ求めます。

次に、物体検出のためのカスケード分類器である CascadeClassifier オブジェクト objDetector を生成します。引数には、コマンドラインの引数で渡された、OpenCV に含まれるオブジェクト検出に必要な学習ファイルを指定します。

CascadeClassifier オブジェクトの detectMultiScale メソッドを使用し、画像に含まれるオブジェクトを検出します。検出したオブジェクトを原画像から切り出して、vector<Mat> である srcobjs へ push_back します。同時に書き出す範囲を検出した範囲より少し拡大して、vector<Mat> である dstobjs へ push_back します。ソースリストを参照すると分かりますが、srcobjs へ画像の実体をコピーして push_back しますが、dstobjs は原画像に ROI を設定して push_back します。Mat を扱う場合、画像の実体が、どこにあるかは意識しておく必要が重要です。

次に、srcobjs が保持している画像を dstobjs が保持している画像のサイズに合わせ拡大します。この拡大した画像を、そのまま元の画像に戻しても良いのですが、それでは拡大した境界が明確に分かり不自然な画像となってしまいます。以降に、何の工夫も行わずオブジェクトを拡大した画像を元の画像に戻した例を示します。

図16.47●入力画像（左）と単純拡大（右）

何の工夫も行わず拡大した画像は、明らかに処理した部分と元の画像の境界が明瞭で、画像として不自然です。これが、どのような処理を行っているか図 16.48 に示します。大きくし

た部分の境界も拡大して示します。

図16.48●単純拡大の概念図（左）と単純拡大の境界（右）

このままでは不自然ですので、重みテーブルを利用し元の画像と拡大した画像をスムーズに合成する方法を採用します。これは、8.1節「2つの画像を加算」の重みテーブルを使う例を拡張してプログラムへ組み込みます。以降に処理途中の画像を示します。

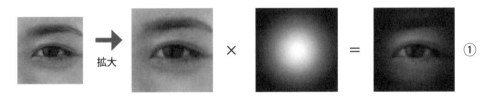

図16.49●重み付け処理

まず、検出した部分を切り出します。その画像をある一定の割合で拡大します。本プログラムは、切り出した元画像サイズの1/8を上下左右に広げます。ソースリストのdeltaWとdeltaHがそれにあたります。この値を操作すると拡大率が変化します。ここでは1/8を使用しましたが、特に意味はなく実際に動作させて適切な値として1/8を選びました。

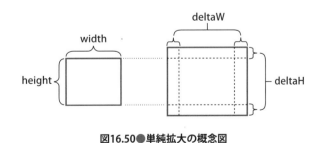

図16.50●単純拡大の概念図

拡大した画像とcreateCosMat関数で生成した重みテーブルを乗算し①の画像を求めます。

さらに、書き込む側の画像と、createCosMat関数で生成した重みテーブルと補完関係にあるiWeightMatを乗算し②の画像を求めます。

図16.51●重み付け処理

この2つの画像を加算した最終の画像を示します。

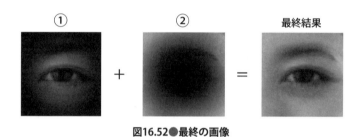

図16.52●最終の画像

このように、元の画像と拡大した画像に重みを付けて合成すると、境界が滑らかに合成されるため不自然ではなくなります。

以降に、いくつか画像を変えて実行した例を示します。いずれもオブジェクト検出の学習ファイルには、前記と同じものを使用します。ごく自然に両目が大きくなっています。

図16.53●入力画像（左）と目を大きくする処理後の画像（右）

図16.54●入力画像（左）と目を大きくする処理後の画像（右）

なるべく自然に見えるように拡大率は押さえます。も少し分かりやすくしたければ、拡大率を大きくなるように deltaW と deltaH を操作すると良いでしょう。

■ 自動でオブジェクトを検出し小さくする ■

先のプログラムを少し変更し、画像に含まれる、ある特定のオブジェクトを自動で検出し、それを縮小するプログラムを開発します。オブジェクトを検出方法は前節と同様です。前節のプログラムと共通の部分が多いため、以降に、ソースリストの一部を示します。

リスト16.9●ソースリストの一部（50apps/Sources/toSmallObjs.cpp）

```cpp
    ⋮
src.copyTo(dst);
vector<Mat> srcobjs, dstobjs;

vector<Rect>::const_iterator it = objs.begin();
for (; it != objs.end(); ++it)
{
    //入力切り出し、少し大きくする、範囲外のチェック省略
    int deltaW = it->width / 8;
    int deltaH = it->height / 8;

    Rect srcrect(it->x - deltaW, it->y - deltaH,
        it->width + deltaW * 2, it->height + deltaH * 2);
    Mat srcroi(src, srcrect);
    srcobjs.push_back(srcroi);
```

16 応用

```
        //出力切り出し
        Rect dstrect(it->x, it->y, it->width, it->height);
        Mat dstroi(dst, dstrect);
        dstobjs.push_back(dstroi);
    }
      ⋮
```

画像に含まれるオブジェクトを検出する部分は先の例と同様です。検出したオブジェクト
を原画像から切り出して、vector<Mat> である srcobjs へ push_back します。この部分が先
のプログラムと違い、大きめに切り出します。同時に書き出す範囲を vector<Mat> である
dstobjs へ push_back します。ソースリストを参照すると分かりますが、srcobjs へ画像の実
体をコピーして push_back しますが、dstobjs は原画像に ROI を設定して push_back します。
Mat を扱う場合、画像の実体が、どこにあるかは意識しておく必要が重要です。

次に、srcobjs が保持している画像を dstobjs が保持している画像のサイズに合わせ縮小し
ます。この縮小した画像を、そのまま元の画像に戻すと先に示したようにつなぎ目が不自然に
なります。そこで前節と同じ方法を採用します。これについては前節の解説を参照してくださ
い以降に、プログラムを起動したコンソールの入力を示します。

C:¥test>**toSmallObjs lady400x380.jpg haarcascade_eye.xml**

プログラムに与える引数は前節と同様です。ここでも、目を検出するファイルを指定しま
す。プログラムを起動すると、入力画像と検出したオブジェクトを縮小した画像が現れます。
目が小さくなっているのを確認できるでしょう。

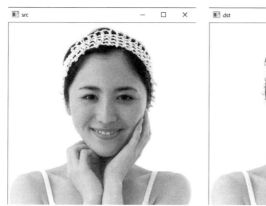

図16.55●入力画像（左）と目を小さくする処理後の画像（右）

以降に、いくつか画像を変えて実行した例を示します。いずれもオブジェクト検出の学習ファイルには、前記と同じものを使用します。

図16.56●入力画像（左）と目を小さくする処理後の画像（右）

図16.57●入力画像（左）と目を小さくする処理後の画像（右）

前節で目を大きくした画像と、本節のプログラムで目を小さくした画像を比較してみます。

図16.58●目を小さくする処理(左)と、目を大きくする処理(右)

　目の大きさを少し変更するだけで印象は大きく変わります。OpenCVを利用すると、このようなことを自動で行うことが可能です。動画にも応用できると思いますので、興味のある人は本書で紹介した動画のプログラムに組み込んでみるのも面白いでしょう。

■ マウスで指定したオブジェクトを大きくする ■

　これまでのプログラムは、学習ファイルを用いオブジェクトを自動検出しています。ここでは、学習ファイルが用意されていない、学習ファイルでオブジェクトの検出が難しい、あるいはオブジェクト検出の対象外となるようなエリアをマウスで指定し、拡大するプログラムを紹介します。

リスト16.10●ソースリスト（50apps/Sources/toBigObjsM.cpp）

```cpp
#include "../../common/common.h"

using namespace cv;
using namespace std;

Mat createCosMat(const int rows, const int cols);   // create cos k mat
Mat mulMat(const Mat mat, const Mat table);         // mulMask


// parameters
struct eventParam_t {
    Point org;
    Rect  rect;
```

16.4 オブジェクトのサイズを変更

```cpp
    bool  mouseDown;

    String iName;
    Mat src;
    Mat intrim;
    Mat areaFixed;
    Mat dst;

    vector<Rect> list;
};

// redraw
Mat redraw(vector<Rect> list, Mat src)
{
    Mat mat;

    src.copyTo(mat);

    vector<Rect>::const_iterator it = list.begin();
    for (; it != list.end(); ++it)
    {
        rectangle(mat, *it, Scalar(255));
    }
    return mat;
}

// call back
void onMouseEvent(int event, int x, int y, int flags, void* uData)
{
    eventParam_t *ev = static_cast<eventParam_t*>(uData);

    int width = abs(ev->org.x - x);
    int height = abs(ev->org.y - y);

    switch (event)
    {
    case EVENT_LBUTTONDOWN:
        ev->mouseDown = true;
        ev->org = Point(x, y);
        ev->rect = Rect(ev->org.x, ev->org.y, 0, 0);
        ev->areaFixed.copyTo(ev->intrim);
        imshow(ev->iName, ev->intrim);
```

16

419

```
                break;

        case EVENT_MOUSEMOVE:
            if (!ev->mouseDown)
                break;

            ev->rect.x = ev->org.x > x ? x : ev->rect.x;
            ev->rect.y = ev->org.y > y ? y : ev->rect.y;

            ev->rect = Rect(ev->rect.x, ev->rect.y, width, height);
            ev->areaFixed.copyTo(ev->intrim);
            rectangle(ev->intrim, ev->rect, Scalar(255));
            imshow(ev->iName, ev->intrim);
            break;

        case EVENT_LBUTTONUP:
            ev->intrim.copyTo(ev->areaFixed);
            ev->list.push_back(ev->rect);
            ev->mouseDown = false;
            break;
    }
}

// adjust area
Rect adjRect(Rect rect, Size size)
{
    Rect newRect = rect;
    if (newRect.x < 0)
    {
        newRect.width = rect.width + rect.x;
        newRect.x = 0;
    }
    if (newRect.y < 0)
    {
        newRect.height = rect.height + rect.y;
        newRect.y = 0;
    }
    if (newRect.x + newRect.width > size.width)
        newRect.width = size.width - newRect.x;
    if (newRect.y + newRect.height > size.height)
        newRect.height = size.height - newRect.y;
```

16.4 オブジェクトのサイズを変更

```cpp
        return newRect;
}

// usage
void usage()
{
    cout << "usege:" << endl;
    cout << "    b: to big" << endl;
    cout << "    u: undo" << endl;
    cout << "    l: list rectangle" << endl;
    cout << "    q: quit" << endl;
}

// main
int main(int argc, char* argv[])
{
    try
    {
        eventParam_t ev = {
            Point(0, 0),
            Rect(0, 0, 0, 0),
            false
        };

        if (argc < 2)
            throw "no parameter.";

        ev.iName = argv[1];
        ev.src = imread(ev.iName);
        if (ev.src.empty())
            throw "no input file.";

        usage();

        imshow(ev.iName, ev.src);

        ev.src.copyTo(ev.areaFixed);
        setMouseCallback(ev.iName, onMouseEvent, (void *)&ev);

        while (1)
        {
            int key = waitKey(1);
```

```
        if (key == 'Q' || key == 'q')
            break;

        if (key == 'U' || key == 'u')
        {
            if (ev.list.empty())
                continue;

            ev.list.pop_back();

            ev.areaFixed = redraw(ev.list, ev.src);
            imshow(ev.iName, ev.areaFixed);
        }

        if ((key == 'L' || key == 'l') && !ev.list.empty())
        {
            cout << "list:" << endl;
            vector<Rect>::const_iterator it = ev.list.begin();
            for (; it != ev.list.end(); ++it)
            {
                cout << "  Rect(" << it->x << ", " << it->y << ", "
                    << it->width << ", " << it->height << ")" << endl;
            }
        }

        if ((key == 'B' || key == 'b') && !ev.list.empty())
        {
            vector<Rect> srcRects, dstRects;                    // 範囲

            vector<Rect>::const_iterator it = ev.list.begin();
            for (; it != ev.list.end(); ++it)
            {
                if (it->width == 0 || it->height == 0)
                    continue;

                Rect srcrect = adjRect(                    // 入力範囲
                    Rect(it->x, it->y, it->width, it->height), ev.src.size());
                srcRects.push_back(srcrect);

                int deltaW = it->width / 8;                // 少し範囲を大きくする
                int deltaH = it->height / 8;
```

16.4 オブジェクトのサイズを変更

```
        Rect dstrect = adjRect(Rect(                  // 出力範囲
            it->x - deltaW, it->y - deltaH,
            it->width + deltaW * 2, it->height + deltaH * 2),
                                            ev.src.size());
        dstRects.push_back(dstrect);
    }

    ev.dst = ev.src.clone();

    vector<Mat> srcobjs, dstobjs;                     // エリア選択

    for (int i = 0; i < srcRects.size(); i++)
    {
        Mat srcroi(ev.src, srcRects[i]);              // 入力切り出し
        srcobjs.push_back(srcroi);

        Mat dstroi(ev.dst, dstRects[i]);
        dstobjs.push_back(dstroi);
    }

    vector<Mat> resizeSrcObjs;                        // サイズ合わせ
    for (int i = 0; i < srcRects.size(); i++)
    {
        Mat resizeSrc;
        resize(srcobjs[i], resizeSrc, dstobjs[i].size());
        resizeSrcObjs.push_back(resizeSrc);
    }

    for (int i = 0; i < resizeSrcObjs.size(); i++)  // 合成
    {
        Mat weightMat = createCosMat(resizeSrcObjs[i].rows,
                                     resizeSrcObjs[i].cols);
        Mat iWeightMat = Scalar::all(255) - weightMat;

        Mat srcWeight = mulMat(resizeSrcObjs[i], weightMat);
        Mat dstWeight = mulMat(dstobjs[i], iWeightMat);
        add(dstWeight, srcWeight, dstobjs[i]);
    }
    imwrite("dst.jpg", ev.dst);
    destroyWindow("dst");
    imshow("dst", ev.dst);
}
```

```
        }
    }
    catch (const char* str)
    {
        cerr << str << endl;
    }
    return 0;
}
```

　本プログラムは、マウスで複数の領域を選択し、選択したオブジェクトを拡大します。マウスの処理は 16.2 節「マウスを使おう」の「マウスで複数範囲を指定しオブジェクトを除去・複数範囲対応」項とほとんど同じです。

　redraw 関数、adjRect 関数も上項と同じです。usage 関数はメッセージ内容が異なるだけです。onMouseEvent 関数は、画像を表示したウィンドウに対するコールバック関数です。画像を表示したウィンドウへ何らかの操作を行うと、この関数が呼び出されます。この関数もこれまでのプログラムと同じです。

　main 関数も上項と近いですが、「B」キーが押されたときの処理が異なります。「B」キーが押されたら、マウスで指定した範囲を拡大します。そのときの処理は、本節の「自動でオブジェクトを検出し大きくする」項の処理と同様です。

　以降に実行例を示します。

```
C:\test>toBigObjsM face05.jpg
usege:
    b: to big
    u: undo
    l: list rectangle
    q: quit
```

起動すると、コマンドとその説明が簡単に表示されます。まず、開始点でマウスの左ボタンを押します。そのまま、ドラッグすると四角形が現れますので、拡大処理する範囲を指定します。

図16.59●拡大処理する範囲を指定

範囲を確定できたら、そのウィンドウで「B」キーを押します。すると選択範囲が拡大されます。

図16.60●範囲を指定して拡大

「U」キーを押すと、最後の選択をUndoできます。以降に、最後の選択した領域をUndoした様子を示します。

図16.61●Undo

画像を変えて実行した例を示します。両目と口を大きくした例を示します。

図16.62●マウスによる範囲指定（左）と拡大処理結果（右）

この状態で「U」キーを2回押し、右目だけを残します。この状態で「B」キーを押した例を示します。

図16.63●選択範囲の削減（左）と拡大処理結果（右）

画像を変更した例を示します。

図16.64●範囲の指定（左）と拡大処理結果（右）

この例では、両目と耳を大きくしてみます。

図16.65●範囲の指定（左）と拡大処理結果（右）

■マウスで指定したオブジェクトを小さくする■

前節のプログラムはマウスで選んだオブジェクトを大きくしましたが、本節のプログラムはオブジェクトを小さくします。

リスト16.11●ソースリストの一部（50apps/Sources/toSmallObjsM.cpp）

```cpp
        ：
    while (1)
    {
        int key = waitKey(1);
        if (key == 'Q' || key == 'q')
            break;

        if (key == 'U' || key == 'u')
        {
            if (ev.list.empty())
                continue;

            ev.list.pop_back();

            ev.areaFixed = redraw(ev.list, ev.src);
            imshow(ev.iName, ev.areaFixed);
        }
```

16.4 オブジェクトのサイズを変更

```cpp
if ((key == 'L' || key == 'l') && !ev.list.empty())
{
    cout << "list:" << endl;
    vector<Rect>::const_iterator it = ev.list.begin();
    for (; it != ev.list.end(); ++it)
    {
        cout << "  Rect(" << it->x << ", " << it->y << ", "
            << it->width << ", " << it->height << ")" << endl;
    }
}

if ((key == 'S' || key == 's') && !ev.list.empty())
{
    vector<Rect> srcRects, dstRects;                // 範囲

    vector<Rect>::const_iterator it = ev.list.begin();
    for (; it != ev.list.end(); ++it)
    {
        if (it->width == 0 || it->height == 0)
            continue;

        // 少し範囲を大きくする
        int deltaW = it->width / 8;                 // 少し範囲を大きくする
        int deltaH = it->height / 8;

        Rect srcrect = adjRect(Rect(                // 入力範囲
            it->x - deltaW, it->y - deltaH,
            it->width + deltaW * 2, it->height + deltaH * 2),
                                        ev.src.size());

        srcRects.push_back(srcrect);

        Rect dstrect = adjRect(Rect(it->x, it->y, it->width,
                                    it->height), ev.src.size());

        dstRects.push_back(dstrect);
    }

    ev.dst = ev.src.clone();

    vector<Mat> srcobjs, dstobjs;                   // エリア選択
```

```cpp
        for (int i = 0; i < srcRects.size(); i++)
        {
            Mat srcroi(ev.src, srcRects[i]);            // 入力切り出し
            srcobjs.push_back(srcroi);

            Mat dstroi(ev.dst, dstRects[i]);
            dstobjs.push_back(dstroi);
        }

        vector<Mat> resizeSrcObjs;                      // サイズ合わせ
        for (int i = 0; i < srcRects.size(); i++)
        {
            Mat resizeSrc;
            resize(srcobjs[i], resizeSrc, dstobjs[i].size());
            resizeSrcObjs.push_back(resizeSrc);
        }

        for (int i = 0; i < resizeSrcObjs.size(); i++)  // 合成
        {
            Mat weightMat = createCosMat(resizeSrcObjs[i].rows,
                                         resizeSrcObjs[i].cols);
            Mat iWeightMat = Scalar::all(255) - weightMat;

            Mat srcWeight = mulMat(resizeSrcObjs[i], weightMat);
            Mat dstWeight = mulMat(dstobjs[i], iWeightMat);
            add(dstWeight, srcWeight, dstobjs[i]);
        }
        imwrite("dst.jpg", ev.dst);
        destroyWindow("dst");
        imshow("dst", ev.dst);
    }
}
    :
```

　基本的に前節のプログラムと同じです。異なるのは、「S」キーが押されたときの処理が異なります。「S」キーが押されたら、マウスで指定した範囲を縮小します。そのときの処理は、本節の「自動でオブジェクトを検出し小さくする」項の処理と同様です。

以降に実行例を示します。範囲を確定できたらマウスボタンを離し、画面に向かって「S」キーを押します。すると選択範囲が縮小されます。

図16.66●範囲を指定し縮小

画像を変えて実行した例を示します。両目と口を小さくした例を示します。

図16.67●マウスで範囲指定し縮小

この状態で「U」キーを2回押し、右目だけを残します。この状態で「S」キーを押した例を示します。

図16.68●右目だけを指定して縮小

画像を変更した例を示します。

図16.69●範囲を指定し縮小

この例では、両目と顎を小さくしてみました。

図16.70●範囲を指定し縮小

16.5 コンソールを使う

　OpenCVのユーザインタフェースは十分といえません。それでもマウスなどを利用するプログラムを紹介してきました。ここでは、コンソールから各種コマンド入力しOpenCVの機能をインタラクティブに使う方法を紹介します。

■コンソールプログラムの基礎■

　OpenCV対応のプログラムをコンソールベースで開発するのは意外に面倒です。面倒になる大きな理由は、コンソールからの入力を待つと、その部分でプログラムがブロックされOpenCVで表示中のウィンドウがフリーズするためです。コンソールからの入力を受け取るのにstd::getlineなどを使用しますが、この関数は使用者がEnterキーを入力するまで、その部分でプログラムをブロックします。このままでは、OpenCVで表示中のウィンドウがフリーズしてしまいます。そこで、非ブロッキングでstd::getlineライクな関数をスレッドとしてインプリメントすることとします。

　以降に、基礎的なコンソールプログラムのソースリストを示します。

16 応用

リスト16.12●ソースリスト、Windows版

```cpp
#include <iostream>
#include <vector>
#include <string>
#include <sstream>

#include <windows.h>

using namespace std;

// parameters
struct eventParam_t
{
    string cmd;
};

// split
vector<string> split(const string &s, char delim)
{
    vector<string> elems;
    stringstream ss(s);
    string item;

    while (getline(ss, item, delim))
    {
        if (!item.empty())
        {
            elems.push_back(item);
        }
    }
    return elems;
}


bool
test(const vector<string> cmds, eventParam_t &ev)
{
    cout << ev.cmd << "test"<< endl;
    return true;
}
```

434

16.5 コンソールを使う

```cpp
bool
test2(const vector<string> cmds, eventParam_t &ev)
{
    cout << ev.cmd << "test2" << endl;
    return true;
}

bool
quit(const vector<string> cmds, eventParam_t &ev)
{
    cout << ev.cmd << "quit" << endl;
    return false;
}


struct parseTable_t
{
    string cmd;                                          // command
    string helpMsg;                                      // help
    bool(*func) (const vector<string>, eventParam_t &ev); // routine entry address
};

bool
parseCommand(const vector<string> cmds, eventParam_t &ev)
{
    vector<parseTable_t> parseTable =
    {
        { "test",".... test.",  test  },
        { "test2","... test2.", test2 },
        { "quit",".... quit.",  quit  }
    };

    vector<parseTable_t>::const_iterator it = parseTable.begin();
    for (; it != parseTable.end(); ++it)
    {
        ev.cmd = "parseCommand:";
        if (cmds[0] == it->cmd)
            return it->func(cmds, ev);
    }

    // bat command.
    cout << "there is no " + cmds[0] + " command!" << endl;
```

16

435

16 応用

```cpp
        return true;
}


// parameters
struct commandLine_t
{
    bool bRunThread;
    bool bToGetCommandline;
    bool bExistsCommandline;
    string commandline;
};

//----------------------------------------------------------------
// thread
void commandlineNB(commandLine_t* cl)
{
    while (cl->bRunThread)
    {
        if (cl->bToGetCommandline)
        {
            getline(cin, cl->commandline);
            cl->bToGetCommandline = false;
            cl->bExistsCommandline = true;
        }
        Sleep(10);
    }
}

//--------------------------------------------------------------------------
// main
int
main(int argc, char* argv[])
{
    string commandline;
    commandLine_t cl = { true, true, false };
    vector<string> cmds;
    eventParam_t ev;

    try
    {
        cout << endl << "console" << endl;
```

436

16.5 コンソールを使う

```cpp
        cout << ">>";

        HANDLE hThread = CreateThread(0, 0,       //スレッドの起動
            (LPTHREAD_START_ROUTINE)commandlineNB,
            (VOID *)&cl, 0, NULL);

        while (true)
        {
            if (cl.bExistsCommandline)
            {
                cl.bExistsCommandline = false;

                cmds = split(cl.commandline, ' ');
                if (cmds.size() > 0)
                {
                    if (parseCommand(cmds, ev) == false)
                        break;
                }
                cout << ">>";
                cl.bToGetCommandline = true;
            }
            Sleep(10);
        }
        cl.bRunThread = false;       // terminate thread
        //WaitForSingleObject(hThread, INFINITE);
    }
    catch (const char* str)
    {
        cerr << str << endl;
    }
    return 0;
}
```

　split 関数は、文字列 s と区切り記号 delim を受け取り、文字列を vector<string> へ分解し呼び出し元へ返します。とても単純な関数ですので、詳細はソースリストを参照してください。

　test 関数、test2 関数、quit 関数は、「test」、「test2」、「quit」コマンドを受け取ったときに制御が渡る関数です。コマンドのパースは parseCommand 関数で行い、テーブルを使用して

ディスパッチされます。ここで紹介した関数は、呼び出されたらメッセージを表示して、すぐに終了します。

parseCommand 関数は、キーボードから入力した文字列を、vector<string> へ分解した cmds と eventParam_t 構造体のポインタ ev を引数で受け取ります。cmds[0] にコマンド文字列が格納されています。これを、vector<parseTable_t> である parseTable のメンバと比較し、一致するものがあれば eventParam_t 構造体の func を呼び出します。func は先に紹介した test 関数、test2 関数、あるいは quit 関数への関数ポインタです。このような方法を採用することによってコマンド文字列で簡単に対応する関数を呼び出すことができます。受け取ったコマンド文字列が parseTable に存在しない場合は、無効なコマンドと判断しメッセージを表示します。

commandlineNB 関数は、main 関数からスレッドとして起動されるスレッド関数です。この関数は std::getline でキー入力を待ち続けるため、このスレッドは改行が入力されるまでブロックされます。しかし、このスレッドはワーカスレッドなので、std::getline でブロックされてもプログラム全体への影響はありません。このため、メインスレッドで OpenCV を使用しても、OpenCV の関数で表示したウィンドウなどに影響は及ぼしません。本プログラムは、スレッドなどの説明用に開発したため OpenCV を使用していませんが、OpenCV とコンソールを両立させるためには、このような手法を採用する必要があります。ワーカスレッドである commandlineNB 関数は、メインスレッドから終了の指令が来るまでキーボードの監視を続けます。厳密には、このワーカスレッドは、std::getline でブロックされているため、改行が入力されるまでメインスレッドから出された終了の指令を参照できません。このようなことから、スレッドを強制終了させるコードを記述した方がよさそうですが、プログラム終了時にプロセス自体が破棄されるので、分かりやすくするためプログラムは簡略化します。

main 関数は、commandLine_t 構造体 cl でメインスレッドとワーカスレッド間の通信を行います。ワーカスレッドは Windows API である CreateThread で作成し、起動します。この API で起動される commandlineNB 関数はスレッドとして起動されます。以降に、メインスレッド、ワーカスレッド、そしてスレッド間通信で用いる変数について図で示します。

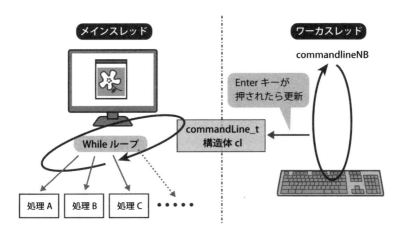

図16.71● メインスレッド、ワーカスレッド、スレッド間通信で用いる変数

　メインスレッドのwhileループ内でキー入力を検出したらsplit関数を呼び出し、入力された文字列を分解します。分解された文字列はvector<string>であるcmdsへ格納されます。これを引数に、parseCommand関数を呼び出し、コマンドに対応する関数が呼び出されます。

　プログラムの実行例を示します。

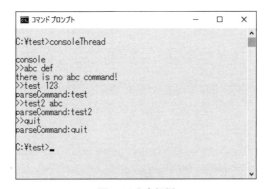

図16.72● 実行例

```
parseCommand:test
>>test2 abc
parseCommand:test2
>>quit
parseCommand:quit

C:\test>
```

　なお、ここで説明したプログラムは Windows にのみ対応しています。Linux などで動作さ
せるためには、スレッドの生成に POSIX 準拠の pthread 関数を使用してください。以降に、
Linux へ対応させたソースリストを示します。

リスト16.13●ソースリスト、Linux版

```cpp
#include <iostream>
#include <vector>
#include <string>
#include <sstream>

#include <pthread.h>
#include <unistd.h>

using namespace std;

// parameters
struct eventParam_t
{
    string cmd;
};

// split
vector<string> split(const string &s, char delim)
{
    vector<string> elems;
    stringstream ss(s);
    string item;

    while (getline(ss, item, delim))
    {
        if (!item.empty())
        {
```

```
            elems.push_back(item);
        }
    }
    return elems;
}


bool
test(const vector<string> cmds, eventParam_t &ev)
{
    cout << ev.cmd << "test"<< endl;
    return true;
}

bool
test2(const vector<string> cmds, eventParam_t &ev)
{
    cout << ev.cmd << "test2" << endl;
    return true;
}

bool
quit(const vector<string> cmds, eventParam_t &ev)
{
    cout << ev.cmd << "quit" << endl;
    return false;
}


struct parseTable_t
{
    string cmd;                                          // command
    string helpMsg;                                      // help
    bool(*func) (const vector<string>, eventParam_t &ev); // routine entry address
};

bool
parseCommand(const vector<string> cmds, eventParam_t &ev)
{
    vector<parseTable_t> parseTable =
    {
        { "test",".... test.",  test  },
```

```
16 応用

            { "test2","... test2.", test2 },
            { "quit",".... quit.",  quit  }
        };

        vector<parseTable_t>::const_iterator it = parseTable.begin();
        for (; it != parseTable.end(); ++it)
        {
            ev.cmd = "parseCommand:";
            if (cmds[0] == it->cmd)
                return it->func(cmds, ev);
        }

        // bat command.
        cout << "there is no " + cmds[0] + " command!" << endl;
        return true;
    }


// parameters
struct commandLine_t
{
    bool bRunThread;
    bool bToGetCommandline;
    bool bExistsCommandline;
    string commandline;
};

//-----------------------------------------------------------------
// thread
//void commandlineNB(commandLine_t* cl)
void* commandlineNB(void* param)
{
    commandLine_t* cl = (commandLine_t*)param;
    while (cl->bRunThread)
    {
        if (cl->bToGetCommandline)
        {
            getline(cin, cl->commandline);
            cl->bToGetCommandline = false;
            cl->bExistsCommandline = true;
        }
        usleep(10);
```

```
        }
}

//-------------------------------------------------------------------------
// main
int
main(int argc, char* argv[])
{
    string commandline;
    commandLine_t cl = { true, true, false };
    vector<string> cmds;
    eventParam_t ev;

    pthread_t thread;

    try
    {
        cout << endl << "console" << endl;
        cout << ">>";

        int iret=pthread_create( &thread, NULL, commandlineNB, (void *)&cl);

        while (true)
        {
            if (cl.bExistsCommandline)
            {
                cl.bExistsCommandline = false;

                cmds = split(cl.commandline, ' ');
                if (cmds.size() > 0)
                {
                    if (parseCommand(cmds, ev) == false)
                        break;
                }
                cout << ">>";
                cl.bToGetCommandline = true;
            }
            usleep(10);
        }
        cl.bRunThread = false;      // terminate thread
        pthread_join(thread, NULL); // join
    }
```

```
        catch (const char* str)
        {
            cerr << str << endl;
        }
        return 0;
}
```

先のプログラムと異なるのは、CreateThread が pthread_create へ変わることくらいです。

プログラムの実行例を示します。

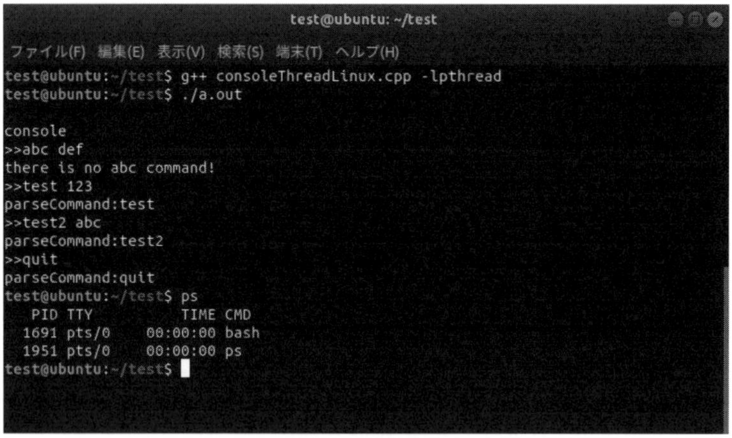

図16.73●実行例

```
ttest@ubuntu:~/test$ g++ consoleThreadLinux.cpp -lpthread
test@ubuntu:~/test$ ./a.out

console
>>abc def
there is no abc command!
>>test 123
parseCommand:test
>>test2 abc
parseCommand:test2
>>quit
parseCommand:quit
test@ubuntu:~/test$ ps
```

```
   PID TTY          TIME CMD
  1691 pts/0    00:00:00 bash
  1951 pts/0    00:00:00 ps
test@ubuntu:~/test$
```

　ここで説明した手法を用いて OpenCV とコンソール入力を共存させるプログラムを、以降の節で解説します。

■ API の説明 ■

　使用した API の概要を説明します。

CreateThread

　新しいスレッドを生成します。

```
HANDLE CreateThread(
  LPSECURITY_ATTRIBUTES   lpThreadAttributes,  // SECURITY_ATTRIBUTES 構造体
                                               // へのポインタ
  DWORD                   dwStackSize,         // スタックのサイズ
  LPTHREAD_START_ROUTINE  lpStartAddress,      // 開始アドレス
  LPVOID                  lpParameter,         // スレッドに渡す値
  DWORD                   dwCreationFlags,     // スレッド作成に関するフラグ
  LPDWORD                 lpThreadId           // スレッド ID 変数へのポインタ
);
```

引数

lpThreadAttributes　SECURITY_ATTRIBUTES 構造体へのポインタです。NULL を指定すると、既定のセキュリティ記述子がこのスレッドに適用されます。

dwStackSize　スタックの初期のコミットサイズを、バイト単位で指定します。0 または既定のコミットサイズより小さい値を指定すると、呼び出し側スレッドのコミットサイズと同じサイズが割り当てられます。

lpStartAddress　LPTHREAD_START_ROUTINE 型の関数ポインタです。この関数は

新しいスレッドで実行されます。そして、新しいスレッドの開始
アドレスとなります。

lpParameter　　　　　スレッドに渡す DWORD 値です。

dwCreationFlags　　　スレッド作成に関する制御フラグです。CREATE_SUSPENDED を
指定すると、新しいスレッドは中断された状態で作成されます。
0 を指定すると、作成と同時に新しいスレッドが起動します。

lpThreadId　　　　　DWORD へのポインタです。この変数にスレッド ID が格納されま
す。NULL を指定すると、スレッド ID は格納されません。

戻り値

成功すると、新しいスレッドのハンドルが返ります。

WaitForSingleObject

指定したオブジェクトがシグナル状態になるか、または、タイムアウトが発生するまで待
ちます。

```
DWORD WaitForSingleObject(
    HANDLE hHandle,            // オブジェクトのハンドル
    DWORD dwMilliseconds       // タイムアウト時間（ミリ秒）
);
```

引数

hHandle　　　　　　オブジェクトのハンドルです。

dwMilliseconds　　　タイムアウト時間をミリ秒で指定します。INFINITE を指定する
と、オブジェクトがシグナル状態になるまで待機し続けます。
INFINITE はデッドロックのもととなりますので、注意して使用し
ましょう。

戻り値

成功すると、関数が制御を返した原因が返ります。以降の表に値と意味を示します。

値	意味
WAIT_ABANDONED	指定されたオブジェクトが、放棄されたミューテックスオブジェクトだった。この関数を呼び出した結果、その所有権は呼び出し側スレッドに移り、そのミューテックスは非シグナル状態になった。
WAIT_OBJECT_0	オブジェクトがシグナル状態になった。
WAIT_TIMEOUT	タイムアウト時間が経過しても、オブジェクトが非シグナル状態であった。

16.5 コンソールを使う

pthread_create

新しいスレッドを生成します。

```
int pthread_create(
  pthread_t              *thread,
  const pthread_attr_t   *attr,
  void *(*start_routine)  (void *),
  void                   *arg
);
```

引数

thread	スレッドの起動が成功すると pthread_create が値（スレッド識別子）を設定する pthread_t です。
attr	スレッドの属性を設定します。NULL を指定するとデフォルトが設定されます。
start_routine	スレッドが起動する関数ポインタです。この関数は新しいスレッドで実行されます。
arg	関数に渡す引数です。

戻り値

返り値は成功すると 0 で、エラーの場合はエラー番号が返ります。

pthread_join

thread で指定したスレッドの終了を待ちます。対象のスレッドがすでに終了している場合、本関数はすぐに戻ってきます。

```
int pthread_join(
  pthread_t  thread,
  void       **retval
);
```

引数

thread	スレッド識別子です。
retval	対象スレッドの終了ステータスが格納されます。

16 応用

> **戻り値**

返り値は成功すると 0 で、エラーの場合はエラー番号が返ります。

16.6 | リサイズ

さて、実際に OpenCV とコンソールを融合させたプログラムを開発してみましょう。ここ
で紹介するプログラムは、4.2 節「リサイズ」で画像のリサイズを行うプログラムをコンソー
ルから使用できるように拡張したものです。以前のプログラムは、対象ファイル、拡大率をプ
ログラムの引数とし、処理結果を格納する機能もありませんでした。ここで、紹介するプログ
ラムは、コンソールから処理対象ファイル、拡大率、格納するときのファイル名などを指定で
きます。しかも、対象ファイルを変更することも可能ですので、いくつかのファイルを異なる
拡大率で処理し、それらを異なったファイル名で格納できます。

さて、それではプログラムの説明を行います。以降に、ソースリストを示します。

リスト16.14●ソースリスト（50apps/Sources/resizer.cpp）

```cpp
#include "../../common/common.h"
#include <vector>
#include <string>

#include <windows.h>


using namespace cv;
using namespace std;

// parameters
struct eventParam_t
{
    string iName;
    string oName;

    Mat src;
    Mat dst;
```

448

```
};

// split
vector<string> split(const string &s, char delim)
{
    vector<string> elems;
    stringstream ss(s);
    string item;

    while (getline(ss, item, delim))
    {
        if (!item.empty())
        {
            elems.push_back(item);
        }
    }
    return elems;
}


bool
openFile(vector<string> cmds, eventParam_t &ev)
{
    if (ev.src.empty() == false)
        destroyWindow(ev.iName);

    if (ev.dst.empty() == false)
        destroyWindow(ev.oName);

    ev.iName = cmds[1];
    ev.src = imread(ev.iName);
    if (ev.src.empty())
    {
        cout << "failed to open the input file!" << endl;
        return true;
    }

    imshow(ev.iName, ev.src);

    return true;
}
```

```
bool
resize(vector<string> cmds, eventParam_t &ev)
{
    if (ev.src.empty())
    {
        cout << "no original image." << endl;
        return true;
    }

    double scale = stod(cmds[1]);
    Size newSize = Size((int)(ev.src.cols*scale), (int)(ev.src.rows*scale));
    resize(ev.src, ev.dst, newSize);

    ev.oName = "dst";
    imshow(ev.oName, ev.dst);

    return true;
}

bool
save(vector<string> cmds, eventParam_t &ev)
{
    if (ev.dst.empty())
    {
        cout << "no image." << endl;
        return true;
    }

    imwrite(cmds[1], ev.dst);

    return true;
}

bool
quit(vector<string> cmds, eventParam_t &ev)
{
    return false;
}


bool
```

16.6 リサイズ

```cpp
parseCommand(vector<string> cmds, eventParam_t &ev)
{
    struct parseTable_t
    {
        string   cmd;                                    // command
        string   helpMsg;                                // help
        bool(*func) (vector<string>, eventParam_t &ev);  // routine entry address
        int      numOfMinParams;                         // num of params
    };

    vector<parseTable_t> parseTable =
    {
        { "open"," ..... open.",    openFile,   2 },
        { "resize"," ... resize.",  resize,     2 },
        { "save"," ..... save.",    save,       2 },
        { "quit"," ..... quit.",    quit,       1 },
        { "bye"," ...... quit.",    quit,       1 },
        { "exit"," ..... quit.",    quit,       1 }
    };

    vector<parseTable_t>::const_iterator it = parseTable.begin();
    for (; it != parseTable.end(); ++it)
    {
        if (cmds[0] == it->cmd)
        {
            if (cmds.size() < it->numOfMinParams)
            {
                cout << "few parameters." << endl;
                return true;
            }
            return it->func(cmds, ev);
        }
    }

    // bad command.
    cout << "there is no [" + cmds[0] + "] command!" << endl << endl;
    it = parseTable.begin();
    for (; it != parseTable.end(); ++it)
    {
        cout << it->cmd + it->helpMsg << endl;
    }
    return true;
```

451

```
}



struct commandLine_t
{
    bool bRunThread;
    bool bToGetCommandline;
    bool bExistsCommandline;
    string commandline;
};

//------------------------------------------------------------------
// thread
void commandlineNB(commandLine_t* cl)
{
    while (cl->bRunThread)
    {
        if (cl->bToGetCommandline)
        {
            getline(cin, cl->commandline);
            cl->bToGetCommandline = false;
            cl->bExistsCommandline = true;
        }
        Sleep(10);
    }
}



//----------------------------------------------------------------------
// main
int
main(int argc, char* argv[])
{
    string commandline;
    commandLine_t cl = { true, true, false };
    vector<string> cmds;
    eventParam_t ev;

    try
    {
        cout << endl << "opencv app console" << endl;
```

```
        cout << ">>";

        HANDLE hThread = CreateThread(0, 0,      //スレッドの起動
            (LPTHREAD_START_ROUTINE)commandlineNB,
            (VOID *)&cl, 0, NULL);

        while (true)
        {
            if (cl.bExistsCommandline)
            {
                cl.bExistsCommandline = false;

                cmds = split(cl.commandline, ' ');
                if (cmds.size() > 0)
                {
                    if (parseCommand(cmds, ev) == false)
                        break;
                }
                cout << ">>";
                cl.bToGetCommandline = true;
            }
            waitKey(1);
        }
        cl.bRunThread = false;      // terminate thread
        //WaitForSingleObject(hThread, INFINITE);
    }
    catch (const char* str)
    {
        cerr << str << endl;
    }
    return 0;
}
```

split 関数は、前節で説明したものと同じです。

openFile 関数は、「open」コマンドを受け取ったときに制御の渡る関数です。指定されたファイル名の画像を読み込み表示します。cmds は、「open」コマンドを入力したときの文字列が格納された vector<string> です。ev は、main 関数で定義した eventParam_t 構造体のポインタが渡されます。この ev を使用して関数間の情報交換を行います。まず、この関数は、すでに画像を表示しているか検査します。すでに画像を開いていたら、destroyWindow 関数でウィ

16 応用

ンドウを破棄します。次に指定されたファイル名を引数に imread 関数で読み込み、それを ev の src へ格納します。もし、読み込みに失敗したらエラーメッセージをコンソールに表示し、呼び出し元へ false を返します。読み込みが正常なら、読み込んだ画像を imshow 関数で表示後、呼び出し元へ true を返します。

resize 関数は、「resize」コマンドを受け取ったときに制御の渡る関数です。引数の cmds や ev は、openFile 関数と同様です。まず、画像が読み込まれているか調べ、読み込まれていないなら、エラーメッセージをコンソールに表示し、関数を抜けます。画像が読み込まれていたら、cmds[1] に指定された拡大率を使用し、resize 関数で画像をリサイズします。その後、リサイズ後の画像を表示します。

quit 関数は、「quit」、「bye」、あるいは「exit」コマンドを受け取ったときに制御の渡る関数です。単純に、呼び出し元に false を返しプログラムを終了させることを知らせます。

save 関数は、「save」コマンドを受け取ったときに制御の渡る関数です。引数の cmds や ev は、openFile 関数と同じです。

parseCommand 関数、commandlineNB 関数は前節で紹介したものと同等です。異なるのは、parseTable_t 構造体に numOfMinParams を追加します。このメンバは、対応するコマンドが最低限必要とするパラメータ数を保持しています。このメンバを利用すると、コマンドの引数が足りないときのチェックを各関数ではなく、parseCommand 関数へ共通化できます。ほかの部分は、前節で紹介したプログラムと同様です。

main 関数も、前節で説明したものと同等です。本プログラムがサポートするコマンドを以降に示します。

表16.4●本プログラムがサポートするコマンド

コマンド	説明
open	指定された画像ファイルを開きます。すでに画像ファイルが読み込まれていた場合、古いウィンドウは閉じられ新しいウィンドウが現れます。
resize	指定された比率でリサイズされた画像が新しいウィンドウに表示されます。
save	リサイズした画像に名前を付けて保存します。
quit	プログラムを終了させます。
bye	同上。
exit	同上。

以降に、実行の様子を示します。プログラムを起動するとメッセージ表示後、プロンプトが現れます。

16.6 リサイズ

```
C:¥test>resizer

opencv app console
>>
```

「open」コマンドを使用し、対象ファイルを読み込んだ様子を示します。すでに別のファイルを読み込んでいた場合は、そのウィンドウは破棄され新しいウィンドウが現れます。

図16.74●「open」コマンド

「resize」コマンドを入力し、リサイズした様子を示します。

図16.75●「resize」コマンド

「save」コマンドを使用すると、結果の画像にファイル名を付けて保存できます。プログラムを終了させたければ「quit」コマンドを入力してください。するとプログラムは終了します。

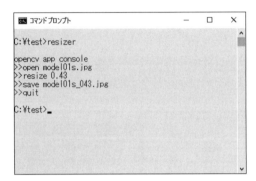

図16.76●「save」コマンドと「quit」コマンド

以降に、入力の一連を示します。

```
C:¥test>resizer

opencv app console
>>open model01s.jpg
>>resize 0.43
>>save model01s_043.jpg
>>quit

C:¥test>
```

このようにコンソールを用いると、対象ファイルやリサイズの値、そして結果を格納するときのファイル名をインタラクティブに入力できます。

16.7 コンソールとマウス

先のプログラムは、コンソールから OpenCV の機能を利用できるプログラムでした。ここで紹介するプログラムは、コンソールはもちろん、マウスにも対応したプログラムです。これまで紹介したプログラムを統合し、OpenCV で問題となるユーザインタフェースを向上させたプログラムです。ここで紹介するプログラムの特徴を以降に示します。

● マウス対応
● プラットフォーム依存を別ファイルへ

以降に、メインスレッド、ワーカスレッド、そしてスレッド間通信のインタフェースについて図で示します。これまでのプログラムよりカプセル化を進めるため、ワーカスレッドのコードは console.cpp へまとめます。これでも十分カプセル化されますが、クラス化すると、よりカプセル化が向上するでしょう。

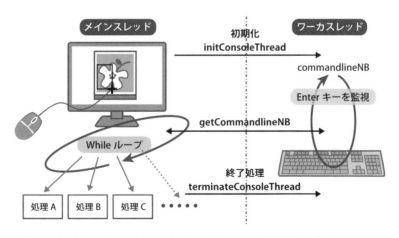

図16.77●メインスレッド、ワーカスレッド、スレッド間通信のインタフェース

メインスレッドは、initConsoleThread 関数を呼び出します。その後、キーボードからの入力は getCommandlineNB 関数を呼び出すのみで取得できます。プログラムの終了時に、terminateConsoleThread 関数を呼び出し、キーボードを監視していたスレッドの後始末を行います。

プラットフォームに依存するコードは、すべて console.cpp へまとめましたので、Linux な

16 応用

どへ対応するには console.cpp を書き換えるだけです。Linux へ対応する方法はすでに解説済みです。

さて、それではプログラムの説明を行います。本プログラムは 4 つのソースファイルから成り立ちます。

表16.5●ファイル構成

ファイル名	説明
objs.cpp	本プログラムの本体です。以降にソースリストを示し説明します。
console.cpp	キー入力を監視するスレッド関数などを 1 つのファイルに格納します。
mulMatWtbl.cpp	16.4 節の「自動でオブジェクトを検出し大きくする」項で紹介した重みテーブルを生成する関数です。
createCosMat.cpp	同項で紹介した画像の各画素を乗算する関数です。

mulMatWtbl.cpp と createCosMat.cpp は、すでに解説済みですので本節では省略します。まず、キーボードを監視する console.cpp と、そのヘッダファイルのソースリストを示します。

リスト16.15●ソースリスト（/50apps/Sources/console.h）

```cpp
#include <iostream>
#include <string>
#include <windows.h>

using namespace std;

struct commandLine_t
{
    bool bRunThread;
    bool bExistsCommandline;
    string commandline;
};

void commandlineNB(commandLine_t &cl);
void initConsoleThread(commandLine_t &cl);
void terminateConsoleThread(commandLine_t &cl);
string getCommandlineNB(commandLine_t &cl);
```

リスト16.16●ソースリスト　(/50apps/Sources/console.cpp)

```cpp
#include <iostream>
#include "console.h"

//-----------------------------------------------------------------
// thread
static void
commandlineNB(commandLine_t &cl)
{
    while (cl.bRunThread)
    {
        if (cl.bExistsCommandline == false)
        {
            getline(cin, cl.commandline);
            cl.bExistsCommandline = true;
        }
        Sleep(10);
    }
}

//-----------------------------------------------------------------
// initialize console thread
void
initConsoleThread(commandLine_t &cl)
{
    HANDLE hThread = CreateThread(0, 0,          //スレッドの起動
        (LPTHREAD_START_ROUTINE)commandlineNB,
        (VOID *)&cl, 0, NULL);
}

//-----------------------------------------------------------------
// terminate console thread
void
terminateConsoleThread(commandLine_t &cl)
{
    cl.bRunThread = false;                       // terminate thread
    //WaitForSingleObject(hThread, INFINITE);
}

//-----------------------------------------------------------------
string
getCommandlineNB(commandLine_t &cl)
```

```
{
    static string line = "";

    if (cl.bExistsCommandline)
    {
        line = cl.commandline;
        cl.bExistsCommandline = false;
    }
    else
        line.clear();
    return line;
}
```

　基本的に、本ソースリストに含まれるコードは、これまでに出てきたコードを整理し、ス
レッドに関する機能を1つのファイルに押し込めました。ここで解説したプログラムをLinux
などへ対応させるには、このソースリストを書き換えるだけで対応できます。

　initConsoleThread関数は、最初に一回だけ呼び出します。この関数は、スレッドを起動し
ます。

　terminateConsoleThread関数は、プログラム終了時に一回だけ呼び出します。この関数は
スレッドへ終了する指令を出します。

　commandlineNB関数は、キーボードを監視するスレッド関数です。この関数は内部関数で
すので、外部からは見えない関数です。

　getCommandlineNB関数は、commandlineNB関数と連携し、プログラムをブロックせず
キーボードから文字列を取得します。本関数を呼び出すと、キーボードからEnterキー入力が
あれば、入力した文字列を返します。キー入力がないか、Enterキーを入力するまでの途中で
あれば、空の文字列を返します。

　さて、それではプログラム本体の説明を行います。ソースリストが比較的長いため、基本的
に関数単位で示します。

リスト16.17●ソースリストの一部 （50apps/Sources/objs.cpp）

```
#include "../../common/common.h"
#include "console.h"
#include <vector>
```

```cpp
#include <string>

using namespace cv;
using namespace std;

Mat createCosMat(const int rows, const int cols);    // create cos k mat
Mat mulMat(const Mat mat, const Mat table);          // mulMask


// parameters
struct eventParam_t {
    Point org;
    Rect  rect;
    bool  mouseDown;

    String iName;
    String oName;
    Mat src;
    Mat intrim;
    Mat areaFixed;
    Mat dst;

    vector<Rect> list;
};

// split
vector<string> split(const string &s, char delim)
{
    vector<string> elems;
    stringstream ss(s);
    string item;

    while (getline(ss, item, delim))
    {
        if (!item.empty())
        {
            elems.push_back(item);
        }
    }
    return elems;
}
```

16 応用

eventParam_t 構造体は、関数間の情報交換に使用する構造体で、実際の宣言は main 関数で行われます。

split 関数は、これまでに説明済みです。

リスト16.18●ソースリストの一部（50apps/Sources/objs.cpp）

```cpp
// redraw
Mat redraw(vector<Rect> list, Mat src)
{
    Mat mat;

    src.copyTo(mat);

    vector<Rect>::const_iterator it = list.begin();
    for (; it != list.end(); ++it)
    {
        rectangle(mat, *it, Scalar(255));
    }
    return mat;
}


// call back
void onMouseEvent(int event, int x, int y, int flags, void* uData)
{
    eventParam_t *ev = static_cast<eventParam_t*>(uData);

    int width = abs(ev->org.x - x);
    int height = abs(ev->org.y - y);

    switch (event)
    {
    case EVENT_LBUTTONDOWN:
        ev->mouseDown = true;
        ev->org = Point(x, y);
        ev->rect = Rect(ev->org.x, ev->org.y, 0, 0);
        ev->areaFixed.copyTo(ev->intrim);
        imshow(ev->iName, ev->intrim);
        break;

    case EVENT_MOUSEMOVE:
        if (!ev->mouseDown)
```

462

```
                break;

            ev->rect.x = ev->org.x > x ? x : ev->rect.x;
            ev->rect.y = ev->org.y > y ? y : ev->rect.y;

            ev->rect = Rect(ev->rect.x, ev->rect.y, width, height);
            ev->areaFixed.copyTo(ev->intrim);
            rectangle(ev->intrim, ev->rect, Scalar(255));
            imshow(ev->iName, ev->intrim);
            break;

        case EVENT_LBUTTONUP:
            ev->intrim.copyTo(ev->areaFixed);
            ev->list.push_back(ev->rect);
            ev->mouseDown = false;
            break;
    }
}

// adjust area
Rect adjRect(Rect rect, Size size)
{
    Rect newRect = rect;
    if (newRect.x < 0)
    {
        newRect.width = rect.width + rect.x;
        newRect.x = 0;
    }
    if (newRect.y < 0)
    {
        newRect.height = rect.height + rect.y;
        newRect.y = 0;
    }
    if (newRect.x + newRect.width > size.width)
        newRect.width = size.width - newRect.x;
    if (newRect.y + newRect.height > size.height)
        newRect.height = size.height - newRect.y;

    return newRect;
}
```

16 応用

　redraw 関数、onMouseEvent 関数、そして adjRect 関数も、16.4 節の「マウスで指定した
オブジェクトを大きくする」項で説明したものと同じです。

リスト16.19●ソースリストの一部（50apps/Sources/objs.cpp）

```cpp
// open image file
bool
open(vector<string> cmds, eventParam_t &ev)
{
    if (ev.src.empty() == false)
        destroyWindow(ev.iName);

    ev.list.clear();

    if (ev.dst.empty() == false)
        destroyWindow(ev.oName);

    ev.iName = cmds[1];
    ev.src = imread(ev.iName);
    if (ev.src.empty())
        throw "failed to open the input file!";

    imshow(ev.iName, ev.src);

    ev.src.copyTo(ev.areaFixed);
    setMouseCallback(ev.iName, onMouseEvent, (void *)&ev);

    return true;
}
```

　open 関数は、「open」コマンドを受け取ったときに制御の渡る関数です。これらの関数で
共通に渡される引数 cmds は、コマンドを入力したときの文字列が格納された vector<string>
で、ev は、main 関数で定義した eventParam_t 構造体のポインタです。この ev を使用して
関数間の情報交換を行います。

　まず、すでに画像が読み込まれている調べ、読み込まれていたら、そのウィンドウを破棄す
るとともに、マウスの指定範囲を管理する list をクリアします。また、処理が行われているか
調べ、すでに以前の画像で処理が行われていたら、そのウィンドウも破棄します。次に、指定

されたファイル名の画像を読み込み表示します。次に、読み込んだ画像を areaFixed へコピーするとともに、setMouseCallback 関数を使用してウィンドウに対するコールバック関数を登録します。

リスト16.20●ソースリストの一部（50apps/Sources/objs.cpp）

```
// eliminate image
bool
elim(vector<string> cmds, eventParam_t &ev)
{
    if (ev.src.empty())
        throw "no original image.";

    Mat mask(ev.src.size(), CV_8UC1, Scalar(0));

    vector<Rect>::const_iterator it = ev.list.begin();
    for (; it != ev.list.end(); ++it)
    {
        Rect tempRect = adjRect(
            Rect(it->x, it->y, it->width, it->height), ev.src.size());
        rectangle(mask, tempRect, Scalar(255), FILLED);
    }
    inpaint(ev.src, mask, ev.dst, 1, INPAINT_TELEA);

    destroyWindow(ev.oName);
    imshow(ev.oName, ev.dst);

    return true;
}
```

　elim 関数は、「elim」コマンドを受け取ったときに制御の渡る関数です。まず、画像が読み込まれているか調べ、読み込まれていないなら、例外を送出します。次に、inpaint 関数で使用するマスク画像を生成します。まず、真っ黒でサイズが入力画像と同じサイズの Mat を生成します。その Mat をマウスで指定したすべての範囲を白く塗り潰します。この画像と入力画像を inpaint 関数に与え、オブジェクトの除去を行います。最後に、結果表示中のウィンドウを破棄したのち、新しい処理結果を表示します。

16 応用

リスト16.21●ソースリストの一部（50apps/Sources/objs.cpp）

```cpp
// to big objects
bool
toBig(vector<string> cmds, eventParam_t &ev)
{
    if (ev.src.empty())
        throw "no original image.";

    vector<Rect> srcRects, dstRects;                // 範囲

    vector<Rect>::const_iterator it = ev.list.begin();
    for (; it != ev.list.end(); ++it)
    {
        if (it->width == 0 || it->height == 0)
            continue;

        Rect srcrect = adjRect(                     // 入力範囲
            Rect(it->x, it->y, it->width, it->height), ev.src.size());
        srcRects.push_back(srcrect);

        int deltaW = it->width / 8;                 // 少し範囲を大きくする
        int deltaH = it->height / 8;

        Rect dstrect = adjRect(Rect(                // 出力範囲
            it->x - deltaW, it->y - deltaH,
            it->width + deltaW * 2, it->height + deltaH * 2), ev.src.size());
        dstRects.push_back(dstrect);
    }

    ev.dst = ev.src.clone();

    vector<Mat> srcobjs, dstobjs;                   // エリア選択

    for (int i = 0; i < srcRects.size(); i++)
    {
        Mat srcroi(ev.src, srcRects[i]);            // 入力切り出し
        srcobjs.push_back(srcroi);

        Mat dstroi(ev.dst, dstRects[i]);
        dstobjs.push_back(dstroi);
    }
```

466

```
    vector<Mat> resizeSrcObjs;                    // サイズ合わせ
    for (int i = 0; i < srcRects.size(); i++)
    {
        Mat resizeSrc;
        resize(srcobjs[i], resizeSrc, dstobjs[i].size());
        resizeSrcObjs.push_back(resizeSrc);
    }

    for (int i = 0; i < resizeSrcObjs.size(); i++)  // 合成
    {
        Mat weightMat = createCosMat(resizeSrcObjs[i].rows, resizeSrcObjs[i].cols);
        Mat iWeightMat = Scalar::all(255) - weightMat;

        Mat srcWeight = mulMat(resizeSrcObjs[i], weightMat);
        Mat dstWeight = mulMat(dstobjs[i], iWeightMat);
        add(dstWeight, srcWeight, dstobjs[i]);
    }
    destroyWindow(ev.oName);
    imshow(ev.oName, ev.dst);

    return true;
}
```

　toBig 関数は、「big」コマンドを受け取ったときに制御の渡る関数です。処理内容は、16.4
節「オブジェクトのサイズを変更」の「マウスで指定したオブジェクトを大きくする」項を参
照してください。

リスト16.22●ソースリストの一部（50apps/Sources/objs.cpp）

```
// to small objects
bool
toSmall(vector<string> cmds, eventParam_t &ev)
{
    if (ev.src.empty())
        throw "no original image.";

    vector<Rect> srcRects, dstRects;             // 範囲
```

```cpp
    vector<Rect>::const_iterator it = ev.list.begin();
    for (; it != ev.list.end(); ++it)
    {
        if (it->width == 0 || it->height == 0)
            continue;

        int deltaW = it->width / 8;                 // 少し範囲を大きく
        int deltaH = it->height / 8;

        Rect srcrect = adjRect(Rect(it->x - deltaW, it->y - deltaH,
            it->width + deltaW * 2, it->height + deltaH * 2), ev.src.size());

        srcRects.push_back(srcrect);

        Rect dstrect = adjRect(Rect(it->x, it->y, it->width, it->height),
                                                    ev.src.size());

        dstRects.push_back(dstrect);
    }

    ev.dst = ev.src.clone();

    vector<Mat> srcobjs, dstobjs;                   // エリア選択

    for (int i = 0; i < srcRects.size(); i++)
    {
        Mat srcroi(ev.src, srcRects[i]);            // 入力切り出し
        srcobjs.push_back(srcroi);

        Mat dstroi(ev.dst, dstRects[i]);
        dstobjs.push_back(dstroi);
    }

    vector<Mat> resizeSrcObjs;                       // サイズ合わせ
    for (int i = 0; i < srcRects.size(); i++)
    {
        Mat resizeSrc;
        resize(srcobjs[i], resizeSrc, dstobjs[i].size());
        resizeSrcObjs.push_back(resizeSrc);
    }
```

```
    for (int i = 0; i < resizeSrcObjs.size(); i++)   // 合成
    {
        Mat weightMat = createCosMat(resizeSrcObjs[i].rows, resizeSrcObjs[i].cols);
        Mat iWeightMat = Scalar::all(255) - weightMat;

        Mat srcWeight = mulMat(resizeSrcObjs[i], weightMat);
        Mat dstWeight = mulMat(dstobjs[i], iWeightMat);
        add(dstWeight, srcWeight, dstobjs[i]);
    }
    destroyWindow(ev.oName);
    imshow(ev.oName, ev.dst);

    return true;
}
```

toSmall 関数は、「small」コマンドを受け取ったときに制御の渡る関数です。処理内容は、16.4 節「オブジェクトのサイズを変更」の「マウスで指定したオブジェクトを小さくする」項を参照してください。

リスト16.23●ソースリストの一部（50apps/Sources/objs.cpp）

```
// list image
bool
list(vector<string> cmds, eventParam_t &ev)
{
    if (ev.src.empty())
        throw "no original image.";

    cout << "list:" << endl;
    vector<Rect>::const_iterator it = ev.list.begin();
    for (; it != ev.list.end(); ++it)
    {
        cout << "  Rect(" << it->x << ", " << it->y << ", "
            << it->width << ", " << it->height << ")" << endl;
    }

    return true;
}
```

list 関数は、「list」コマンドを受け取ったときに制御の渡る関数です。16.4節「オブジェクトのサイズを変更」の「マウスで指定したオブジェクトを大きくする」項を参照してください。

リスト16.24●ソースリストの一部（50apps/Sources/objs.cpp）

```cpp
// undo
bool
undo(vector<string> cmds, eventParam_t &ev)
{
    if (ev.src.empty())
        throw "no original image.";

    if (!ev.list.empty())
    {
        ev.list.pop_back();
        ev.dst = redraw(ev.list, ev.src);
        ev.dst.copyTo(ev.areaFixed);
        imshow(ev.iName, ev.dst);
    }
    return true;
}
```

undo 関数は、「undo」コマンドを受け取ったときに制御の渡る関数です。16.4節「オブジェクトのサイズを変更」の「マウスで指定したオブジェクトを大きくする」項を参照してください。

リスト16.25●ソースリストの一部（50apps/Sources/objs.cpp）

```cpp
// reset
bool
reset(vector<string> cmds, eventParam_t &ev)
{
    if (ev.src.empty())
        throw "no original image.";

    if (!ev.list.empty())
    {
        ev.list.clear();
        ev.dst = redraw(ev.list, ev.src);
        ev.dst.copyTo(ev.areaFixed);
```

```
        imshow(ev.iName, ev.dst);

        destroyWindow(ev.oName);
    }
    return true;
}
```

reset 関数は、「reset」コマンドを受け取ったときに制御の渡る関数です。表示中のウィンドウから、マウスで設定した、すべての選択範囲をクリアします。

リスト16.26●ソースリストの一部（50apps/Sources/objs.cpp）

```
// save image file
bool
save(vector<string> cmds, eventParam_t &ev)
{
    if (ev.dst.empty())
        throw "no image.";

    imwrite(cmds[1], ev.dst);

    return true;
}
```

save 関数は、「save」コマンドを受け取ったときに制御の渡る関数です。処理結果を指定のファイル名で保存します。

リスト16.27●ソースリストの一部（50apps/Sources/objs.cpp）

```
// quit
bool
quit(vector<string> cmds, eventParam_t &ev)
{
    return false;
}
```

16 応用

quit 関数は、「quit」、「bye」、あるいは「exit」コマンドを受け取ったときに制御の渡る関数です。単純に、呼び出し元に false を返しプログラムを終了させることを知らせます。

リスト16.28●ソースリストの一部（50apps/Sources/objs.cpp）

```cpp
// perse command
bool
parseCommand(vector<string> cmds, eventParam_t &ev)
{
    struct parseTable_t
    {
        string  cmd;                                    // command
        string  helpMsg;                                // help
        bool(*func) (vector<string>, eventParam_t &ev); // routine entry address
        int     numOfMinParams;                         // num of params
    };

    vector<parseTable_t> parseTable =
    {
        { "open"," ..... open file.",            open,      2 },

        { "elim"," ..... eliminate objects.",    elim,      1 },
        { "big"," ...... to big  objects.",      toBig,     1 },
        { "small"," .... to small objects.",     toSmall,   1 },

        { "list"," ..... list rectangles.",      ::list,    1 },
        { "undo"," ..... undo last rectangle.",  undo,      1 },
        { "reset"," .... reset rectangles.",     reset,     1 },

        { "save"," ..... save file.",            save,      2 },
        { "quit"," ......quit.",                 quit,      1 },
        { "bye"," ...... quit.",                 quit,      1 },
        { "exit"," ..... quit.",                 quit,      1 }
    };

    try
    {
        vector<parseTable_t>::const_iterator it = parseTable.begin();
        for (; it != parseTable.end(); ++it)
        {
            if (cmds[0] == it->cmd)
```

472

```
        {
            if (cmds.size() < it->numOfMinParams)
                throw "few parameters.";

            return it->func(cmds, ev);
        }
    }

    // bad command.
    cout << "there is no [" + cmds[0] + "] command!" << endl << endl;
    it = parseTable.begin();
    for (; it != parseTable.end(); ++it)
    {
        cout << it->cmd + it->helpMsg << endl;
    }
    }
    catch (const char* str)
    {
        cerr << str << endl;
    }
    return true;
}
```

　parseCommand 関数は、これまで解説したプログラムと同等です。テーブルドリブンで記述してあるため、テーブルを書き換えるだけで、いろいろなコマンドに対応できます。以降に、本プログラムがサポートするコマンドを示します。

表16.6●本プログラムがサポートするコマンド

コマンド	説明
open	指定された画像ファイルを開きます。すでに画像ファイルが読み込まれていた場合、古いウィンドウは閉じられ新しいウィンドウが現れます。
elim	指定した範囲のオブジェクトを除去します。
big	指定した範囲のオブジェクトを大きくします。
small	指定した範囲のオブジェクトを小さくします。
list	指定した範囲を表示します。
undo	最後に指定した範囲をクリアします。
reset	指定した範囲を、すべて無効にします。
save	処理した画像に名前を付けて保存します。

コマンド	説明
quit	プログラムを終了させます。
bye	同上。
exit	同上。

リスト16.29●ソースリストの一部（50apps/Sources/objs.cpp）

```cpp
// main
int
main(int argc, char* argv[])
{
    commandLine_t cl = { true, false };
    vector<string> cmds;
    eventParam_t ev;

    ev.mouseDown = false;

    cout << endl << "opencv app console" << endl;
    cout << ">>";

    ev.oName = "dst";

    initConsoleThread(cl);

    while (true)
    {
        cmds = split(getCommandlineNB(cl), ' ');
        if (cmds.size() > 0)
        {
            if (parseCommand(cmds, ev) == false)
                break;
            cout << ">>";
        }

        int key = waitKey(1);

        vector<string> dummy;
        if (key == 'Q' || key == 'q')
            break;
        if (key == 'U' || key == 'u')
```

```
            undo(dummy, ev);

        if ((key == 'L' || key == 'l') && !ev.list.empty())
            ::list(dummy, ev);
        if ((key == 'E' || key == 'e') && !ev.list.empty())
            elim(dummy, ev);
        if ((key == 'B' || key == 'b') && !ev.list.empty())
            toBig(dummy, ev);
        if ((key == 'S' || key == 's') && !ev.list.empty())
            toSmall(dummy, ev);
    }
    terminateConsoleThread(cl);
    return 0;
}
```

　main は、これまでのプログラムよりコンパクトです。スレッドなどの処理を別のファイル
に記述したため、キーボードからの文字列取得は、getCommandlineNB 関数を呼び出すだけ
です。キーボードからの入力が Enter キーで確定したら、このコマンドは文字列を返します。
もし、キーボードからの入力が確定していない場合、この関数はすぐに制御を戻し、返ってく
る文字列は空です。文字列が返ってきたら、split 関数でコマンドを分解後、parseCommand
関数を呼び出し、各コマンドを処理する関数を呼び出します。waitKey 関数が文字を受け取っ
たら、その文字に関する処理を行います。本プログラムはコンソールからコマンドを受け取り
ますので、waitKey 関数で受け取った文字をチェックする処理は無くても構いません。そのよ
うな処理を省けば、main 関数は、よりコンパクトになります。

　以降に実行例を示します。「open」コマンドを使用し、対象ファイルを読み込んだ様子を示
します。

```
C:¥test>objs

opencv app console
>>open ake.jpg
>>
```

図16.78●「open」コマンド

　この画像にはノイズというか、経年による汚れがあります。この汚れを「elim」コマンドで除去しましょう。まず、除去したい分を選択します。マウスの左ボタンを押してそのままドラッグすると四角形が現れますので、除去したい範囲を指定します。

図16.79●範囲を指定

　この状態で「elim」コマンドを入力すると、汚れを除去する処理を行った後の画像が新しいウィンドウに表示されます。

```
C:\test>objs

opencv app console
>>open ake.jpg
>>elim
>>
```

図16.80●汚れを除去

「list」コマンドを入力すると、選択範囲の座標が表示されます。

```
     ⋮
>>list
list:
  Rect(169, 0, 13, 16)
  Rect(281, 6, 21, 19)
  Rect(269, 82, 15, 19)
  Rect(314, 88, 8, 9)
  Rect(309, 194, 11, 12)
  Rect(75, 164, 24, 22)
>>
```

「undo」コマンドを入力すると、指定順の最後の方から1か所が解除されます。以降に、その様子を示します。先の図と比較し、左側の選択が消えているのを確認できるでしょう。

図16.81●範囲を指定

再度「list」コマンドを入力すると、最後の項目が減り、選択していた範囲が1つ減っているのが分かります。

```
    ⋮
>>list
list:
  Rect(169, 0, 13, 16)
  Rect(281, 6, 21, 19)
  Rect(269, 82, 15, 19)
  Rect(314, 88, 8, 9)
  Rect(309, 194, 11, 12)
  Rect(75, 164, 24, 22)
>>undo
>>list
list:
  Rect(169, 0, 13, 16)
  Rect(281, 6, 21, 19)
  Rect(269, 82, 15, 19)
  Rect(314, 88, 8, 9)
  Rect(309, 194, 11, 12)
>>
```

「reset」コマンドを入力すると、すべての選択範囲がクリアされ、結果の表示ウィンドウも消えます。

```
    ⋮
>>reset
>>
```

画像を変更してみましょう。「open」コマンドを使用し、対象ファイルを読み込んだ様子を示します。

```
C:¥test>objs

opencv app console
>>open face03.jpg
>>
```

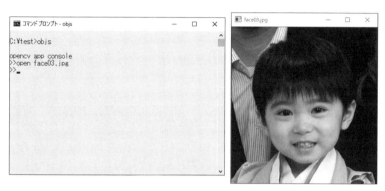

図16.82●「open」コマンド

マウスで処理対象領域を選択します。

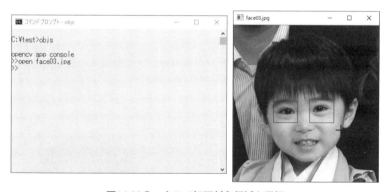

図16.83●マウスで処理対象領域を選択

「big」コマンドを入力し、指定範囲のオブジェクトを大きくしてみましょう。

図16.84● 「big」コマンド

今度は、「small」コマンドを入力し、指定範囲のオブジェクトを小さくします。

図16.85● 「small」コマンド

この状態で「open」コマンドを使用して対象ファイルを読み込むと、すでに開いていたウィンドウは閉じられ、新しいウィンドウが現れます。

図16.86● 「open」コマンド

同じようにマウスで処理対象領域を選択し、「big」コマンドを入力し、指定範囲のオブジェクトを大きくしてみましょう。

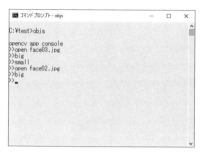  

図16.87●「big」コマンド

「small」コマンドを入力し、指定範囲のオブジェクトを小さくします。

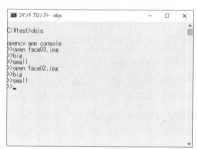  

図16.88●「small」コマンド

「reset」コマンドを入力すると範囲指定はすべてクリアされるとともに、結果のウィンドウは消えます。

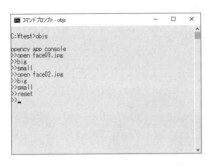

図16.89●「reset」コマンド

イヤリングを選択し、「elim」コマンドを入力し、オブジェクトを除去した様子を示します。

図16.90●「elim」コマンド

「save」コマンドを入力し、結果を保存します。

図16.91●「save」コマンド

保存された画像と、処理して「save」コマンドで結果を書き込んだ画像の比較を行ってみます。選択範囲が狭いため少しの違いしかありませんが、「save」コマンドが正常に機能しているのが分かります。

図16.92●画像比較

以降に、入力の一連を示します。

```
C:\test>objs

opencv app console
>>open face03.jpg
>>big
>>small
>>open face02.jpg
>>big
>>small
>>reset
>>elim
>>save elim01.jpg
>>bye

C:\test>
```

このようにコンソールを用いると、対象ファイルやリサイズの値、そして結果を格納するときのファイル名をインタラクティブに入力できます。

16
応用

16.8 パノラマ

複数の写真を合成してパノラマ写真を生成するプログラムを紹介します。基本的な機能は
10.7 節「パノラマ」と同じです。一般的にはホモグラフィー変換を用いてパノラマ写真を生
成しますが、ここでは簡便に開発できる Stitcher クラスを使用します。以降に、ソースリスト
を示します。

リスト16.30●ソースリスト（50apps/Sources/stitcher.cpp）

```cpp
#include "../../common/common.h"
#include "console.h"
#include <vector>
#include <string>

using namespace cv;
using namespace std;

// parameters
struct eventParam_t
{
    vector <string> iName;
    string oName;

    vector<Mat> src;
    Mat dst;
};

// split
vector<string> split(const string &s, char delim)
{
    vector<string> elems;
    stringstream ss(s);
    string item;

    while (getline(ss, item, delim))
    {
        if (!item.empty())
        {
            elems.push_back(item);
```

```cpp
        }
    }
    return elems;
}

// vector.find
int vector_find(vector<string> vec, string name)
{
    auto itr = find(vec.begin(), vec.end(), name);
    size_t index = distance(vec.begin(), itr);
    if (index != vec.size())
        return (int)index;  // found it
    return -1;
}

// open image file
bool
open(vector<string> cmds, eventParam_t &ev)
{
    if (vector_find(ev.iName, cmds[1]) >= 0)
        throw "It's already open!";

    Mat img = imread(cmds[1]);
    if (img.empty())
        throw "failed to open the input file!";

    ev.src.push_back(img);
    ev.iName.push_back(cmds[1]);

    int i = (int)ev.src.size() - 1;
    imshow(ev.iName[i], ev.src[i]);

    return true;
}

// flip image
bool
stich(vector<string> cmds, eventParam_t &ev)
{
    if (ev.src.size() < 2)
        throw "no original images.";
```

```cpp
    //Stitcher stt = Stitcher::createDefault();               // 3.4.x
    //Stitcher::Status status = stt.stitch(ev.src, ev.dst);      // 3.4.x
    Ptr<Stitcher> stitcher = Stitcher::create(Stitcher::PANORAMA);
    Stitcher::Status status = stitcher->stitch(ev.src, ev.dst);
    if (status != Stitcher::OK)
        throw "faild at stitch.";

    imshow(ev.oName, ev.dst);

    return true;
}

// close image
bool
close(vector<string> cmds, eventParam_t &ev)
{
    if (ev.src.empty())
        return true;

    if (cmds.size() == 1)
    {
        int i = (int)ev.src.size() - 1;

        destroyWindow(ev.iName[i]);
        ev.src.pop_back();
        ev.iName.pop_back();
    }
    else
    {
        if (cmds[1] == "all")
        {
            destroyAllWindows();
            ev.src.clear();
            ev.iName.clear();
        }
        else
        {
            int index = vector_find(ev.iName, cmds[1]);
            if (index < 0)
                throw "there is no such window!";

            destroyWindow(cmds[1]);
```

```
                ev.iName.erase(ev.iName.begin() + index);
                ev.src.erase(ev.src.begin() + index);
        }
    }
    return true;
}



// save image file
bool
save(vector<string> cmds, eventParam_t &ev)
{
    if (ev.dst.empty())
        throw "no image.";

    imwrite(cmds[1], ev.dst);

    return true;
}

// quit
bool
quit(vector<string> cmds, eventParam_t &ev)
{
    return false;
}



// perse command
bool
parseCommand(vector<string> cmds, eventParam_t &ev)
{
    struct parseTable_t
    {
        string  cmd;                                 // command
        string  helpMsg;                             // help
        bool(*func) (vector<string>, eventParam_t &ev); // routine entry address
        int     numOfMinParams;                      // num of params
    };
```

16 応用

```cpp
    vector<parseTable_t> parseTable =
    {
        { "open"," ..... open.",    open,   2 },

        { "stich"," .... stich.",   stich,  1 },
        { "close"," .... close.",   close,  1 },

        { "save"," ..... save.",    save,   2 },
        { "quit"," ..... quit.",    quit,   1 },
        { "bye"," ...... quit.",    quit,   1 },
        { "exit"," ..... quit.",    quit,   1 }
    };

    try
    {
        vector<parseTable_t>::const_iterator it = parseTable.begin();
        for (; it != parseTable.end(); ++it)
        {
            if (cmds[0] == it->cmd)
            {
                if (cmds.size() < it->numOfMinParams)
                    throw "few parameters.";

                return it->func(cmds, ev);
            }
        }

        // bad command.
        cout << "there is no [" + cmds[0] + "] command!" << endl << endl;
        it = parseTable.begin();
        for (; it != parseTable.end(); ++it)
        {
            cout << it->cmd + it->helpMsg << endl;
        }
    }
    catch (const char* str)
    {
        cerr << str << endl;
    }
    return true;
}
```

488

```
// main
int
main(int argc, char* argv[])
{
    commandLine_t cl = { true, false };
    vector<string> cmds;
    eventParam_t ev;

    cout << endl << "opencv app console" << endl;
    cout << ">>";

    ev.oName = "dst";

    initConsoleThread(cl);

    while (true)
    {
        cmds = split(getCommandlineNB(cl), ' ');
        if (cmds.size() > 0)
        {
            if (parseCommand(cmds, ev) == false)
                break;
            cout << ">>";
        }
        waitKey(1);
    }
    terminateConsoleThread(cl);
    return 0;
}
```

　split 関数、save 関数、quit 関数、parseCommand 関数、そして main 関数はこれまでと同様ですので、説明は省略します。

　関数間の情報交換に用いる eventParam_t 構造体は、これまでと少し異なります。本プログラムは、複数の画像ファイルを開きますので、入力画像ファイル名を保持する iName は vector <string> とします。また、実際の入力画像を保持する src も vector<Mat> とします。これまでのプログラムは、これらはベクタではなくスカラでした。

　vector_find 関数は、引数で与えられた vector<string> の vec 内に文字列 name が含まれているか検索します。vec 内に文字列が見つかったら、何番目にあるかを返します。見つからな

16 応用

かったら、–1 を返します。

open 関数は、「open」コマンドを受け取ったときに制御の渡る関数です。引数の、cmds は、「open」コマンドを入力したときの文字列が格納された vector<string> です。ev は、main 関数で定義した eventParam_t 構造体のポインタが渡されます。この ev を使用して関数間の情報交換を行います。最初に、指定されたファイル名の画像を読み込み表示します。これまでと違い、指定されたファイル名が、すでに読み込み済みであれば、例外を発生し関数を抜けます。そうでなければ、指定されたファイルを読み込みます。読み込みに失敗したら、例外を発生し関数を抜けます。読み込みが正常なら、その画像を ev の src に push_back します。同時に、ファイル名も ev の iName に push_back します。最後に、読み込んだ画像を imshow 関数で表示後、呼び出し元へ true を返します。

stich 関数は、10.7 節「パノラマ」で解説した方法と同じ手法で、複数の画像を合成してパノラマ画像を生成します。関数や、処理の詳細は 10.7 節を参照してください。

close 関数は、「close」コマンドを受け取ったときに制御の渡る関数です。引数がない場合、最後に open したウィンドウを破棄します。引数に「all」が指定された場合、すべてのウィンドウを破棄します。特定の文字列が指定された場合、その文字列と同じウィンドウを閉じます。

main 関数も、前節で説明したものと同等です。本プログラムがサポートするコマンドを以降に示します。

表16.7●本プログラムがサポートするコマンド

コマンド	説明
open	指定された画像ファイルを開きます。いくつでも開くことが可能です。パノラマ写真の元となるファイルを開きます。
stich	パノラマ画像を生成します。処理に時間を要する場合もありますので、少し待つ必要があります。
close	引数がなければ最後に開いたウィンドウを、all が指定されたらすべてのウィンドウを、特定の文字列が指定されたら対応するウィンドウを閉じます。
save	パノラマ画像に名前を付けて保存します。
quit	プログラムを終了させます。
bye	同上。
exit	同上。

以降に、実行の様子を示します。プログラムを起動し、desk01.jpg、desk03.jpg、そしてdesk04.jpg を開いた様子を示します。

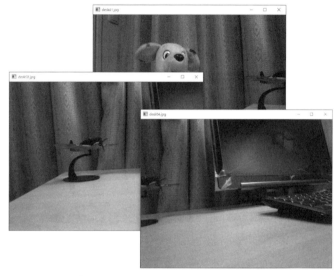

図16.93●「open」コマンド

この状態で「stich」コマンドを入力し、パノラマ画像を作成した様子を示します。途中の画像が抜けているため、2つの画像でパノラマ画像が生成されており、犬のぬいぐるみが写っている画像はパノラマの対象外となっているようです。

```
   :
>>stich
>>
```

図16.94● 「stich」コマンド

そこで、読み込んでいない desk02.jpg を読み込もうと考えましたが、間違って desk04.jpg を入力します。このような場合、すでに開いている旨のメッセージが表示されます。そこで、再度「open」コマンドを用い、desk02.jpg を読み込み（開き）ます。そして「stich」コマンドを入力し、でパノラマ画像作成した様子を示します。

```
   :
>>open desk04.jpg
It's already open!
>>open desk02.jpg
>>stich
>>
```

図16.95● 「stich」コマンド

引数なしの「close」コマンドを入力すると、最後に open したウィンドウが閉じられます。次の「close all」では、すべてのウィンドウが閉じられます。

```
    ⋮
>>close
>>close all
>>
```

「save」コマンドや「quit」コマンドなどは、これまでのプログラムと同様ですので説明は省きます。以降に、入力の一連を示します。

```
C:¥test>stitcher

opencv app console
>>open desk01.jpg
>>open desk03.jpg
>>open desk04.jpg
>>stich
>>open desk04.jpg
It's already open!
>>open desk02.jpg
>>stich
>>close
>>close all
>>open desk01.jpg
>>open desk02.jpg
>>open desk03.jpg
>>open desk04.jpg
>>stich
>>save desk_pano.jpg
>>quit

C:¥test>
```

16
応用

16.9 オブジェクト交換

2つの画像に含まれる両目を交換するプログラムを紹介します。

■ 自動で両目を検出し交換 ■

本プログラムは、2つの画像に含まれる両者の目を交換するプログラムです。目を交換しますが、これは単に学習ファイルに目を検出するファイルを使用したのと、1つの画像に2つのオブジェクトが検出されるのを期待したからであって応用は無限でしょう。オブジェクトの検出は10.4節「オブジェクト検出」同様の手法を採用します。オブジェクトの交換は、つなぎ目が不自然にならないよう、8.1節「2つの画像を加算」の重みテーブルを使って、2つの画像を合成するプログラムを拡張します。このように2つのプログラムを応用して本プログラムを開発します。

さて、それではプログラムの説明を行います。本プログラムは3つのソースファイルから成り立っており、重みテーブルを生成するcreateCosMat関数は、createCosMat.cppファイルに、画像の各画素を乗算するmulMat関数はmulMatWtbl.cppファイルに格納されています。これらについては説明済みですので、解説は省略します。

以降にmain関数を含むソースリストを示します。

リスト16.31●ソースリスト（50apps/Sources/objSwap2.cpp）

```cpp
#include "../../common/common.h"

using namespace cv;
using namespace std;

Mat createCosMat(const int rows, const int cols);    // create cos k mat
Mat mulMat(const Mat mat, const Mat table);          // mulMask


int main(int argc, char* argv[])
{
    try
```

494

16.9 オブジェクト交換

```
{
    if (argc < 4)
        throw "few parameters.";

    Mat src[2], gray[2], equalize[2], dst[2];

    for (int i = 0; i < 2; i++)
    {
        src[i] = imread(argv[i + 1]);
        if (src[i].empty())
            throw "no input file.";

        cvtColor(src[i], gray[i], COLOR_RGB2GRAY);
        equalizeHist(gray[i], equalize[i]);
    }

    CascadeClassifier objDetector(argv[3]);      // create detector


    vector<Rect> objs[2];                        // search objects
    for (int i = 0; i < 2; i++)
    {
        //objDetector.detectMultiScale(equalize[i], objs[i],    // 3.4.x
        //  1.2, 2, CV_HAAR_SCALE_IMAGE, Size(50, 50));         // 3.4.x
        objDetector.detectMultiScale(equalize[i], objs[i],
            1.2, 2, CASCADE_SCALE_IMAGE, Size(50, 50));

        if (objs[i].size() != 2)
        {
            string err = "objs=" + to_string(objs[i].size()) + ", num.="
                                                    + to_string(i);
            cerr << err << endl;
            throw "error";
        }

        src[i].copyTo(dst[i]);
    }

    for (int i = 0; i < 2; i++)
    {
        if (objs[i].at(0).x > objs[i].at(1).x)
        {
```

16

495

```cpp
            reverse(objs[i].begin(), objs[i].end());
        }
    }



    vector<Mat> srcobjs;                    //入力切り出し
    for (int i = 0; i < 2; i++)
    {
        for (int j = 0; j < 2; j++)
        {
            int deltaW = src[i].cols / 20;   // 少し範囲を大きく
            int deltaH = src[i].rows / 20;
            Rect roi(objs[i].at(j).x - deltaW, objs[i].at(j).y - deltaH,
                objs[i].at(j).width + deltaW * 2,
                objs[i].at(j).height + deltaH * 2);
            Mat srcroi(src[i], roi), srcmat;
            srcroi.copyTo(srcmat);
            srcobjs.push_back(srcmat);
        }
    }

    vector<Mat> dstobjs;                    //出力切り出し
    for (int i = 0; i < 2; i++)
    {
        for (int j = 0; j < 2; j++)
        {
            int deltaW = dst[i].cols / 20;   // 少し範囲を大きく
            int deltaH = dst[i].rows / 20;
            Rect roi(objs[i].at(j).x - deltaW, objs[i].at(j).y - deltaH,
                objs[i].at(j).width + deltaW * 2,
                objs[i].at(j).height + deltaH * 2);
            Mat dstroi(dst[i], roi);
            dstobjs.push_back(dstroi);
        }
    }


    swap(dstobjs[0], dstobjs[2]);
    swap(dstobjs[1], dstobjs[3]);

    for (int i = 0; i < 2 * 2; i++)
```

```
        {
            resize(srcobjs[i], srcobjs[i], Size(dstobjs[i].cols, dstobjs[i].rows));

            Mat weightMat = createCosMat(srcobjs[i].rows, srcobjs[i].cols);
            Mat iWeightMat = Scalar::all(255) - weightMat;

            Mat srcWeight = mulMat(srcobjs[i], weightMat);
            Mat dstWeight = mulMat(dstobjs[i], iWeightMat);
            add(dstWeight, srcWeight, dstobjs[i]);
        }

        imshow("src0", src[0]);
        imshow("src1", src[1]);
        imshow("dst0", dst[0]);
        imshow("dst1", dst[1]);

        imwrite("dst0.jpg", dst[0]);
        imwrite("dst1.jpg", dst[1]);

        waitKey(0);
    }
    catch (const char* str)
    {
        cerr << str << endl;
    }
    return 0;
}
```

　本プログラムの機能を図で示します。2つの顔写真から学習ファイルを利用して目を検出し、両者で交換します。以降に、概要を図で示します。

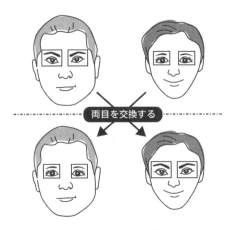

図16.96●目を交換

プログラムの説明から始めると説明が分かりにくくなるため、実行例を先に示します。

```
C:\test>objSwap2 face01.jpg lady400x380.jpg haarcascade_eye.xml
```

本プログラムは、引数に2つの入力画像とOpenCVに含まれるオブジェクト検出に必要な学習ファイルを指定します。学習ファイルには目を検出するファイルを指定します。これらのファイルは、OpenCVをインストールしたフォルダの「/sources/data/haarcascades/」に含まれます。プログラムを起動すると、入力画像と両目を交換した画像が現れます。まず、2つの入力画像を示します。

図16.97●2つの入力画像

次に、プログラムが学習ファイルを使用し目を検出し交換した画像を示します。

図16.98●入力画像の目の部分を交換した画像

プログラムを起動すると、この4つのウィンドウが現れます。各画像で2つのオブジェクトを検出できない場合（少ない場合も多い場合も）、エラーメッセージを表示し、プログラムは終了します。

さて、プログラムの説明に移りましょう。本プログラムは3つの引数を使用します。最初の2つの引数は入力画像です、最後の引数は、オブジェクト検出に必要な学習ファイルです。引数が不足している場合は、例外を送出してプログラムは終了します。顔検出や、いろいろなオブジェクト検出に必要な学習ファイルはOpenCVに含まれています。本プログラムは、これらのオブジェクト検出に必要な学習ファイルを引数で渡すことによってオブジェクトを検出します。オブジェクト検出用の学習ファイルは、OpenCVをインストールしたディレクトリの「sources/data/haarcascades」フォルダなどに含まれます。

まず、処理用の画像をMat配列srcへ、それぞれ読み込みます。オブジェクト検出に用いる画像は、輝度平滑化を行います。そのため、読み込んだ画像を、cvtColor関数でグレイスケールへ変換します。そしてequalizeHist関数を使用し、輝度平滑化後の画像をMat配列equalizeへ求めます。

次に、物体検出のためのカスケード分類器であるCascadeClassifierオブジェクトobjDetectorを生成します。引数には、コマンドラインの引数で渡された、OpenCVに含まれるオブジェクト検出に必要な学習ファイルを指定します。

CascadeClassifierオブジェクトのdetectMultiScaleメソッドを使用し、画像に含まれるオブジェクトを検出します。検出したオブジェクトの範囲は、vector<Rect>のobjs[2]に格納

します。objs[0] に最初の画像で検出した範囲を保持する Rect が格納されます。objs[1] には、2 番目に指定された画像で検出した範囲を保持する Rect が格納されます。両方の画像とも検出されるオブジェクトの数が 2 でなければ、例外を送出しプログラムは終了します。次に objs[0] と objs[1] が保持している要素を x の値が小さくなるように reverse 関数で並び替えます。これは、右目は右目、左目は左目に対応させるための処理です。

　この objs を使用し、範囲を検出した範囲より少し拡大して原画像から切り出し、vector<Mat> である srcobjs と dstobjs へ push_back します。srcobjs へは画像の実体をコピーして push_back しますが、dstobjs は原画像に ROI を設定して push_back します。ROI を設定する場合、画像の実体が、どこにあるかは意識しておく必要が重要です。

　さて、オブジェクトを交換しますが、このまま交換しては、交換した画像と元の画像のつなぎ目に線が現れて不自然になります。そこで、重みテーブルを利用し、元の画像と拡大した画像をスムーズに合成する方法を採用します。これは、8.1 節「2 つの画像を加算」の重みテーブルを使う例を拡張してプログラムへ組み込みます。本処理については、これまでのプログラムで詳細を解説済みですので、そちらを参照してください。

　最後に、各ウィンドウの表示と、処理結果をファイルとして保存します。

■ マウスで指定したオブジェクト交換 ■

　先のプログラムは、学習ファイルを用いオブジェクトを自動検出しています。ここでは、学習ファイルが用意されていない、学習ファイルでオブジェクトの検出が難しい、あるいはオブジェクト検出の対象外となるようなエリアをマウスで指定し、交換するプログラムを紹介します。

リスト16.32●ソースリスト （50apps/Sources/objSwapM.cpp）

```
#include "../../common/common.h"

using namespace cv;
using namespace std;

Mat createCosMat(const int rows, const int cols);    // create cos k mat
Mat mulMat(const Mat mat, const Mat table);          // mulMask
```

16.9 オブジェクト交換

```cpp
// parameters
struct eventParam_t {
    Point org;
    Rect  rect;
    bool  mouseDown;
    int   event;
    int   flags;

    int   index;
    bool  undo;
    String inName;
    String iTitle;
    String oTitle;
    Mat src;
    Mat intrim;
    Mat areaFixed;
    Mat dst;

    vector<Rect> list;
};

// redraw
Mat redraw(vector<Rect> list, Mat src)
{
    Mat mat;

    src.copyTo(mat);

    vector<Rect>::const_iterator it = list.begin();
    for (; it != list.end(); ++it)
    {
        rectangle(mat, *it, Scalar(255));
    }
    return mat;
}

// call back
void onMouseEvent(int event, int x, int y, int flags, void* uData)
{
    eventParam_t *ev = static_cast<eventParam_t*> (uData);

    ev->event = event;
```

501

```
    ev->flags = flags;

    int width = abs(ev->org.x - x);
    int height = abs(ev->org.y - y);

    switch (event)
    {
    case EVENT_LBUTTONDOWN:
        ev->mouseDown = true;
        ev->org = Point(x, y);
        ev->rect = Rect(ev->org.x, ev->org.y, 0, 0);
        ev->areaFixed.copyTo(ev->intrim);
        imshow(ev->iTitle, ev->intrim);
        break;

    case EVENT_MOUSEMOVE:
        if (!ev->mouseDown)
            break;

        ev->rect.x = ev->org.x > x ? x : ev->rect.x;
        ev->rect.y = ev->org.y > y ? y : ev->rect.y;

        ev->rect = Rect(ev->rect.x, ev->rect.y, width, height);
        ev->areaFixed.copyTo(ev->intrim);
        rectangle(ev->intrim, ev->rect, Scalar(255));
        imshow(ev->iTitle, ev->intrim);
        break;

    case EVENT_LBUTTONUP:
        ev->mouseDown = false;
        if (ev->rect.width == 0 || ev->rect.height == 0)
            break;
        ev->intrim.copyTo(ev->areaFixed);
        ev->list.push_back(ev->rect);
        break;

    case EVENT_RBUTTONDOWN:
        ev->undo = true;
        break;
    }
}
```

16.9 オブジェクト交換

```cpp
// adjust area
Rect adjRect(Rect rect, Size size)
{
    Rect newRect = rect;
    if (newRect.x < 0)
    {
        newRect.width = rect.width + rect.x;
        newRect.x = 0;
    }
    if (newRect.y < 0)
    {
        newRect.height = rect.height + rect.y;
        newRect.y = 0;
    }
    if (newRect.x + newRect.width > size.width)
        newRect.width = size.width - newRect.x;
    if (newRect.y + newRect.height > size.height)
        newRect.height = size.height - newRect.y;

    return newRect;
}

// usage
void usage()
{
    cout << "usege:" << endl;
    cout << "    r : replace" << endl;
    cout << "    l : list rectangle" << endl;
    cout << "    q : quit" << endl;
    cout << "    mouse left button: undo" << endl;
}

// main
int main(int argc, char* argv[])
{
    try
    {
        eventParam_t ev[] = {
            {   Point(0, 0),
                Rect(0, 0, 0, 0),
                false, 0, 0,
                0,                // index
```

503

```
                false
        },
        {   Point(0, 0),
            Rect(0, 0, 0, 0),
            false, 0, 0,
            1,                  // index
            false
        }
    };

    if (argc < 3)
        throw "few parameters.";

    for (int i = 0; i < 2; i++)
    {
        ev[i].inName = argv[1 + i];
        ev[i].src = imread(ev[i].inName);
        if (ev[i].src.empty())
            throw "no input file.";

        // create titles
        int psthPos = (int)ev[i].inName.find_last_of("¥¥") + 1;
        int extPos = (int)ev[i].inName.find_last_of(".");
        string extname = ev[i].inName.substr(extPos, ev[i].inName.size()
                                                            - extPos);
        string filename = ev[i].inName.substr(psthPos, extPos - psthPos);
        ev[i].iTitle = filename + extname;
        ev[i].oTitle = "out" + filename + extname;

        imshow(ev[i].iTitle, ev[i].src);

        ev[i].src.copyTo(ev[i].areaFixed);
        ev[i].src.copyTo(ev[i].dst);

        setMouseCallback(ev[i].iTitle, onMouseEvent, (void *)&ev[i]);
    }

    usage();

    while (1)
    {
        int key = waitKey(1);
```

16.9 オブジェクト交換

```cpp
        if (key == 'Q' || key == 'q')
            break;

        for (int i = 0; i < 2; i++)
        {
            if (ev[i].undo)
            {
                ev[i].undo = false;

                if (ev[i].list.empty())
                    continue;

                ev[i].list.pop_back();

                ev[i].areaFixed = redraw(ev[i].list, ev[i].src);

                imshow(ev[i].iTitle, ev[i].areaFixed);

                if (ev[i].list.empty())
                    destroyWindow(ev[i].oTitle);
            }
        }

        if ((key == 'L' || key == 'l' ) &&
            (!ev[0].list.empty() || !ev[1].list.empty()))
        {
            cout << endl << "list:" << endl;

            for (int i = 0; i < 2; i++)
            {
                if (ev[i].list.empty())
                    continue;

                cout << "    " + ev[i].inName << endl;
                vector<Rect>::const_iterator it = ev[i].list.begin();
                for (; it != ev[i].list.end(); ++it)
                {
                    cout << "        Rect(" << it->x << ", " << it->y << ", "
                        << it->width << ", " << it->height << ")" << endl;
                }
            }
        }
    }
```

505

```
if ((key == 'R' || key == 'r'))
{
    if (ev[0].list.empty() || ev[0].list.size() != ev[1].list.size())
        continue;

    for (int i = 0; i < 2; i++)
    {
        ev[i].src.copyTo(ev[i].dst);
    }

    vector<Mat> srcobjs;
    for (int i = 0; i < 2; i++)                //入力切り出し
    {
        for (int j = 0; j < ev[i].list.size(); j++)
        {
            Rect srcrect = adjRect(
                Rect(ev[i].list[j].x, ev[i].list[j].y,
                    ev[i].list[j].width, ev[i].list[j].height),
                ev[i].src.size());
            Mat srcroi(ev[i].src, srcrect), srcmat;
            srcroi.copyTo(srcmat);
            srcobjs.push_back(srcmat);
        }
    }


    vector<Mat> dstobjs;                       //出力切り出し
    for (int i = 1; i >= 0; i--)
    {
        for (int j = 0; j < ev[i].list.size(); j++)
        {
            Rect dstrect = adjRect(
                Rect(ev[i].list[j].x, ev[i].list[j].y,
                    ev[i].list[j].width, ev[i].list[j].height),
                ev[i].dst.size());
            Mat dstroi(ev[i].dst, dstrect);
            dstobjs.push_back(dstroi);
        }
    }

    for (int i = 0; i < srcobjs.size(); i++)
```

```cpp
                {
                    resize(srcobjs[i], srcobjs[i], Size(dstobjs[i].cols,
                                                        dstobjs[i].rows));

                    Mat weightMat = createCosMat(srcobjs[i].rows, srcobjs[i].cols);
                    Mat iWeightMat = Scalar::all(255) - weightMat;

                    Mat srcWeight = mulMat(srcobjs[i], weightMat);
                    Mat dstWeight = mulMat(dstobjs[i], iWeightMat);
                    add(dstWeight, srcWeight, dstobjs[i]);
                }

                for (int i = 0; i < 2; i++)
                {
                    imshow(ev[i].oTitle, ev[i].dst);
                    imwrite(ev[i].oTitle, ev[i].dst);
                }
            }
        }
    }
    catch (const char* str)
    {
        cerr << str << endl;
    }
    return 0;
}
```

　本プログラムは、マウスで複数の領域を選択し、選択したオブジェクトを交換します。マウスの処理は、これまで多数のプログラムを紹介しましたので、特に説明は行いません。細かい部分まで知りたい人は 16.7 節「コンソールとマウス」などの章を参照してください。

　main 関数は、直前の節と、ほとんど同じです。前節と異なるのは、処理対象部分を、使用者が指定した範囲としている点です。先のプログラムは、学習ファイルを使用し自動で検出していたため、検出した範囲の周辺まで処理対象としていましたが、本プログラムはマウスで正確に指定できるため、指定した範囲を処理対象とします。

　以降に実行例を示します。

16 応用

```
C:¥test>objSwapM face06.jpg face08.jpg
usege:
    r : replace
    l : list rectangle
    q : quit
    mouse left button: undo
```

　起動すると、コマンドとその説明が簡単に表示され、指定した画像が2つのウィンドウに表示されます。その2つのウィンドウの交換したい部分をマウスで指定します。以降に、マウスで指定した様子を示します。

図16.99●範囲を指定

　範囲を確定できたらボタンを離し、画面に向かって「R」キーを押します。すると、両方で指定した内容が交換されます。

図16.100●交換後

この状態で画像を表示しているいずれかのウィンドウで「L」キーを押すと、それぞれの指定領域がリストされます。

```
    ⋮
list:
    face06.jpg
      Rect(119, 197, 63, 37)
      Rect(213, 194, 80, 41)
      Rect(147, 292, 113, 54)
    face08.jpg
      Rect(136, 256, 64, 42)
      Rect(240, 253, 84, 48)
      Rect(165, 366, 117, 55)
    ⋮
```

両方の入力ウィンドウでマウスの右ボタンをクリックし、最後の選択を無効にしてみましょう。その後、いずれかのウィンドウで「L」キーを押した様子を示します。両方のウィンドウから最後の選択範囲が削除されます。

```
    ⋮
list:
    face06.jpg
      Rect(119, 197, 63, 37)
      Rect(213, 194, 80, 41)
    face08.jpg
      Rect(136, 256, 64, 42)
      Rect(240, 253, 84, 48)
    ⋮
```

以降に、両方の入力ウィンドウで、マウスの右ボタンをクリックし、最後の選択を無効にした様子を示します。

16 応用

図16.101●範囲を指定

　範囲を確定できたらボタンを離し、画面に向かって「R」キーを押します。すると、両方で指定した内容が交換されます。枠が表示されていると、処理前と処理後の画像比較が難しいため、ウィンドウではなく画像そのものを示します。

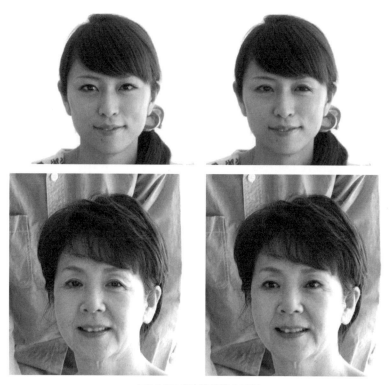

図16.102●交換前後の画像

付録A　Visual Studio のインストール

付録B　OpenCV のインストール

付録C　環境の設定

付録D　CMake のインストール

付録E　OpenCV のビルド

付録A　Visual Studio のインストール

　本書で紹介するプログラムの開発は、最新の Visual Studio でなくても構いません。古い Visual Studio を使用中の人は、古いものでも問題ありません。ここでは、新しく Visual Studio を導入する人のために、Visual Studio Community 2017 のインストールについて簡単に解説します。

　Visual Studio Express 2013 や Visual Studio Community 2015 などを使用中の人は本節を読み飛ばしてください。Visual Studio のインストールは簡単であり、普遍的なものでないため書籍に掲載するような内容ではないでしょう。ダウンロードサイトの URL や、その内容も日々変化しますので、書籍に記載するのは不適当と思われるときもあります。ただ、初心者は右も左も分かりませんので、一例として参考にする目的で簡単に説明します。

■A.1　Visual Studio Community 2017のインストール

　本書は主に Visual Studio Community 2017 を使用します。現実の開発現場では、現在の資産との関係で一世代あるいは二世代古いバージョンを使用するのはよくあることです。なお、古いバージョンの Visual Studio は、新しいバージョンで開発したプロジェクトを読み込めない場合があります。そのような場合は、自身でプロジェクトを作ってください。新しいバージョンの Visual Studio は、古いバージョンで開発したプロジェクトを読み込める場合が多いです。

　ここでは、執筆時点の最新バージョンである、Visual Studio Community 2017 のインストールについて簡単に解説します。まず、マイクロソフト社のウェブサイト（https://www.visualstudio.com/ja/vs/）を開きます。「Visual Studio のダウンロード」にマウスカーソルを合わせるとドロップダウンが現れますので「Community 2017」を選択します。

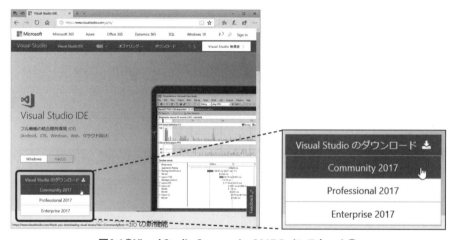

図A.1●Visual Studio Community 2017のインストール①

　ブラウザによって表示は異なりますが、ブラウザ下部にインストールの表示が行われます。ここでは、「実行」をクリックし、インストーラを起動します。

図A.2●Visual Studio Community 2017のインストール②

しばらくしてインストールの準備が整うと、ライセンス条項へ同意するか問い合わせるダイアログボックスが現れます。ライセンス条項へ同意すると、インストールが始まります。

図A.3●Visual Studio Community 2017のインストール③

しばらくすると、以降に示す画面が現れます。ここではC++しか使用しませんので、そのボックスを選択します。

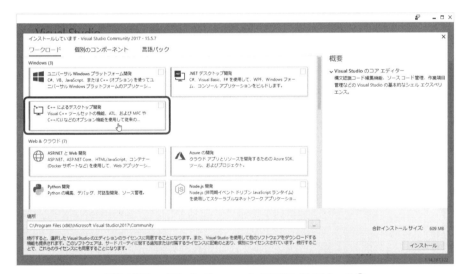

図A.4●Visual Studio Community 2017のインストール④

すると、右側にインストールする項目が現れます。本書で紹介するプログラムの開発はデフォルトの設定で構いません。もし、ほかにインストールしたいものがあるときはチェックボックスにマークを付けてください。デフォルトには不要なファイルも含まれていますが、そのままインストールします。

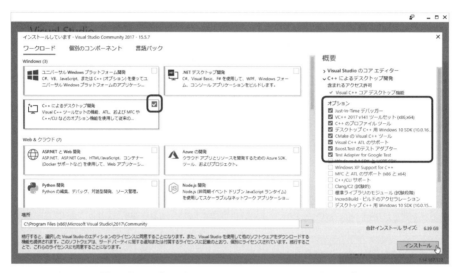

図A.5●Visual Studio Community 2017のインストール⑤

このようにインストールするものを選べますので、不必要なディスク消費回避や、インストール時間の削減を行えます。しばらくインストール作業が続きますので、ほかの作業などをしながら終わるのを待ちましょう。

図A.6●Visual Studio Community 2017のインストール⑥

　インストールが終わると、パソコンの再起動が求められる場合もありますので、そのようなときは再起動します。再起動は、環境やVisual Studioのバージョンによっては求められず、すぐにVisual Studioを起動できる場合もあります。案内メッセージに従って操作してください、ここではパソコンを再起動します。

図A.7●パソコンを再起動

　パソコンを再起動したら、スタートメニューから「Visual Studio 2017」を選択します。するとVisual Studioが起動し、サインインを求められますが「後で行う」をクリックしましょう。サインインは後で行っても構いません。もちろん、アカウントを持っているならサインインしても構いません。すぐに、「開発設定」や「配色テーマの選択」ダイアログが現れます。自分の好みの設定を行ってください。ここでは何も変更せず「Visual Studioの開始」をクリックします。

付録

図A.8● Visual Studio Community 2017の起動

しばらくするとスタートページが現れます、これで Visual Studio Community 2017 が使用できるようになります。

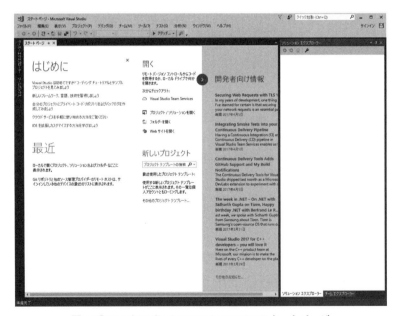

図A.9● Visual Studio Community 2017のスタートページ

以上で、Visual Studio Community 2017 のインストールは完了です。

しばらく Visual Studio Community は無償で利用できますが、アカウントを作成しサイン

インしないと、一定期間後に利用が制限されます。メールアドレスとパスワードを用意してマイクロソフト社用のアカウントを作成するとよいでしょう。Visual Studio Community を無償で利用できる期間の終わりが迫ると案内が表示されますので、それに従ってアカウントを作成しましょう。もちろん、すでにアカウントを作成済みであれば、そのアカウントを利用できます。あるいは使用期限が迫る前に、早めにアカウントを作成するのもよいでしょう。

付録

OpenCV のインストール

　OpenCV のインストールについては、Web サイト（http://opencv.org/）などを参照してください。これらのサイトを参照すれば、特に問題なくインストールできるでしょう。ただ、それでは不親切なので、ひと通り OpenCV のインストールについて解説します。

　まず、OpenCV の Web サイト（http://opencv.org/）を開き、最新版のダウンロードのリンクをクリックします。

図B.1● 「OpenCV 4.0」をクリック

ページが切り替わり「Download」が現れますので、「Win Pack」を選択します。

図B.2●「Win pack」を選択

すると、SourceForgeへ切り替わり操作の選択が下部に現れます。「保存」を選ぶとインストールファイルがダウンロードされます。ここでは「保存」は選ばず「実行」を選び、直接インストールします。

図B.3●「実行」を選択

インストールが始まると、セキュリティの警告画面、またはユーザーアカウント制御画面が表示される場合があります。その時は、［実行］もしくは［許可］を選択するとOpenCVのインストールが始まります。このインストーラですが、通常と違い、指定されたフォルダーにOpenCVに関するファイルを展開するだけです。このため、OpenCV環境の移動や、ほかのコンピュータに設定するのは非常に簡単です。単に展開したファイルをコピー・移動するだけです。インストールが始まると、ファイルの展開先を訊ねるダイアログが表示されます。

図B.4●展開先を訊ねるダイアログ

標準のままでも構いませんし、別の場所を指定しても構いません。前述の通りOpenCVは移動可能なので、インストール後にフォルダーをリネームすることや、フォルダー全体を移動するのも簡単です。インストール先を参照するには［…］を押します。ここでは、Cドライブ

のルートに置くこととします。

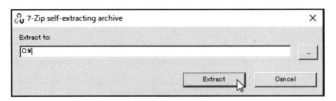

図B.5●展開先を指定

［Extract］ボタンを押すと、自動的に解凍が始まります。

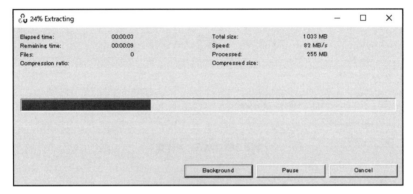

図B.6●解凍時進行状況ダイアログ

環境設定

インストールプログラムは、単なる自己解凍形式のプログラムであるのは説明した通りです。この方法は、非常に単純で、システムに変更を加えないためポータビリティに優れた方法です。ただし、ライブラリファイル、インクルードファイル、および実行時に必要なファイルの存在を、Visual Studio や Windows へ教える作業を自身で行う必要が生じます。

この例では「C:¥」に「opencv」というフォルダーが作成され、その中に OpenCV のファイル一式が格納されます。これで、OpenCV のインストールは完了です。

付録 C 環境の設定

大げさに環境設定と書きましたが、Visual Studio へ OpenCV のインクルードファイルやライブラリファイルの在所を教えること、そして実行時に必要なファイルの在所を教えるだけです。これらについては第 2 章「はじめての OpenCV プログラム」で解説済みですが、簡単に解説します。

■C.1　Visual Studio の設定

プログラムをビルドするときに必要となるインクルードファイルとライブラリの在所を設定する方法を解説します。設定を行うには、プロジェクトを開きます。自分で作ったプロジェクトでも、本書で解説しているプロジェクトでも構いません。本作業はプロジェクトを開いた状態で行います。いずれにしても、何かプロジェクトを開いた状態で行ってください。

① プロジェクトプロパティの表示
　まず、プロパティページを表示させます。プロジェクトを選択した状態でメニューから［プロジェクト］→［プロパティ］を選択するか、ソリューションエクスプローラでプロジェクトを選択し、右クリックメニューから［プロパティ］を選択します。

② インクルードディレクトリ位置の設定
　最初に、構成を「すべての構成」へ変更します。そして、「C/C++」→「全般」→「追加のインクルードディレクトリ」へ「**C:¥opencv¥build¥include;**」を設定します。これは、OpenCV のインストールで説明したように OpenCV を「**C:¥opencv**」へインストールしたことを前提とします。一般的に記述すると「**(OpenCV をインストールしたディレクトリ)¥build¥include;**」です。

③ ライブラリディレクトリの設定

次に、「リンカー」→「追加のライブラリディレクトリ」へ「**C:¥opencv¥build¥x64¥vc15¥lib;**」を入力します。これで、OpenCV のプログラムをビルドする設定が完了です。

これは 64 ビットのプログラム（x64）を開発するときであり、32 ビット対応のプログラム（x86）を開発する場合、「**C:¥opencv¥build¥x86¥vc15¥lib;**」を入力します。

OpenCV のビルド

OpenCV のバージョンによっては、32 ビットバージョンのバイナリは含まれない場合があります。そのような場合は、CMake を利用し、OpenCV 自体をリビルドする必要があります。CMake や OpenCV のリビルドについては後述します。一般的には、64 ビットバージョンを使用すれば、CMake やリビルドについて知る必要はありません。

Visual Studio 2017 ではなく、Visual Studio 2015 を使用したい場合、vc15 の部分を vc14 へ変更してください。

この方法は、プロジェクトごとに毎回指定が必要です。これを回避するにはテンプレート的なプロジェクトを作り、新しいプロジェクトを作る場合、テンプレートプロジェクトをコピーして使うと良いでしょう。

■C.2　実行時のパス

環境変数 PATH に、プログラム実行に必要な DLL の所在を知らせます。OpenCV 4.0.0 には 32 ビットのバイナリが含まれていないので、今回は 64 ビットのプログラムで説明を進めます。プログラムを実行するには、環境変数 PATH に「**C:¥opencv¥build¥x64¥vc15¥bin**」を追加します。これを忘れると、プログラムを実行したときに DLL が見つからない旨のメッセージが表示される場合があります。

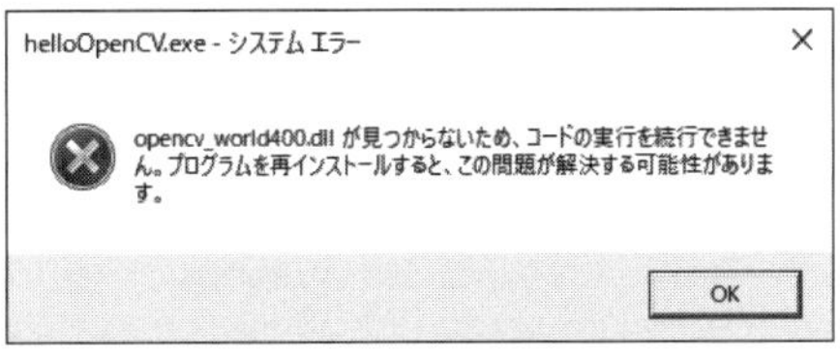

図C.1 ● DLLが見つからない

パスの設定は、コンソールで設定する場合、以下のようなコマンドを入力します。

```
set path=C:\opencv\build\x64\vc15\bin;%PATH%
```

毎回入力するのは面倒ですので、環境変数を編集すると便利です。以降に、Windows 10、8、7の場合をそれぞれ示します。

■ Windows 10 の場合 ■

Windowsキー + ［Pause/Break］、あるいは、Windowsキー→「Windowsシステムツール」→「コントロールパネル」→「システムとセキュリティ」→「システム」などの方法でシステムを表示させ、システムの詳細設定を選択します。

図C.2 ●「システムの詳細設定」を選択

付録

「システムのプロパティ」が現れるので、[環境変数] ボタンを押します。

図C.3● [環境変数] ボタンを押す

「環境変数」ダイアログの下部に表示される「システム環境変数」の「Path」を選択した状態で、[編集 (I)...] ボタンを押します。

図C.4● [編集(I)...] ボタンを押す

「システム変数の編集」ダイアログが現れるので、「変数値」の最後に DLL が存在するディレクトリを指定します。

図C.5●システム変数の編集

実行時パスの設定方法は、ほかにもいろいろありますので、自身の慣れた方法を使用してください。

設定が有効になるのはいつ

システム環境変数を変更した場合、使用中のプログラムは一旦終了させ、再起動してください。例えば、コマンドプロンプトを使用中に環境変数を変更した場合、いったんコマンドプロンプトを閉じ、再度開いてください。set コマンドを使用した場合は、この限りではありません。

Windows 8 の場合

Windows 10 での手順と大きな違いはないため、簡単に文章で解説します。

① Windows キー + ［I］などで「設定」を表示させ、「PC 情報」を選択します。
② すると「システム」が現れますので、「システムの詳細設定」を選択します。
③「システムのプロパティ」が現れますので、［環境変数］ボタンを押します。
④「環境変数」ダイアログの下部に表示される「システム環境変数」の「Path」を選択した状態で、［編集 (I)...］ボタンを押します。
⑤「システム変数の編集」ダイアログが現れますので、「変数」の最後に DLL が存在するディレクトリを指定します。入力は、以前指定されたパスの区切りに使う「;」が必要なため、ディレクトリの入力に先立ち「;」を入力します。

付録

■ Windows 7 の場合 ■

Windows 10 での手順と大きな違いはないため、簡単に文章で解説します。

① コントロールパネルの「システムとセキュリティ」→「システム」→「システムの詳細設定」をクリックして「システムのプロパティ」ウィンドウを表示します。

②「詳細設定」タブのページを開き、「環境変数」をクリックして「環境変数」ウィンドウを表示します。

③「システム環境変数」の「Path」に、すでに説明した DLL が存在するディレクトリを追加します。

システム環境変数を肥大化させたくない

システム環境変数を肥大化させたくない場合は、コンソールを開くたびに次のコマンドを入力し、OpenCV のパスを設定してください。なお、「%PATH%」はその時点での Path 環境変数の内容を示します。これを忘れるとそれまでの指定が無効になりますので、必ず入力してください。また、プログラムの起動は、この設定を行ったコンソールから行わなければなりません。

```
>set PATH=%PATH%;C:\opencv\build\x86\vc12\bin;
```

繰り返しになりますが、パスは使用者の環境に依存します。

付録 D CMake のインストール

OpenCV が用意しているバイナリを使用する場合、本作業は必要ありません。

OpenCV 自体をリビルドするには、CMake をインストールしなければなりません。CMake は、適切な構成の OpenCV のソリューションファイルを生成するのに使用します。OpenCV 用のソリューションファイルを生成するのみであって、OpenCV をビルドするわけではありません。OpenCV をビルドするには、CMake で生成したソリューションファイルを Visual Studio で読み込んでビルドしなければなりません。

Visual Studio で CMake プロジェクト

Visual Studio には CMake プロジェクトを扱う機能が備わっています。しかし、CMakeLists.txt ファイルを編集するなどの知識が必要です。本書では、Visual Studio の CMake 機能は試しません。

ここでは、CMake のインストールについて解説します。CMake は http://cmake.org/ からダウンロードしてインストールします。ウェブサイトを開いたら Download をクリックします。

図D.1●Downloadをクリック

すると、各プラットフォームに対応した一覧が現れます。CMake は、ソースコードとバイナリ両方を配布しています。本書ではバイナリしか使用しませんので「Binary distributions」から選びます。今回は Windows win64-x64 Installer を使用し、直接 CMake をインストール

します。

図D.2●Webインストールを選択

ブラウザの下部にインストールの表示が現れますので、「実行」を選択し、インストーラを起動します。

図D.3●インストーラを起動

インストーラが起動するとセキュリティの警告画面、またはユーザーアカウント制御画面が表示される場合があります。そのときは、［実行］もしくは［許可］を選択するとCMakeのインストールが始まります。CMakeインストーラが起動するとセットアップウィザードが現れますので、［Next］ボタンをクリックします。

図D.4●CMakeのセットアップウィザード開始

ライセンス契約書が表示されます。内容を良く読んで、ライセンスに同意するチェックボックスにチェックをつけて、[Next] ボタンをクリックします。

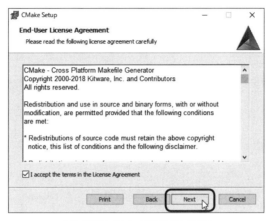

図D.5●ライセンス契約書に同意

インストールオプション画面が現れます。「パスを設定しない」にチェックが付いているのを確認して、[Next] ボタンをクリックします。

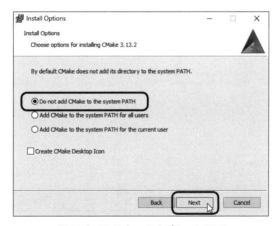

図D.6●インストールオプション画面

インストール先の指定はデフォルトを使用します。何も変更せず、［Next］ボタンをクリックしてください。

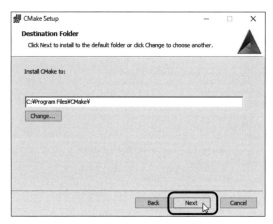

図D.7●インストール先の指定

これで準備完了です。インストール画面に切り替わりますので、［Install］ボタンをクリックしてください。

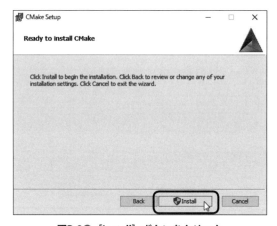

図D.8●［Install］ボタンをクリック

これでインストールが始まります。完了するまでしばらく待ちましょう。

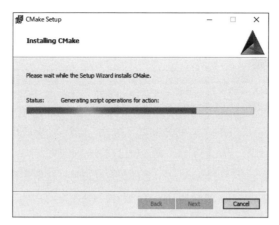

図D.9●インストール中

しばらくすると、CMakeセットアップウィザードの完了案内が現れます。Finishボタンを押して終了させます。

図D.10●CMakeセットアップウィザード完了

これで、CMakeのインストールは完了です。

付録

付録 E　OpenCV のビルド

　OpenCV が用意しているバイナリを使用する場合、本作業は必要ありません。しかし、OpenCV 自体をカスタマイズしたい場合、あるいは自身の使用しているコンパイラ用のバイナリが供給されていない場合などに、OpenCV 自体を自身でリビルドすることで解決できます。

　OpenCV のビルドは、CMake で OpenCV 用のソリューションファイルを生成し、それを Visual Studio で開いてビルドするという手順で行います。

■E.1　CMake でソリューションファイルを生成

　まず、CMake で Visual Studio 用のソリューションファイルを生成します。CMake を起動し、ソースコード側の［Browse Source ...］ボタンを押します。

図E.1●ソースコード側の［Browse Source ...］ボタンを押す

532

「フォルダーの参照」ダイアログが現れます。OpenCVをインストールしたフォルダーに含まれる「sources」を指定します。

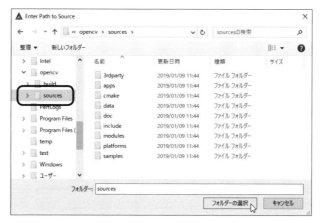

図E.2●OpenCVをインストールしたフォルダーを指定する

次に、ビルド先の［Browse Build ...］ボタンを押します。

図E.3●［Browse Build ...］ボタンを押す

「フォルダーの参照」ダイアログが現れます。OpenCV をインストールしたフォルダー内に「newbuild」という新しいフォルダーを作成して、それを指定します。ビルド先のフォルダーは任意ですので、適当な場所、名前を使用できます。

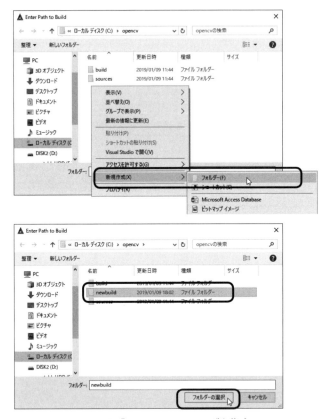

図E.4●「newbuild」フォルダを指定

次に、［Configure］をクリックします。

図E.5●［Configure］をクリック

初回の［Configure］クリック時に、対象コンパイル環境の問い合わせ画面が現れます。適切な環境を選択してください。ここで指定するのは、CMake が生成するソリューションファイルの対象コンパイラです。例えば、Visual Studio 2013（32 ビット）でリビルドするなら

「Visual Studio 12 2013」を、Visual Studio 2015（64ビット）でリビルドするなら「Visual Studio 14 2015 Win64」を選びます。ここでは、Visual Studio 2017（64ビット）を使用するため「Visual Studio 15 2017 Win64」を選択し、[Finish]ボタンを押します。

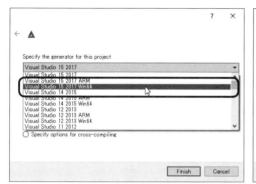

図E.6●対象コンパイラ

開発環境とコンパイラの組み合わせ

以降に、使用する開発環境、そして生成するソリューションファイルのビット数による組み合わせを表で示します。

開発環境	ビット数	選択するもの
Visual Studio 2013	32ビット（x86）	Visual Studio 12 2013
	64ビット（x64）	Visual Studio 12 2013 Win64
Visual Studio 2015	32ビット（x86）	Visual Studio 14 2015
	64ビット（x64）	Visual Studio 14 2015 Win64
Visual Studio 2017	32ビット（x86）	Visual Studio 15 2017
	64ビット（x64）	Visual Studio 15 2017 Win64

途中の経過が下のウィンドウに表示されますが、しばらく待たされます。正常に完了すると下部のウィンドウに「Configuring done」が表示されます。真ん中の窓にはビルドオプションが赤く表示されます。必要と思われるオプションはチェックを付け、不要と思われるオプションは外します。オプションの意味が分からない場合、そのままで良いでしょう。今回はopencv_worldを使用したかったため、この項目にチェックを付けます。

図E.7●ビルドオプション

　この状態で再度［Configure］をクリックします。オプションの選択に不都合がなければ、真ん中の赤い表示は消えます。もし、赤く表示される部分が残る場合、チェックボタンを外す、あるいは指定されたフォルダーが間違っていないかチェックしてください。

E OpenCVのビルド

図E.8● 赤い表示が消える

オプションに間違いないことを確認したら、[Generate] をクリックしソリューションファイルを作成します。

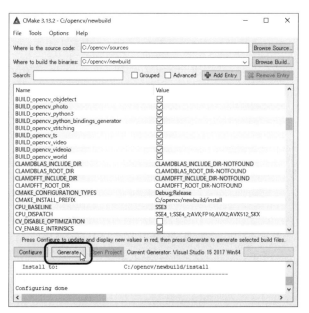

図E.9● [Generate] をクリック

ソリューションファイルが Generate できた様子を示します。

図E.10●Generateできた様子

　何か失敗しても、OpenCV 用のソリューションファイルは何回でも生成できます。OpenCVのビルド後に目的のファイルなどが生成されない場合、CMake で設定が間違っている可能性が高いです。何回でもやり直すことが可能ですが、OpenCV のリビルドは比較的時間を要しますので、最初は大きな変更を行わず生成するのが無難でしょう。これで、Visual Studio 用のOpenCV ソリューションファイルが生成されます。

ビルドをやり直すとき

オプションなどを変更しながら、いろいろな構成でビルドを繰り返す場合があります。そのような場合、[File] → [Delete Cache] を選択して、キャッシュをクリアすると良いでしょう。コンパイラの指定などをやり直したい場合も、これを行うと、[Configure] クリック時に、対象コンパイル環境の問い合わせ画面が現れますので、コンパイル環境を変更することもできます。

■E.2　OpenCVをビルド

CMakeの作業で、「C:¥opencv¥newbuild」に「OpenCV.sln」が生成されています。

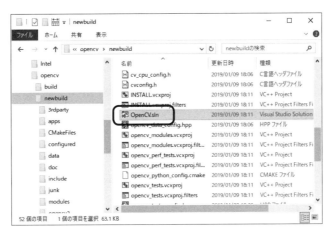

図E.11●OpenCV.slnが生成されている

　このファイルをVisual Studio 2017へドラッグするか、Visual Studio 2017から、ソリューションファイルを開きます。OpenCV用のソリューションファイルが生成される場所は、CMakeの［Browse Build ...］ボタンを押して指定した場所です。ですので、どこに生成されるかは使用者の設定によって異なります。ソリューションファイルを開いたら、ソリューションエクスプローラの「CMakeTargets」→「INSTALL」を選択します。この状態で、マウスの右ボタンをクリックし、［リビルド］を押します。

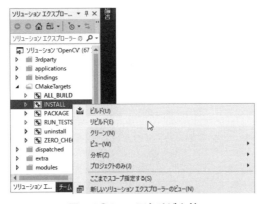

図E.12●OpenCVをリビルド

付録

　しばらく待たされますが、選択したフォルダー内に、「install」フォルダーが生成されます。そのフォルダー配下に「include」や「x86」フォルダーが生成され、ライブラリやdllが格納されます。

図E.13●ライブラリやdllが生成される

　以上でOpenCV自体のビルドは完了です。

■E.3　32ビットバージョンのOpenCVをビルド

先のビルドは、CMakeで「Visual Studio 15 2017 Win64」を選択したためx64（64ビット）用のバイナリしか生成されません。先ほどと同様の方法でx86（32ビット）用のバイナリを作ります。CMakeを起動したら、キャッシュをクリアします。

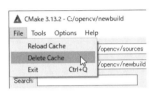

図E.14●キャッシュをクリア

［Configure］ボタンをクリックすると、対象コンパイル環境の問い合わせ画面が現れますので、x86用の「Visual Studio 15 2017」を選びます。

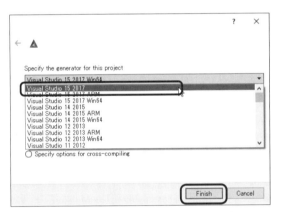

E.15●「Visual Studio 15 2017」を選ぶ

この状態で［Finish］ボタンを押すと、32ビットバージョンのOpenCVバイナリを生成するVisual Studio 2017用のソリューションファイルが生成されます。

生成されたファイルを使ってビルドする方法は、説明した通りです。ただし、生成されるフォルダー名などは一部異なります（x86など）。

索引

A

absdiff()	130
add()	128
AKAZE	177
approxPolyDP()	396

B

bitwise_not()	99
bitwise_or()	132
blur()	100

C

C API	4
C インタフェース	4
calcHist()	283
Canny 処理	108
Canny()	111
CascadeClassifier クラス	170
circle()	73
compareHist()	284
CreateThread()	445
cvtColor()	32

D

detectMultiScale()	171
dilate()	113
drawContours()	395

E

ellipse()	80
equalizeHist()	86
erode()	115
exp()	222

F

findContours()	393
flip()	49

G

GaussianBlur()	103
get()	156
getPerspectiveTransform()	68
getRotationMatrix2D	59
goodFeaturesToTrack()	161

H

HAL	8

I

imread()	19
imshow()	20
imwrite()	60
inpaint()	164
InputArray	35
IplImage	19
IPPICV	7
isOpened()	156

L

Laplacian()	105
line()	76
log()	221

M

Mat	7, 18, 28, 32
matchTemplate()	326
minMaxLoc()	327

索 引

multiply() 204

■ O

OpenCL 205
OpenCL カーネル 223
OpenCV 1
OpenCV のビルド 532
OutputArray 35

■ P

PATH 522
prewitt 処理 247
pthread_create() 447
pthread_join() 447
putText() 82

■ R

read() 157
rectangle() 78
resize() 54

■ S

setMouseCallback() 365
Sobel 処理 106, 248
Sobel() 107
subtract() 201

■ T

T-API 7
threshold() 92
Transparent API 7

■ U

UMat 7, 28, 33

■ V

VideoCapture クラス 156
VideoWriter クラス 157

■ W

WaitForSingleObject() 446
waitKey() 20
warpAffine 59
warpPerspective() 69
write() 158

■ あ

アフィン変換 59
閾値処理 92
色空間の変換 32
色反転 97
インストール
　　CMake 527
　　OpenCV 518
　　Visual Studio 511
円 73
円弧 80
エンボス処理 245
扇形 80
オブジェクト検出 168, 172
オブジェクト交換 494
オブジェクト除去 162, 165
オブジェクトのサイズ変更 407
重みテーブル 126

■ か

回転 55
回転行列 59
ガウシアン処理 101
画像検索 285
画像の回転 250
画像の拡大 54
画像の加算 117, 128
画像の差分 129
画像の縮小 54
画像の探索 263
画像の反転 49, 223
画像の比較 259
画像の表示 20
画像の保存 60

543

画像の読み込み	19
画像の輪郭	393
画像の論理和	131
画像ピラミッド	331
画像フォーマット	4
環境設定	521
キー入力	20
輝度平滑化	85
行列の加算	189, 205
行列の減算	200, 217
行列の乗算	202, 218
グレイスケール変換	83
コーナーの検出	161
コンソールの利用	433

■さ

最小値	327
最大値	327
四角形	78
自動トリミング	345
収縮処理	114
スレッショルド処理	92
スレッドの生成	445
線形補間	254
線分	76

■た

対数	219
楕円	80
動画キャプチャー	145
透視投影	64, 378
透視変換	68
特徴点検出	177

■は

パノラマ写真	183, 484
ヒストグラムの均一化	86
ヒストグラムの比較	284
ヒストグラムを求める	283
ビット反転	99

ビットマップクラス	286
フィルタ処理	242
ブラー処理	99
フリップ	45, 223
フレームの書き込み	158
フレームの取り込み	157
プロジェクト作成	10
べき乗	221
膨張処理	112

■ま

マウスのイベントハンドラ	365
マスク	121
マトリックスクラス	27
文字列の描画	82

■ら

ラプラシアン処理	104, 243
リサイズ	50, 448

著者紹介

北山 洋幸 (きたやま ひろゆき)

鹿児島県南九州市知覧町出身（旧：川辺郡知覧町）、富士通株式会社、日本ヒューレット・パッカード株式会社（旧：横河ヒューレット・パッカード株式会社）、米国 Hewlett-Packard 社、株式会社 YHP システム技術研究所を経て有限会社スペースソフトを設立、現在に至る。
書籍、月刊誌、辞典、コラム・連載など執筆多数。

　　メインフレームのシステムソフトウェアやコンパイラの開発、メインフレーム用プロセッサシミュレータをいくつかの研究機関と共同で開発する。開発したシミュレータは、実際のメインフレーム用プロセッサ開発に供せられた。その後、初期のパーソナルコンピュータ、イメージングシステム、メディア統合の研究・開発に従事する。海外の R&D への出向や、長期出張も経験する。その後、コンサルティング分野に移り、通信、リアルタイムシステム、信号処理・宇宙航空機、電力などのインフラ、LSI の論理設計などなど、さまざまな研究・開発に参加する。並行して多数の印刷物に寄稿する。現在は、本業を休止し、日々地域猫との交流を楽しんでいる。

さらに進化した画像処理ライブラリの定番
OpenCV 4 基本プログラミング

2019 年 4 月 20 日　　初版第 1 刷発行

著　者　　北山 洋幸
発行人　　石塚 勝敏
発　行　　株式会社 カットシステム
　　　　　〒 169-0073 東京都新宿区百人町 4-9-7　新宿ユーエストビル 8F
　　　　　TEL（03）5348-3850　　FAX（03）5348-3851
　　　　　URL　http://www.cutt.co.jp/
　　　　　振替　00130-6-17174
印　刷　　シナノ書籍印刷 株式会社

本書に関するご意見、ご質問は小社出版部宛まで文書か、sales@cutt.co.jp 宛に
e-mail でお送りください。電話によるお問い合わせはご遠慮ください。また、本書の内
容を超えるご質問にはお答えできませんので、あらかじめご了承ください。

■ 本書の内容の一部あるいは全部を無断で複写複製（コピー・電子入力）することは、法律で認められた
　 場合を除き、著作者および出版者の権利の侵害になりますので、その場合はあらかじめ小社あてに許
　 諾をお求めください。

Cover design Y.Yamaguchi　　© 2019 北山洋幸
Printed in Japan　ISBN978-4-87783-444-9